普通高等教育汽车类专业精品系列教材

汽车电路分析

（第 4 版）

主　编　董宏国　张　凯
副主编　朱志雄　俞　妍　刘　昕

北京理工大学出版社
BEIJING INSTITUTE OF TECHNOLOGY PRESS

内 容 简 介

本书详细介绍了汽车电路基础知识和汽车电路图识读技巧，系统分析了电源起动点火系统、辅助电器系统和电子控制系统等电路，重点讲述了世界各大汽车公司电路的分析方法和汽车电路故障诊断检修方法，具有较强的针对性和实用性。通过学习本书，不仅可以增加汽车电路图识读、电路设计等方面的知识，还可以提高看图修车的实践技能。

本书可作为普通高等院校和职业本科院校车辆工程的教材，也可作为汽车设计、汽车制造、汽车运输、汽车维修管理等工程技术人员、汽车服务业就业群体学习提高和职工培训的教材或参考读物。

版权专有　侵权必究

图书在版编目（CIP）数据

汽车电路分析／董宏国，张凯主编． —4 版． —北京：北京理工大学出版社，2022.1（2022.2 重印）
ISBN 978-7-5763-0907-2

Ⅰ．①汽⋯　Ⅱ．①董⋯②张⋯　Ⅲ．①汽车-电路分析-高等学校-教材　Ⅳ．①U463.6

中国版本图书馆 CIP 数据核字（2022）第 015327 号

出版发行 ／	北京理工大学出版社有限责任公司
社　　址 ／	北京市海淀区中关村南大街 5 号
邮　　编 ／	100081
电　　话 ／	（010）68914775（总编室）
	（010）82562903（教材售后服务热线）
	（010）68944723（其他图书服务热线）
网　　址 ／	http://www.bitpress.com.cn
经　　销 ／	全国各地新华书店
印　　刷 ／	涿州市新华印刷有限公司
开　　本 ／	787 毫米×1092 毫米　1/16
印　　张 ／	19.5
字　　数 ／	455 千字
版　　次 ／	2022 年 1 月第 4 版　2022 年 2 月第 2 次印刷
定　　价 ／	49.80 元

责任编辑／陆世立
文案编辑／李　硕
责任校对／周瑞红
责任印制／李志强

图书出现印装质量问题，请拨打售后服务热线，本社负责调换

前 言

△ 汽车电路分析（第4版）

本书自2005年问世以来，已更新至第4版，印刷二十余次，深受各院校汽车专业师生的欢迎和认可。本次修订主要做了以下工作：第一，注重知识的更新，对上一版过时的内容进行删改、更新；第二，注重内容的针对性，对理论性较强的部分内容以及与本课程相关性不强的内容进行了删除；第三，注重教学改革，突出能力培养；第四，注重语言的精炼与定义的准确性。

汽车电路如同人的神经系统一样分布在汽车的各个部位，控制汽车各种器件有序工作。随着汽车电子化程度的不断提高和更新，新的结构和装置不断涌现。尤其是汽车电器与电控装置日益增多，使汽车电路更加复杂。为了使同学们尽快熟悉、了解和掌握汽车电路及有关知识，更好地从事汽车电器和电子装置（系统）的使用、维修或设计工作，编写组特编写此书。

本书以电路分析为切入点，以电路图的识读、故障检测与排除为目的。内容从部件内部电路的认知到单元电路工作原理的理解，从各个电气系统电路到整车电路，从传感器、执行器电路到电子控制系统电路，从国产汽车电路到国外汽车电路，从汽车电路图识读到汽车电路的检修都力求全面深入。全书详细介绍了汽车电路基础知识和汽车电路图识读技巧，系统分析了电源起动点火系统、辅助电器系统和电子控制系统等电路，重点讲述了世界各大汽车公司电路的分析方法和汽车电路故障诊断检修方法，具有较强的针对性和实用性。通过本书的学习，不仅可以增加汽车电路图识读、电路设计等方面的知识，还可以提高看图修车的实践技能。

本书可作为普通高等院校和职业本科院校车辆工程的教材，也可作为汽车设计、汽车制造、汽车运输、汽车维修管理等工程技术人员、汽车服务业就业群体学习提高和职工培训的教材或参考读物使用。

本书由董宏国、张凯主编，朱志雄、俞妍、刘昕副主编，孙燕主审。参加编写的人员还有张国彬、卜建国、雷威、张卫锋、赵梦伟、刘金华、孙涛等。在编写过程中，编者参考了国内外大量的相关资料，在此对有关作者表示衷心感谢！

由于编者水平及资料有限，不足之处在所难免，恳请读者批评指正。

编 者

目 录

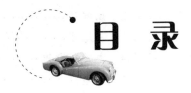

△ 汽车电路分析（第4版）

▶ **第1章 汽车电路的基本知识** ············· 1

 学习目标 ··· 1
 学习要求 ··· 1
 1.1 汽车电路的组成和特点 ························· 1
  1.1.1 汽车电路的组成 ························· 1
  1.1.2 汽车电路的基本特点 ····················· 2
 1.2 汽车用导线和线束 ······························· 3
  1.2.1 导线的型号与规格 ······················· 3
  1.2.2 导线的选择 ································ 4
  1.2.3 导线的颜色 ································ 5
  1.2.4 高压导线 ··································· 6
  1.2.5 线束 ·· 6
 1.3 插接器 ·· 7
  1.3.1 汽车用插接器的类型 ····················· 7
  1.3.2 插接器的表示方式 ······················· 7
  1.3.3 插接器的识别方法 ······················· 8
  1.3.4 插接器的连接方法 ······················· 8
 1.4 开关 ··· 8
  1.4.1 开关的功能和表示方法 ·················· 8
  1.4.2 点火开关 ··································· 9
  1.4.3 多功能组合开关 ························· 10
 1.5 继电器 ·· 12
  1.5.1 继电器的类型 ···························· 12
  1.5.2 电磁继电器的基本结构及主要参数 ··· 12
  1.5.3 继电器的识别 ···························· 13
  1.5.4 电流型继电器 ···························· 13
  1.5.5 电压型继电器 ···························· 13
 1.6 电路保护装置 ····································· 14
  1.6.1 电路保护装置的功用与类型 ··········· 14

1.6.2　熔断器 ·· 14
　　1.6.3　易熔线 ·· 15
　　1.6.4　电路断电器 ·· 15
1.7　汽车配电盒 ·· 16
　　1.7.1　汽车配电盒的组成 ·· 16
　　1.7.2　汽车配电盒的识别 ·· 16
本章小结 ·· 20
习题 ·· 20

第2章　汽车电路图的类型与识读 ·· 21

学习目标 ·· 21
学习要求 ·· 21
2.1　汽车电路的类型 ·· 21
　　2.1.1　电源电路、搭铁电路、控制电路和信号电路 ··················· 21
　　2.1.2　直接控制电路与间接控制电路 ····································· 23
　　2.1.3　非电子控制电路与电子控制电路 ·································· 24
2.2　图形文字符号与接线端子标记 ·· 25
　　2.2.1　图形符号 ·· 25
　　2.2.2　文字符号 ·· 33
　　2.2.3　电器部件接线端子的标记 ·· 34
2.3　汽车电路图的类型 ·· 34
　　2.3.1　电器连接简图 ·· 34
　　2.3.2　布线图 ·· 36
　　2.3.3　电路原理图 ··· 36
　　2.3.4　线束图 ·· 36
　　2.3.5　电器定位图 ··· 39
2.4　汽车电路图的识读过程与识读方法 ······································ 40
　　2.4.1　汽车电路图的识读过程 ··· 40
　　2.4.2　汽车电路原理图的识读方法 ······································· 42
　　2.4.3　汽车布线图的识读方法 ··· 44
　　2.4.4　汽车线束图的识读方法 ··· 45
2.5　汽车电子电路图的识读 ·· 46
　　2.5.1　汽车电子电路的特点 ·· 46
　　2.5.2　汽车电子电路图种类 ·· 46
　　2.5.3　汽车电子电路图的识读方法 ······································· 47
2.6　微机控制系统电路图的识读 ·· 48
　　2.6.1　电控单元的电源电路 ·· 48
　　2.6.2　信号输入电路 ·· 49

2.6.3　执行器工作电路 51
本章小结 54
习题 54

第3章　汽车主要电气系统的电路分析 56

学习目标 56
学习要求 56
3.1　电源系统 56
　　3.1.1　电源系统状态监测电路 56
　　3.1.2　典型电源系统电路分析 57
　　3.1.3　电源系统检测和试验电路 61
　　3.1.4　电源系统故障诊断与排除 64
3.2　起动系统 67
　　3.2.1　起动系统基本电路 67
　　3.2.2　起动保护电路 72
　　3.2.3　起动系统检测和试验电路 74
　　3.2.4　起动系统故障诊断与排除 76
3.3　点火系统 80
　　3.3.1　点火系统的类型和电路特点 80
　　3.3.2　点火系统电路分析 81
3.4　照明系统与信号系统 88
　　3.4.1　照明系统 88
　　3.4.2　信号系统 93
3.5　仪表系统 97
　　3.5.1　仪表系统电路特点 97
　　3.5.2　典型仪表电路 99
　　3.5.3　电控仪表系统 100
3.6　辅助电器系统 106
　　3.6.1　进气预热系统电路分析 106
　　3.6.2　电动刮水器电路分析 108
　　3.6.3　电子除霜加热器电路分析 110
　　3.6.4　电动车窗电路分析 111
　　3.6.5　电动后视镜电路分析 113
　　3.6.6　中控门锁电路分析 114
3.7　发动机电子控制系统 116
　　3.7.1　发动机电子控制系统的组成 116
　　3.7.2　发动机电子控制系统电路图的组成 117

3.7.3　电源电路 ·· 117
　　3.7.4　传感器电路 ·· 119
　　3.7.5　执行器电路 ·· 121
3.8　自动变速系统 ··· 123
　　3.8.1　自动变速器电子控制系统的组成 ·· 123
　　3.8.2　大众01M 自动变速器的电路分析 ··· 123
　　3.8.3　丰田A140E 自动变速器的电路分析 ·· 125
3.9　防抱死制动系统 ··· 131
　　3.9.1　防抱死制动系统的组成 ··· 131
　　3.9.2　大众MK20-I 型ABS 电路的识读 ··· 132
　　3.9.3　丰田雷克萨斯轿车ABS 电路的识读 ··· 134
3.10　安全气囊系统 ··· 137
　　3.10.1　安全气囊系统基本电路 ·· 137
　　3.10.2　SRS 导线插接器及其保险机构 ··· 138
　　3.10.3　典型SRS 电路分析 ·· 141
3.11　汽车空调系统 ··· 143
　　3.11.1　汽车空调系统电路特点 ·· 143
　　3.11.2　手动空调系统的电路 ··· 144
　　3.11.3　自动空调系统的电路 ··· 146
3.12　车载网络系统 ··· 151
　　3.12.1　车载网络系统的类型 ··· 151
　　3.12.2　车载网络的组成 ··· 151
　　3.12.3　大众车系CAN 总线 ··· 153
　　3.12.4　奥迪轿车充电系统的LIN 总线 ··· 154
　　3.12.5　丰田车系车载网络系统 ·· 155
　　3.12.6　本田车系车载网络系统 ·· 158
本章小结 ··· 164
习题 ··· 164

第4章　国外各大汽车公司电路图的分析 ··· 167

学习目标 ··· 167
学习要求 ··· 167
4.1　丰田汽车电路图的分析 ··· 167
　　4.1.1　丰田汽车电路图的特点 ··· 167
　　4.1.2　丰田汽车电路图中符号的含义 ·· 168
　　4.1.3　丰田汽车的电路保护装置 ·· 169
　　4.1.4　丰田汽车的导线 ··· 169

  4.1.5 丰田汽车的接线器和插接器 ………………………………………… 169
  4.1.6 丰田汽车电路图识图范例 ………………………………………… 171
 4.2 本田汽车电路图的分析 ………………………………………………… 175
  4.2.1 本田汽车电路图中符号的含义 …………………………………… 175
  4.2.2 本田汽车的导线 …………………………………………………… 177
  4.2.3 本田汽车电路图的特点 …………………………………………… 178
  4.2.4 本田汽车电路图识图范例 ………………………………………… 179
 4.3 三菱汽车电路图的分析 ………………………………………………… 183
  4.3.1 三菱汽车电路图中符号的含义 …………………………………… 183
  4.3.2 三菱汽车的插接器 ………………………………………………… 184
  4.3.3 三菱汽车的导线 …………………………………………………… 186
  4.3.4 三菱汽车电路图识图范例 ………………………………………… 186
 4.4 马自达汽车电路图的分析 ……………………………………………… 191
  4.4.1 马自达汽车电路图中符号的含义 ………………………………… 191
  4.4.2 马自达汽车的插接器 ……………………………………………… 193
  4.4.3 马自达汽车的导线 ………………………………………………… 194
  4.4.4 马自达汽车电路图识图范例 ……………………………………… 195
 4.5 大众汽车电路图的分析 ………………………………………………… 201
  4.5.1 大众汽车电路图中符号的含义 …………………………………… 201
  4.5.2 大众汽车的导线 …………………………………………………… 202
  4.5.3 大众汽车电路图的特点 …………………………………………… 202
  4.5.4 大众汽车电路图识图范例 ………………………………………… 203
 4.6 奔驰汽车电路图的分析 ………………………………………………… 212
  4.6.1 奔驰汽车电路图中符号的含义 …………………………………… 212
  4.6.2 奔驰汽车的导线 …………………………………………………… 213
  4.6.3 奔驰汽车电路图识图范例 ………………………………………… 213
 4.7 雪铁龙汽车电路图的分析 ……………………………………………… 218
  4.7.1 雪铁龙汽车电路图中符号的含义 ………………………………… 218
  4.7.2 雪铁龙汽车的导线 ………………………………………………… 219
  4.7.3 雪铁龙汽车的插接器 ……………………………………………… 219
  4.7.4 雪铁龙汽车电路图的特点 ………………………………………… 220
  4.7.5 雪铁龙汽车电路图识图范例 ……………………………………… 220
 4.8 通用汽车电路图的分析 ………………………………………………… 230
  4.8.1 通用汽车电路图中符号的含义 …………………………………… 230
  4.8.2 通用汽车车辆位置分区代码 ……………………………………… 233
  4.8.3 通用汽车的导线 …………………………………………………… 233
  4.8.4 通用汽车电路图的组成 …………………………………………… 234
  4.8.5 通用汽车电路图识图范例 ………………………………………… 235

- 4.9 沃尔沃汽车电路图的分析 ·········· 240
  - 4.9.1 沃尔沃汽车电路图中符号的含义 ·········· 240
  - 4.9.2 沃尔沃汽车电路图的特点 ·········· 241
  - 4.9.3 沃尔沃汽车的熔断器和继电器 ·········· 243
  - 4.9.4 沃尔沃汽车电路图识图范例 ·········· 244
- 4.10 菲亚特汽车电路图的分析 ·········· 248
  - 4.10.1 菲亚特汽车电路图中符号的含义 ·········· 248
  - 4.10.2 菲亚特汽车的导线 ·········· 249
  - 4.10.3 菲亚特汽车的插接器 ·········· 250
  - 4.10.4 菲亚特汽车电路图识图范例 ·········· 250
- 4.11 现代汽车电路图的分析 ·········· 254
  - 4.11.1 现代汽车的导线 ·········· 254
  - 4.11.2 现代汽车的线束位置识别符号 ·········· 255
  - 4.11.3 现代汽车的插接器 ·········· 255
  - 4.11.4 现代汽车电路图识图范例 ·········· 256
- 4.12 米切尔电路图的识读 ·········· 260
  - 4.12.1 米切尔电路图的特点 ·········· 260
  - 4.12.2 米切尔电路图的导线 ·········· 260
  - 4.12.3 米切尔电路中符号的含义 ·········· 261
  - 4.12.4 米切尔电路图识图范例 ·········· 262
- 本章小结 ·········· 263
- 习题 ·········· 263

▶ 第5章 汽车电路故障诊断与检修 ·········· 265

- 学习目标 ·········· 263
- 学习要求 ·········· 263
- 5.1 汽车电路的工作条件和工作状态 ·········· 265
  - 5.1.1 汽车电路的工作条件 ·········· 265
  - 5.1.2 电路的满载、空载和过载工作状态 ·········· 266
- 5.2 常用的检测工具、仪器与设备 ·········· 267
  - 5.2.1 常用的检测工具 ·········· 267
  - 5.2.2 常用电工仪表 ·········· 269
  - 5.2.3 汽车专用检测设备 ·········· 270
- 5.3 汽车电路常见故障与诊断方法 ·········· 278
  - 5.3.1 常见电路故障 ·········· 278
  - 5.3.2 检修故障的基本原则 ·········· 279
  - 5.3.3 故障诊断的基本方法 ·········· 281

  5.3.4　检修故障应注意的事项 ·· 284
5.4　汽车导线、线束与插接器的检修 ·· 285
  5.4.1　基本电量的测量方法 ·· 285
  5.4.2　利用电路图检测线路的故障 ··· 285
  5.4.3　汽车线路常见故障的检测 ·· 286
  5.4.4　导线、线束的检修 ·· 287
  5.4.5　插接器的拆卸与检修 ·· 289
5.5　熔断器、开关线束与继电器的检修 ··· 292
  5.5.1　熔断器的更换 ·· 292
  5.5.2　易熔线的检查与更换 ·· 292
  5.5.3　开关的检查方法 ·· 293
  5.5.4　继电器的连接与检修 ·· 293
本章小结 ·· 296
习题 ··· 296

▶ 参考文献 ·· 298

第 1 章
汽车电路的基本知识

🚗 学习目标

1. 掌握汽车电路的组成和特点。
2. 熟识汽车导线、插接器、电路保护装置、各种开关和继电器等基本元器件的结构特点、工作特性及识别方法。

🚗 学习要求

熟识汽车导线的型号与规格,掌握导线的选择方法。掌握插接器识别方法和连接方法。熟识开关的三种表示方法。了解继电器的类型、熟识继电器的主要参数,掌握继电器的识别方法。掌握电路保护装置的类型与特点。

1.1 汽车电路的组成和特点

为了使汽车的电气设备工作,就要按照它们各自的工作特性及相互间的内在联系,用导线和车体把电源、电路保护装置、控制器件及用电设备等装置连接起来,构成能使电流流通的路径,这种路径称为汽车电路。由于汽车上的电路主要是由导线连接的,因此汽车电路又称为汽车线路。

1.1.1 汽车电路的组成

汽车电路主要由电源、电路保护装置、控制器件、用电设备及导线组成。

1. 电源

汽车上装有两个电源,即蓄电池和发电机,其功能是保证汽车各用电设备在不同情况下都能正常工作。

2. 电路保护装置

电路保护装置主要有熔断器(俗称保险丝)、电路断电器及易熔线等,其功能是在电路中起保护作用。当电路中流过超过规定的电流时切断电路,防止烧坏电路连接导线和用电设备,并把故障限制在最小范围内。

3. 控制器件

除了传统的各种手动开关、压力开关、温控开关外,现代汽车还大量使用电子控制器件,包括简单的电子模块(如电子式电压调节器等)和微电脑形式的电子控制单元(如发动机电控单元、自动变速器电控单元等)。电子控制器件和传统开关在电路上的主要区别是电子控制器件需要单独的工作电源及需要配用各种形式的传感器。

4. 用电设备

用电设备(又称用电器)包括电动机、电磁阀、灯泡、仪表、各种电子控制器件和部分传感器等。

5. 导线

导线用于将以上各种装置连接起来构成电路。此外,汽车上通常用车体代替部分从用电设备返回电源的导线。

1.1.2 汽车电路的基本特点

汽车电路具有以下特点。

1. 低压

汽车电气系统的标称电压有 12 V、24 V 两种,轿车普遍采用 12 V,而重型柴油车多采用 24 V。对发电装置,12 V 系统的额定电压为 14 V。低压系统的主要优点是:安全;蓄电池单格数少,对减少蓄电池的质量和尺寸有利;白炽灯的灯丝较粗,寿命较长。

2. 直流

汽车采用直流系统的原因是发动机要靠起动机起动,起动机由蓄电池供电,而蓄电池的电能消耗后又必须用直流电充电,所以汽车电气系统为直流系统。

3. 单线制

单线制是指从电源到用电设备只用一根导线连接,用汽车底盘、发动机等金属机体作为另一根共用导线。电路简单清晰,安装和检修方便,且电器部件也不需与车体绝缘,所以现代汽车普遍采用单线制,但在特殊情况下,也需采用双线制。

4. 并联

为了让各用电设备能独立工作,互不干扰,各用电设备均采用并联方式连接,每条电路均有自己的控制器件及保护装置。控制器件保证每条电路的独立工作,保护装置是用来防止因电路短路或超载而引起导线及用电设备的损坏。

5. 负极搭铁

采用单线制时,蓄电池的一个电极接到车体上,称为"搭铁"。若蓄电池的负极与车体连接,则称为负极搭铁;反之,则称为正极搭铁。现在国内外汽车均采用负极搭铁。

知识链接

汽车电路由相对独立的分系统组成,全车电路一般包括以下几部分。

(1)电源电路:由蓄电池、发电机、调节器及工作状况指示装置(电流表、充电指示灯)等组成。

(2) 起动电路：由起动机、起动继电器、起动开关及起动保护装置组成。

(3) 点火电路：由点火线圈、分电器、电子点火器、火花塞、点火开关等组成。此外，由发动机控制单元进行点火控制时，可以不使用分电器。

(4) 照明与信号电路：由前照灯、雾灯、示宽灯、转向灯、制动灯、倒车灯、电喇叭等及其控制继电器和开关组成。

(5) 仪表与警报电路：由仪表、传感器、各种报警指示灯及控制器组成。

(6) 电子控制装置电路：由电控燃油喷射系统、自动变速器、制动防抱死系统、恒速控制及悬架平衡控制系统等组成。

(7) 辅助装置电路：由用以提高车辆安全性、舒适性、经济性等各种功能的电器装置组成，因车型不同而有所差异。一般包括挡风玻璃刮水/清洗装置、挡风玻璃除霜/防雾装置、起动预热装置、音响装置、车窗电动升降装置、电动座椅调节装置及中央电控门锁等。

1.2 汽车用导线和线束

1.2.1 导线的型号与规格

普通低压导线有采用聚氯乙烯作绝缘包层的 QVR 型，也有采用聚氯乙烯-丁腈复合物作绝缘包层的 QFR 型。这两种绝缘层的耐低温性、耐油性和阻燃性都比较好，尤以后者为佳。

普通低压导线采用多股铜质线芯结构，这是由于铜质多股线芯能够反复弯曲而不易折断，制成线束后的柔性仍较好，安装方便。汽车用低压线的型号与规格见表1-1。

表1-1 汽车用低压导线的型号与规格

型号	名称	标称截面积/mm²	芯线结构 根数	芯线结构 直径/mm	绝缘层标称厚度/mm	导线最大外径/mm
QVR	聚氯乙烯绝缘低压导线	0.5	—	—	0.6	2.2
		0.6	—	—	0.6	2.3
		0.8	7	0.39	0.6	2.5
		1.0	7	0.43	0.6	2.6
		1.5	17	0.52	0.6	2.9
		2.5	19	0.41	0.8	3.8
QFR	聚氯乙烯-丁腈复合物绝缘低压导线	4	19	0.52	0.8	4.4
		6	19	0.64	0.9	5.2
		8	19	0.74	0.9	5.7
		10	49	0.52	1.0	6.9

续表

型号	名称	标称截面积/mm²	芯线结构 根数	芯线结构 直径/mm	绝缘层标称厚度/mm	导线最大外径/mm
QFR	聚氯乙烯-丁腈复合物绝缘低压导线	16	49	0.64	1.0	8.0
		25	98	0.58	1.2	10.3
		35	133	0.58	1.2	11.3
		50	133	0.68	1.4	13.3

1.2.2 导线的选择

汽车上各种用电设备，通常是根据用电设备的负载电流大小来选择所用连接导线的截面积。选择的原则是：长时间工作的用电设备可选用实际载流量60%的导线；短时间工作的用电设备可选用实际载流量60%～100%的导线。

在选用导线时，还应考虑电路中的电压降和导线发热等情况，以免影响用电设备的电气性能和超过导线的允许温度。对于一些工作电流很小的用电设备，为保证导线具有一定的机械强度，汽车电系中所用导线截面积不得小于0.5 mm²。各种低压导线截面积所允许的负载电流值见表1-2。

表1-2　各种低压导线截面积允许的负载电流值

导线标称截面积/mm²	0.5	0.8	1.0	1.5	2.5	4.0	6.0	10	16	25	35	50
允许电流值/A（60%）	7.5	9.6	11.4	14.4	19.2	25.2	33	45	63	82.8	102	129
允许电流值/A（100%）	12.5	16	19	24	32	42	55	75	105	138	170	215

所谓标称截面积是经过换算而统一规定的线芯截面积，不是实际线芯的几何面积，也不是各股线芯几何面积之和。

知识链接

汽车12 V电系主要电路导线标称截面积推荐值见表1-3。

表1-3　汽车12 V电系主要电路导线标称截面积推荐值

标称截面积/mm²	用　　途
0.5	尾灯、顶灯、指示灯、仪表灯、燃油表、刮水器电动机、电子钟、水温表、油压表等电路用的导线
0.8	转向灯、制动灯、停车灯、分电器等电路用的导线
1.0	前照灯、电喇叭（3 A以下）等电路用的导线
1.5	前照灯、电喇叭（3 A以上）等电路用的导线
1.5～4.0	其他5 A以上的电路用的导线
4～6	柴油机电热塞电路用的导线
6～25	电源电路用的导线
16～95	起动电路用的导线

1.2.3 导线的颜色

为便于汽车电系的连接和维修,我国汽车用低压线的颜色,必须符合有关标准。单色线的颜色由表1-4规定的颜色组成,双色线的颜色由表1-4规定的两种颜色配合组成。双色线的主色所占比例大些,辅助色所占比例小些。辅助色条纹与主色条纹沿圆周表面的比例为1:3~1:5。双色线的标注第一色为主色,第二色为辅助色。

表1-4 我国汽车用导线颜色

导线颜色	黑色	白色	红色	绿色	黄色	棕色	蓝色	灰色	紫色	橙色
代号	B	W	R	G	Y	Br	Bl	Gr	V	O

国外汽车厂商在电路图上多用英文字母来表示导线外皮的颜色及其条纹的颜色。日本常用单个字母表示,个别用双字母表示,如是双字母,后一个是小写字母。美国常用2~3个字母表示一种颜色,如果导线上有条纹,则要书写较多字母。德国汽车导线颜色代号,各厂商甚至各牌号不尽一致,奥迪、宝马、奔驰、桑塔纳的颜色代号各不相同,在读图时要注意区别。也有的厂商,如菲亚特汽车导线采用数字代号表示颜色。各国(厂家)导线颜色代号见表1-5。

表1-5 各国(厂家)导线颜色代号

颜色	国家								部分汽车公司车系						
	中国	英国	美国	日本	德国	法国	俄罗斯	奥地利	波兰	奔驰	宝马	奥迪	帕萨特	本田	通用	菲亚特
黑	B	Black	BAK	B	SW	BL	ч	B	N	BK	SW	sw	BK	BLK	BLK	
白	W	White	WHT	W	WS	W	6,Б	C	B	WT	WS	ws	WT	WHT	WHT	22—
红	R	Red	RED	R	RT	R	ЛК	A	R	RD	RT	ro	RD	RED	RED	77—
绿	G	Green	GEN	G	GN	GN	з	F	V	GN	GN	gn	GN	GRN	GRN	88—
黄	Y	Yellow	YEL	Y		Y	ж	D	J	YL	GE	ge	YL	YEL	YEL	33—
棕	Br	Brown	BRN	Br	BK		KOP	L	M	BR	BR	br	BN	BRN	BRN	00—
蓝	Bl	Blue	BLU	L	BL	BU	r	I	P	BU	BL	bl	BU	BLU	BLU	11—
灰	Gr	Grey	GRY	Gr		G	c		H	GY	GR	gr	GY	GRY	GRY	44—
紫	V	Violet	PPL	Pu	VI	VI		G	Z	VI	VI	li	PL	PUR		66—
橙	O	Orange	ORN	Or			o		C		OR		OG	ORN	ORN	55—
粉红	P	Pink	PNK	P			P	N	S	PK	RS		PK	PNK	PNK	99—
深绿		Dark Green	DAK GRN							DKGN				DK GRN		
浅绿		Light Green	LT GRN	Lg						LTGN				LT GRN	LT GRN	

续表

颜色	国家								部分汽车公司车系					
	中国	英国	美国	日本	德国	法国	俄罗斯	奥地利	波兰	奔驰	宝马	奥迪	帕萨特	本田	通用	菲亚特
深蓝		Dark Blue	DK BLU										DKBU		DK BLU	
浅蓝		Light Blue	LT BLU	Sb			K	L					LTBU	LT BLU	LT BLU	
棕褐		Tan	TAN			Br									TAN	
无色		Clear	CLR										CR		CLR	

 知识链接

导线电气特性

导线电气特性主要是指对低压电路的电压降。如果某一电路由于导线造成过大的电压降,将严重影响用电设备的正常工作和电源的供电效能。在汽车低压电路中,对起动机电路,一般要求每 100 A 电流产生的电压降不得大于 0.15 V,在起动机起动时的电压降不允许大于 0.5 V。发电机处于额定负载时,电路的电压降不得大于 0.3 V。整车电路的总电压,在不计接触电阻的情况下,不得大于 0.8 V。从电压降的角度看,在许可的条件下,导线越短越好。当线芯长期工作温度不超过 70 ℃、环境温度在 $-40 \sim 70$ ℃ 范围内时,导线的正常车用寿命不得低于 6×10^4 km。

1.2.4 高压导线

高压导线是指点火系统中承担高电压传送任务的导线。由于工作电压一般在 15 kV 以上,电流较小;因此,高压导线一般绝缘包层厚,线芯截面较小,耐压性能高。

(1) 高压导线的种类。国产汽车用高压导线有铜芯线和阻尼线两种。高压阻尼线又称为半导体塑芯高压线,线芯具有一定的电阻,通常要求不大于 20 kΩ/m。带阻尼的高压线可抑制和衰减点火系统产生的高频电磁波,降低对无线电设备及电控装置的干扰。

(2) 高压导线的电气性能。高压导线的绝缘性能是高压导线的主要指标,因此选择高压导线的依据是导线应有足够的耐压值。高压导线的耐压值应在 15 kV 以上。高压导线耐潮湿性能应良好,将其浸入温水中保持 3 h,取出后以 50 Hz、15 kV 的交流电压试验 5 min,导线不应被击穿。

高压导线应在 $-40 \sim 70$ ℃ 的环境温度中仍能正常工作。一般高压导线正常的车用寿命为 $(4.5 \sim 5) \times 10^4$ km。

1.2.5 线束

在汽车上,为了使全车线路不零乱、安装方便,以及保护导线不被水、油侵蚀和磨损,汽车导线除高压线和蓄电池导线外,都用绝缘材料包扎成束,称为线束。

汽车用的线束是将各电器之间的连线,选择最短的途径,并把同一路径的若干导线用绝缘带包扎而成的。线束主要由各种颜色的低压导线,以及相关连接插件、接线端子、绝缘包扎材料等组成。

包扎线束的绝缘材料通常采用棉纱编织的套管或聚氯乙烯胶带,有的还在包扎好的线束外面再套上一根波纹管。

1.3 插接器

插接器又称为连接器,由插头和插座组成。插接器是汽车电路中线束的中继站,线束与线束(或导线与导线)、线束(导线)与电器部件之间的连接一般采用插接器进行连接。

1.3.1 汽车用插接器的类型

为了便于拆装或避免装错,特将插接器制成不同形状、规格和型号,并用不同颜色进行区分。插接器可供几条到几十条导线使用,有长方体、多边体等不同形状。几种插接器的形式如图1-1所示。

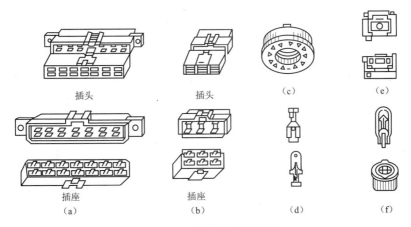

图 1-1 几种插接器的形式
(a)14线插接器;(b)6线插接器;(c)12线圆形插接器;
(d)片状导线插接器;(e)前照灯插座;(f)仪表灯插座

插接器的插头和插座均由接头(或端子)和护套组成,接头与导线采用冷铆或锡焊连接;护套为多孔塑料件或橡胶件,用以放置导线接头。在导线接头上带有倒刺,当嵌入护套后会自动锁止;在护套上也有锁止结构,当插头和插座接合后也会自动锁止,以防止脱开,如图1-2所示。

1.3.2 插接器的表示方式

插接器的表示方式如图1-3(a)、(b)所示(这里仅以6线插头和8线插座为例,其他插头或插座的表示方法与此类似,仅是导线数量不同),图1-3(c)为其实物示意图。

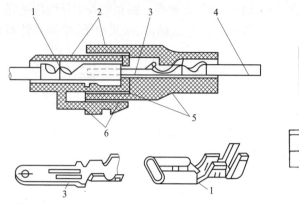

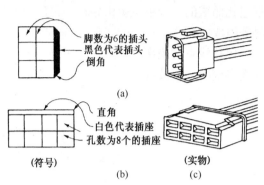

1—插座;2—护套;3—插头;4—导线;5—倒刺;6—锁止机构。

图 1-2 插接器结构

图 1-3 插接器的表示方式和实物示意图

(a)插头符号;(b)插座符号;(c)实物

1.3.3 插接器的识别方法

1. 插头的识别

如图 1-3 所示,一般在表示插头脚数的方格(长方格或正方格)的一边画一深黑色长方框,方格的数量表示插头的引脚数。长方框有不倒角或倒角的两种,不倒角表示插头采用针式接线端子,倒角表示插头采用片式接线端子。

2. 插座的识别

如图 1-3 所示,一般在表示插座脚数的方格(长方格或正方格)的一边用白色(不涂黑色)画一不倒角或倒角的长方框,方格的数量表示插座的引脚数。

1.3.4 插接器的连接方法

插接器一般都有导向槽,导向槽是为了使插接器接合正确而设置的凸凹轨。插接器接合时,应把插头与插座的导向槽重叠在一起,使插头和插孔对准,然后平行插入即可十分牢固地连接在一起。

插接器连接后,其导线的连接关系如图 1-4 所示。例如,线 A 的插孔①与线 a 的插头①′是相配合的,其余依次类推。

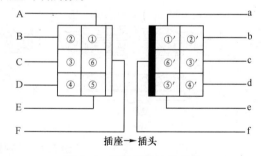

图 1-4 插接器的连接方法

1.4 开 关

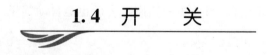

1.4.1 开关的功能和表示方法

开关的主要功能是控制电路通断。

开关在汽车电路图的表示方法有:结构图表示法、表格表示法和图形表示法。

汽车上的开关主要有手动开关、压力开关、温控开关等多种形式,其中,手动开关主要有点火开关、照明灯开关、信号灯开关及各控制面板与驾驶座附近的按键式、拨杆式开关及组合式开关等。

1.4.2 点火开关

点火开关用于控制点火电路、发电机激磁电路、仪表的电源电路和起动电路,停车时用钥匙锁住。其功能主要有:锁住转向盘转轴(LOCK),接通点火仪表指示灯(ON 或 IG),起动(ST 或 START)挡、附件(ACC 主要用于控制 CD 音响)挡,如果用于柴油车则要增加预热(HEAT)挡。其中起动挡、预热挡因为消耗电流很大,开关不宜接通过久,所以这两挡在操作时必须用手克服弹簧力,扳住钥匙,如果松手就会弹回点火挡,不能自行定位;其他挡点火(ON)、附件(ACC)、锁定(LOCK)均可自行定位。点火开关的各车型不完全一样,使用时应注意区分,其 3 种表示方法如图 1-5 所示。

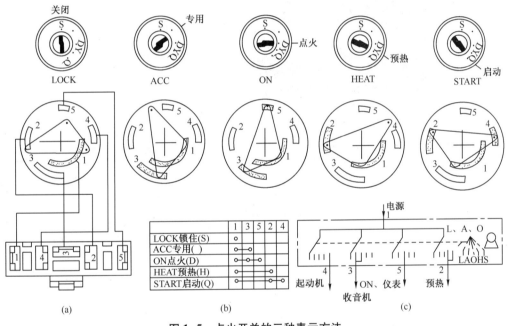

图 1-5 点火开关的三种表示方法
(a) 结构图表示法;(b) 表格表示法;(c) 图形表示法

🚗 知识链接

随着汽车电子技术的发展,越来越多的汽车上开始装有智能进入和起动系统,其点火开关也不再是传统的点火开关了,而是采用一键起动开关。如图 1-6 所示,按照使用方法不同,一键起动开关可分为两类:一类是按钮式,点火按钮位于中控台伸手可及之处,因此也称"一键起动",例如宝马、奔驰等;另一类是旋钮式,一般就位于原始的钥匙插口处,但是无须插车钥匙,直接拧动旋钮即可起动。

丰田凯美瑞轿车的"ENGINE START STOP"开关(发动机起动开关,即一键起动开关)如图 1-7 所示,各个挡位工作情况及操作方法见表 1-6。

 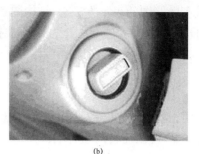

(a) (b)

图 1-6 一键起动开关

(a)按钮式；(b)旋钮式

图 1-7 丰田凯美瑞轿车的一键起动开关

表 1-6 丰田凯美瑞轿车的"ENGINE START STOP"开关各个挡位的操作方法

挡位	操作方法
接通 ACC 挡	关闭车门，慢慢用力按下"ENGINE START STOP"开关一次，状态指示灯点亮呈琥珀色，表明 ACC 挡接通
接通 ON 挡	在 ACC 挡接通状态下，再一次按下"ENGINE START STOP"开关，则接通 ON 挡
关闭 ACC 挡	开关在 ON 挡时，按下"ENGINE START STOP"开关一次
接通 ST 挡	关闭车门，踩下制动踏板，状态指示灯点亮呈绿色，按下"ENGINE START STOP"开关一次，即可起动发动机
OFF 挡	踩下制动踏板，按下"ENGINE START STOP"开关 2 s 以上，发动机将熄火
备注：当按下"ENGINE START STOP"开关时，如果蜂鸣器鸣叫并且智能进入和起动系统警告灯点亮，则表明智能卡不在车上	

1.4.3 多功能组合开关

为了操作方便和保证行车安全，一般将照明开关(前照灯开关、变光开关)、信号开关(转向、危险警告、超车)、刮水器/洗涤器开关、喇叭开关等组合成一个整体，称为组合开关。组合开关通常安装在转向盘下的转向柱上，如图 1-8 所示。

第1章 汽车电路的基本知识

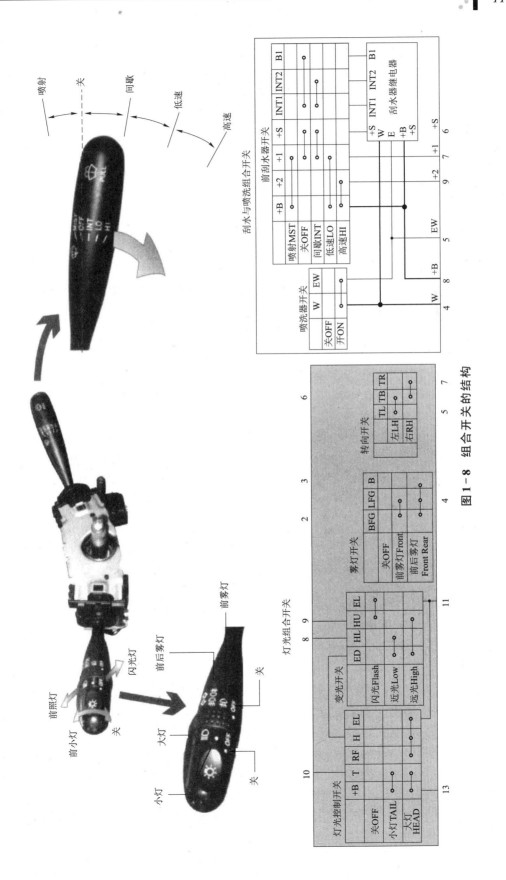

图1-8 组合开关的结构

1.5 继 电 器

继电器是一种当输入量(电、磁、声、光、热)达到一定值时,输出量将发生跳跃式变化的自动控制器件。

1.5.1 继电器的类型

继电器按工作原理可分为电磁继电器、热继电器、温度继电器、固态继电器和电子混合式继电器等。目前汽车行业使用最多的还是电磁继电器,以及部分电子混合式继电器。电磁继电器分为电压型和电流型两种。

按负载大小,继电器可分为微功率继电器、弱功率继电器、中功率继电器和大功率继电器等。

按外形尺寸,继电器可分为超微型继电器、微型继电器和小型继电器等。

按防护形式,继电器可分为密封继电器、封闭继电器和开放式继电器等。

1.5.2 电磁继电器的基本结构及主要参数

1. 电磁继电器的基本结构

如图1-9所示,电磁继电器主要由线圈、衔铁(动片)、动触点和静触点等组成。当电流经过线圈时,产生磁场,吸引动触点移动,并与静触点接触,使接线端子3和接线端子4导通,于是主电路形成回路,从而使被控制的用电设备投入工作。由此可见,继电器的作用是通过线圈的电流控制经过触点的负载(用电设备)的工作电流。

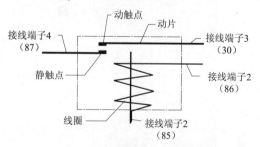

图1-9 电磁继电器的基本结构

2. 继电器的主要参数

(1) 额定工作电压。额定工作电压是指继电器在正常工作时线圈所需要的电压。继电器的型号不同,其额定工作电压也不同。

(2) 直流电阻。直流电阻是指继电器中线圈的直流电阻,可以通过万用表测量。

(3) 吸合电压(电流)。吸合电压(电流)是指继电器能够产生吸合动作的最小电压(电流)。在正常使用时,给定的电压必须略大于吸合电压,这样继电器才能稳定地工作。而对于线圈所加的工作电压,一般不要超过额定工作电压的1.5倍,否则会产生较大的电流而把线圈烧毁。

(4) 释放电压(电流)。释放电压是指继电器产生释放动作的最大电压(电流)。当继电器吸合状态的电压减小到一定程度时,继电器就会恢复到未通电时的释放状态。这时的电压远远小于吸合电压。

(5) 触点切换电流。触点切换电流是指继电器允许加载的电流。它决定了继电器所能控制电流的大小,使用时不能超过此值,否则很容易损坏继电器的触点。

1.5.3 继电器的识别

1. 继电器的符号

继电器在电路图中用电器符号表达,符号由线圈与开关组成,线圈与开关用虚线连接,表示此开关受该线圈控制。继电器中的开关一般表现为该系统处于不工作状态时的位置,也就是开关如断开即为常开继电器(见图1-10)。反之则为常闭继电器。

图1-10 继电器的电器符号

2. 继电器的标识

(1) 产品规格。在汽车继电器上一般标 DC12 V 或 DC24 V 等,代表继电器的额定工作电压,即加在线圈两端的电压分别为直流 12 V 或 24 V。

(2) 负载能力。继电器触点通过负载的能力一般用电流的大小来表示,如"NO40 A"或"NC/NO40/30 A"。其中,NO 表示触点常开(NORMAL OPEN),NC 表示触点常闭(NORMAL CLOSE),40 A 或 30 A 表示触点端可以带的负载额定电流,一般指阻性负载,感性负载则会根据冲击电流倍数而相应减小。

(3) 接线端子。图1-11 为继电器的接线端子标识,其中 30 代表可动端,87 代表常开端,87a 代表常闭端,85、86 代表线圈端。也有用 1~5 表示的,其中 1、2 代表线圈端,3 代表可动端,4 代表常闭端,5 代表常开端。

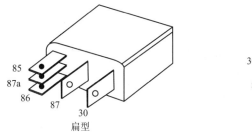 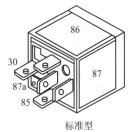

图1-11 继电器的接线端子标识

1.5.4 电流型继电器

电流型继电器的特点是电磁线圈通过的电流较大,而经过触点的电流较小。如舌簧继电器(见图1-12),圆管玻璃内有两个舌形触点,玻璃管外有粗导线线圈。电磁线圈通电时,触点闭合;电磁线圈断电时,触点断开。它常用于对前照灯的监测电路(见图1-13),电磁线圈和灯泡串联,触点控制仪表板上的相应故障指示灯的工作。

1.5.5 电压型继电器

电压型继电器的特点是电磁线圈通过的电流较小,而经过触点的电流较大。电压型继电器一般有以下几种。

(1) 常开式继电器:电磁线圈通电时,触点闭合。

(2) 常闭式继电器:电磁线圈通电时,触点断开。

(3) 切换式继电器:同一继电器内有两对触点,一对触点常开,另外一对触点常闭,电磁线圈通电时,常开触点闭合,常闭触点断开。

(4) 有多个电磁线圈的继电器:多个电磁线圈共同控制一对触点,常用于多个控制器件控制同一用电设备。

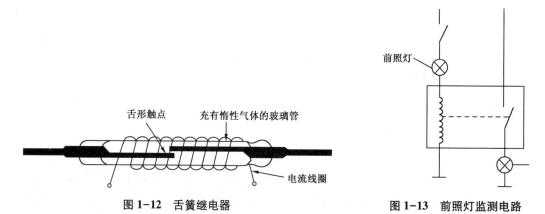

图 1-12 舌簧继电器　　　　　图 1-13 前照灯监测电路

1.6 电路保护装置

1.6.1 电路保护装置的功用与类型

电路保护装置串联在电源与用电设备之间,当用电设备或线路发生短路或过载时,切断电源电路,以免电源、用电设备和线路损坏。

汽车上广泛使用的电路保护装置有熔断器、易熔线和电路断电器。

1.6.2 熔断器

熔断器又称为保险丝,如图 1-14 所示。熔断器用于对局部电路进行保护,按形状可分为丝状熔断器、管状熔断器和片状熔断器。

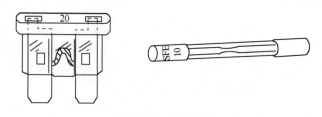

图 1-14 熔断器

1. 熔断器的熔断特性

熔断器能承受长时间的额定电流负载,在过载的情况下,熔断器会很快熔断(熔断特性见表 1-7)。熔断器的熔断时间,包括两个动作过程,即熔体发热熔化过程和电弧熄灭过程。这两个过程进行的快慢,取决于熔断器中流过的电流值的大小和本身的结构参数。很明显,当电流超过额定值倍数较大时,发热量增加,熔体很快就达到熔化温度,熔化时间大为缩短;反之,在熔断器过载倍数不是很大时,熔化时间将增长。

表 1-7 熔断器的熔断特性

流过熔断器的电流(标注电流)	熔断器的熔断时间
流过的电流为标注电流110%时	不熔断
流过的电流为标注电流135%时	在 60 s 内熔断
流过的电流为标注电流150%时	20 A 以内的熔断器,15 s 以内熔断 30 A 熔断器,30 s 以内熔断

2. 熔断器的检查

熔断器熔断后,一般用观察法就可发现。对于较隐蔽的故障,需要进行详细检查。具体方法是用万用表电阻挡测量熔断器是否熔断,也可用试灯进行检查。熔断器只能一次作用,每次熔断后必须更换。

1.6.3 易熔线

易熔线是一种截面一定的、可长时间通过额定电流(如 30 A、40 A、60 A 等)的合金导线,用于保护总体电路或较重要电路。如北京切诺基汽车设有五条易熔线,分别保护充电电路、预热加热器电路、灯光电路、雾灯电路及辅助装置电路。

易熔线的规格通常用颜色来加以区别,几种常见易熔线的规格见表 1-8。

表 1-8 几种常见易熔线的规格

颜色	尺寸/mm	芯线结构	长度 1 m 时的电阻值/Ω	连续通电电流/A	5 s 以内熔断时的电流/A
茶	0.3	ϕ0.32×5 股	0.047 5	13	约 150
绿	0.5	ϕ0.32×7 股	0.032 5	20	约 200
红	0.85	ϕ0.32×11 股	0.020 5	25	约 250
黑	1.25	ϕ0.5×7 股	0.014 1	33	约 300

1.6.4 电路断电器

对于那些在平常工作时容易过载的电路,一般用电路断电器保护。有些电路断电器须手工复原(见图 1-15),有些则必须撤了电源才能复原(见图 1-16)。循环式电路断电器(见图 1-17)是自己复原的,此种电路断电器利用了双金属片对过电流起反应的特性。当出现过载或电路故障引起过电流时,双金属片被流过的大电流加热而弯曲,触点副随之张开。触点一旦张开,电流便不再流过双金属片,双金属片自然冷却而再次将触点副闭合。如果电路仍然引起过电流,电路断电器触点再次张开,如此,电路断电器便周期性地张开和闭合,直至不过载为止。

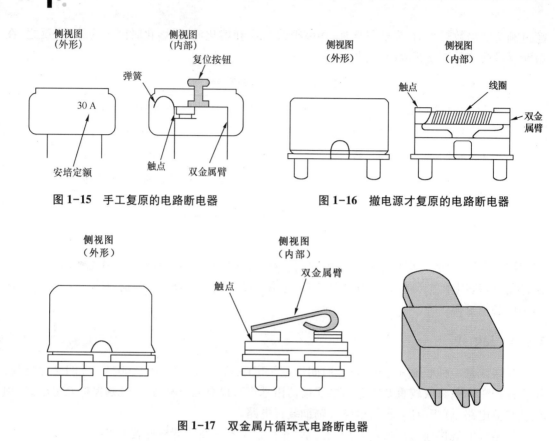

图 1-15 手工复原的电路断电器

图 1-16 撤电源才复原的电路断电器

图 1-17 双金属片循环式电路断电器

1.7 汽车配电盒

1.7.1 汽车配电盒的组成

汽车配电盒又称为汽车接线盒或熔断器/继电器盒,汽车电气系统以配电盒为核心进行控制。大部分继电器和熔断器都安装在汽车配电盒正面,当产生故障时,便于更换和检修。汽车配电盒上一般标有线束和导线插接位置的代号及接点的数字号,主线束从汽车配电盒背面插接后通往各用电设备。

汽车配电盒由配电盒盖、配电盒座及配电盒主体组成,在配电盒盖上标有各熔断器和继电器的位置及功能说明。配电盒总成一般安装在散热良好、方便插接的地方,如车辆前风窗玻璃外左下角、发动机舱盖的下面,或乘室内驾驶员腿上方护罩夹层中。

与汽车配电盒对接的线束插接器对接插拔力要求很严格,且要保证接触电阻几乎为 0。它还要求有良好的散热、导电、抗干扰、绝缘等性能。

1.7.2 汽车配电盒的识别

捷达轿车的中央配电盒安装在汽车前挡风玻璃外左下角,位于发动机舱盖的下面。捷达轿车的中央配电盒的正面布置如图1-18所示,熔断器容量用不同的颜色加以区别,继电器上印有继电器的号码。从中央配电盒上很容易查找到熔断器的位置和容量以及继电器的位置和号码,具体内容见表1-9、表1-10。

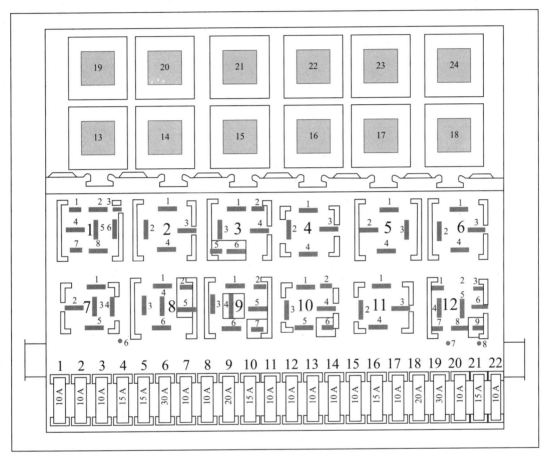

图1-18 捷达轿车中央配电盒的正面布置

表1-9 熔断器的位置、容量及连接的电路

熔断器的位置	用电设备电路	容量/A	熔断器的颜色
1	左近光灯	10	红色
2	右近光灯	10	红色
3	仪表板照明灯、牌照灯	10	红色
4	杂物箱灯	15	蓝色
5	风窗刮水器、洗涤器	15	蓝色
6	空调机、鼓风机	30	黄色
7	右尾灯、右停车灯	10	红色
8	左尾灯、左停车灯	10	红色
9	后窗除霜加热器	20	黄色
10	雾灯、后雾灯	15	蓝色

续表

熔断器的位置	用电设备电路	容量/A	熔断器的颜色
11	左远光灯	10	红色
12	右远光灯	10	红色
13	喇叭、散热器风扇	10	红色
14	倒车灯	10	蓝色
15	发电机电子装置	10	红色
16	组合仪表	15	蓝色
17	转向灯、报警灯	10	红色
18	电动燃油泵	20	黄色
19	散热器风扇	30	绿色
20	制动灯	10	红色
21	车内照明、行李舱灯、时钟	15	蓝色
22	收音机、点烟器	10	红色

表1-10 继电器的位置、名称及外壳上的号码

继电器的位置	继电器的名称	印刷在继电器外壳上的号码
1	空调继电器	13
4	卸荷继电器	18
6	闪光灯继电器	21
8	间歇清洗/刮水继电器	19
10	雾灯继电器	53
11	双音喇叭继电器	53
12	进气歧管预热继电器 燃油泵继电器 预热塞继电器	1 67 60
13	散热器风扇起动继电器 燃油泵控制单元继电器 怠速提升控制单元继电器	31 91 82
14	起动保护继电器 散热器风扇控制单元继电器 催化反应器报警控制单元继电器 进气歧管预热继电器	53 31 44 1
15	ABS 液压泵继电器	78
16	ABS 继电器	79
18	电动座椅调整机构继电器 自由轮锁止机构继电器	83
19	自动变速器继电器	53

续表

继电器的位置	继电器的名称	印刷在继电器外壳上的号码
20	自由轮锁止机构继电器 自动预热过程控制继电器	83 47
21	车窗玻璃升降继电器	24
22	ABS 阀、ABS 液压泵继电器	—
23	空调、电动座椅调整装置、双频道收放机继电器	—
24	车窗玻璃升降器继电器	—

捷达轿车几乎全部主线束均从中央配电盒背面插接后通往各用电设备，汽车各线束插头与中央配电盒插座的连接关系如图 1-19 所示。

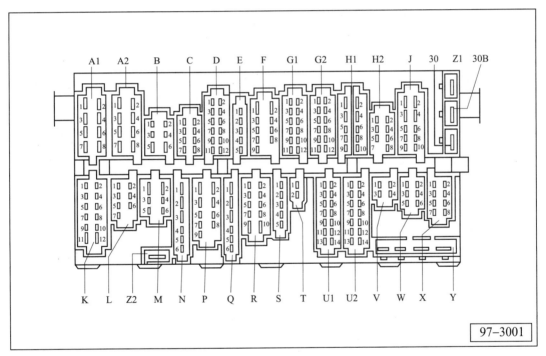

A1—8 孔插头（黄色），前大灯线束；A2—8 孔插头（黄色），前大灯线束；B—6 孔插头（绿色），用于前大灯清洗系统；C—8 孔插头（黄色），用于任选线束；D—12 孔插头（绿色），用于附加设备；E—5 孔插头（绿色），仪表线束；F—9 孔插头（白色），发动机舱侧线束；G1—12 孔插头（白色），发动机舱右侧线束；G2—12 孔插头（白色），发动机舱右侧线束；H1—10 孔插头（红色），转向柱开关线束；H2—8 孔插头（红色），转向柱开关线束；J—10 孔插头（红色），转向柱开关线束；K—12 孔插头（黑色），尾部线束；L—7 孔插头（黑色），尾部线束；M—6 孔插头（黑色），尾部线束；N—6 孔插头（绿色），空调线束；P—9 孔插头（蓝色），后风窗及前雾灯开关线束；Q—6 孔插头（蓝色），仪表线束；R—10 孔插头（蓝色），灯光开关线束；S—5 孔插头（白色），发动机舱右侧线束；T—2 孔插头（绿色），U1—14 孔插头（蓝色），仪表板线束；U2—14 孔插头（蓝色），仪表板线束；V—4 孔插头（绿色），多功能指示器线束；W—6 孔插头（绿色），ABS 线束；X—8 孔插头（绿色），报警指示灯（拖挂设备、ABS 系统）线束；Y—单孔插头，接线柱 30；Z1—单孔插头，Z2—单孔插头，接线柱 31；30—单孔插头，接线柱 30；30B—单孔插头。

图 1-19 汽车各线束插头与中央配电盒插座的连接关系

本章小结

汽车电路主要由电源、电路保护装置、控制器件、用电设备及导线组成。汽车电路具有低压、直流、单线制、并联和负极搭铁等特点。

汽车电路的导线有高压线、低压线两种。插接器由插头和插座组成。线束与线束、线束与电器部件之间的连接一般采用插接器。开关在汽车电路图的表示方法有：结构图表示法、表格表示法和图形表示法。汽车常用的继电器为电磁继电器，可分为电压型和电流型两种。汽车上的电路保护装置有熔断器、易熔线和电路断电器。

习 题

一、单选题

1. 在电路图中，Gr 表示颜色为（　　）。
   A. 白色　　　　　　B. 绿色　　　　　　C. 灰色　　　　　　D. 紫色
2. 继电器的 87a 接线端子代表（　　）。
   A. 可动端　　　　　B. 常开端　　　　　C. 常闭端　　　　　D. 线圈端

二、多选题

1. 汽车电路主要由（　　）及导线组成。
   A. 电源　　　　　　B. 电路保护装置　　C. 控制器件　　　　D. 用电设备
2. 汽车电路具有（　　）等特点。
   A. 低压　　　　　　B. 直流负极搭铁　　C. 单线制　　　　　D. 并联
   E. 负极搭铁
3. 汽车配电盒由（　　）组成。
   A. 配电盒盖　　　　B. 配电盒座　　　　C. 控制器件　　　　D. 配电盒主体
4. 汽车配电盒盖上标有（　　）的位置及功能说明。
   A. 熔断器　　　　　B. 继电器　　　　　C. 导线　　　　　　D. 用电设备

三、简答题

1. 如何选择汽车低压导线？
2. 汽车线束由哪些器件组成？
3. 如何识别汽车电磁继电器？
4. 继电器的主要参数有哪些？
5. 电路保护装置有哪些类型？它们各自的特点有什么？

第 2 章 汽车电路图的类型与识读

学习目标

1. 熟识汽车电路的类型。
2. 掌握汽车电路图的类型和特点,为电路故障诊断打下良好基础。

学习要求

熟识常用图形符号和文字符号的含义,了解电器部件接线端子的标记。了解汽车布线图的识读技巧,熟识汽车线束图的识读方法,掌握汽车电路原理图的识读方法。了解汽车电子电路图和集成电路图的识读方法,掌握微机控制系统电路图的识读方法。从电路图上掌握导线的连接规律,以便诊断电路故障。

2.1 汽车电路的类型

2.1.1 电源电路、搭铁电路、控制电路和信号电路

汽车电路根据各自的功能不同,一般可分为电源电路、搭铁电路、控制电路及信号电路。

1. 电源电路

电源电路主要是为用电设备提供电源,俗称用电设备的"火"线。如图 2-1 所示,用电设备为电动机,电源为蓄电池,从蓄电池正极到电动机之间的线路 AB 段为用电设备(电动机)的电源电路。

电源电路分为常电源电路和条件电源电路两种情况。所谓常电源电路就是在蓄电池正常的情况下,均有规定电压的电源线,在电路图中一般采用 30 号线表示,如图 2-2 所示。所谓条件电源电路就是在一定的条件下(开关接通或继电器触点闭合)才有规定电压的电源线。如图 2-2 所示,点火开关置于"ON"挡时,15 号线才有电;点火开关置于"ON"或"ACC"挡时,15A 号线才有电。

汽车电源一般通过易熔线和熔断器来给用电设备提供电能。

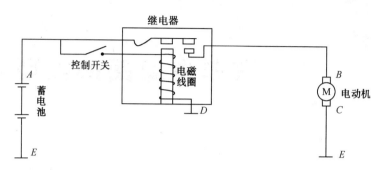

图 2-1 汽车电路的功能

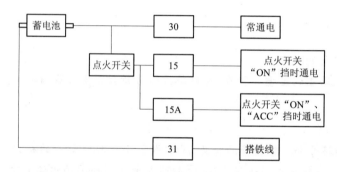

图 2-2 常电源电路和条件电源电路

2. 搭铁电路

搭铁电路主要是为用电设备提供电源回路。如图 2-1 所示,从电动机到蓄电池负极之间的线路 CE 段为用电设备(电动机)的搭铁电路。搭铁电路在电路图中一般采用 31 号线表示(见图 2-2)。

汽车上有多个搭铁点,分布在汽车全身。每个搭铁点采用不同数字表示,并与电路图的相同数字搭铁点相互对应。图 2-3 所示为三菱帕杰罗汽车搭铁点。

由于搭铁点处的金属材料不同(如导线材料为铜,车身材料为铁),从而使搭铁点易形成电极电位差,从而产生电化学反应。另外,有的搭铁点易沾染泥水、油污或生锈,有的搭铁点是很薄的钣金件,这些都可能引起搭铁不良,从而引起灯不亮、仪表不工作、喇叭不响等故障。

随着塑料元件等非金属材料在汽车上的应用越来越多,现在很多汽车都采用公共接地网络线束来保证接地的可靠性,即将负载的负极线接到接地网络线束上,接地网络线束与蓄电池负极相连。

3. 控制电路

控制电路主要是控制用电设备是否工作。如图 2-1 所示,控制器件为开关和继电器,用电设备(电动机)的控制电路为经过控制开关和继电器电磁线圈线路 AD 段。

4. 信号电路

信号电路分为输入信号电路和控制信号电路。

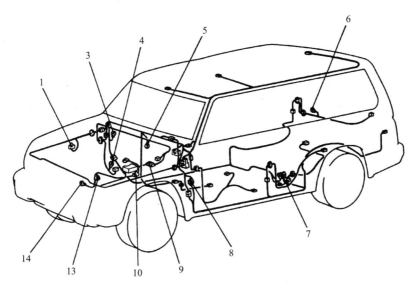

图 2-3 三菱帕杰罗汽车（6G72 发动机）的搭铁点

汽车输入信号包括各种开关输入信号和传感器输入信号。传感器经常共用电源线、搭铁线，但绝不会共用信号线。在分析传感器电路时，可用排除法来判断电路，即排除其不可能的功能来确定其实际功能。如分析某一具有三根导线的传感器电路时，如果已经分析出其电源电路、搭铁电路，则剩余的电路必然为信号电路。

控制信号主要由电子控制单元送出，它分布在各个执行器电路中，如点火电路中的点火信号、燃油喷射控制电路中的喷油信号、自动变速器控制电路中的换挡信号、步进电动机的怠速控制信号等。

2.1.2 直接控制电路与间接控制电路

根据控制器件与用电设备之间是否使用继电器，可将汽车电路分为直接控制电路和间接控制电路。

1. 直接控制电路

直接控制电路是最基本、最简单的电路。这种控制电路中不使用继电器，控制器件与用电设备串联，直接控制用电设备。如图 2-4 所示，直接控制电路为：蓄电池正极→电路保护装置→控制器件→用电设备（灯泡）→搭铁→蓄电池负极。

2. 间接控制电路

在控制器件与用电设备之间使用继电器或电子控制器的电路称为间接控制电路。

如图 2-5 所示，控制器件和继电器内的电磁线圈所处的电路称为控制电路。用电设备和继电器内的触点所处的电路称为主电路。

继电器或电子控制器对受其控制的用电设备来讲是控制器件，但继电器和晶体管同时又受到各种开关、电控单元等控制器件的控制，从这个意义上来讲，它们又是执行器件，所以它们具有双重性。

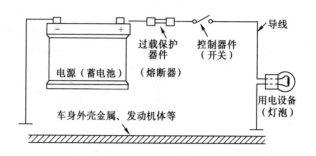

图 2-4 直接控制电路

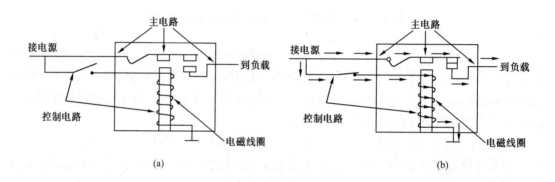

图 2-5 间接控制电路
(a) 开关断开时；(b) 开关闭合时

2.1.3 非电子控制电路与电子控制电路

1. 非电子控制电路

非电子控制电路指的是由手动开关、压力开关、温控开关及滑线变阻器等传统控制器件对用电设备进行控制的电路。

2. 电子控制电路

目前电子控制取代其他控制模式成为现代汽车控制的主要方式，如发动机的机械控制燃油喷射被电控燃油喷射所取代，自动变速器及 ABS 由液压控制转变为电子控制等。电子控制电路是指增加了信号输入元件和电子控制器件，由电子控制器件对用电设备进行自动控制的一种电路，此时用电设备一般称为执行器。

2.2 图形文字符号与接线端子标记

2.2.1 图形符号

图形符号是用于电气图或其他文件中的表示项目或概念的一种图形、标记或字符,是电气技术领域中最基本的工程语言。因此,为了看懂汽车电路图,我们要掌握和熟练地运用图形符号。

我国汽车电路图中常用的图形符号可分为 7 类,分别为:限定符号(表 2-1);导线、端子和导线的连接符号(表 2-2);触点与开关符号(表 2-3);电器元件符号(表 2-4);仪表符号(表 2-5);各种传感器符号(表 2-6);电气设备符号(表 2-7)。

表 2-1 限定符号

序号	名 称	图形符号	序号	名 称	图形符号
1	直流	—	6	中性点	N
2	交流	~	7	磁场	F
3	交直流	∽	8	搭铁	⊥
4	正极	+	9	交流发电机输出接线柱	B
5	负极	−	10	磁场二极管输出端	D_+

表 2-2 导线、端子和导线的连接符号

序号	名 称	图形符号	序号	名 称	图形符号
11	接点	●	20	插头和插座	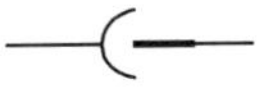
12	端子	○	21	多极插头和插座(示出的为三极)	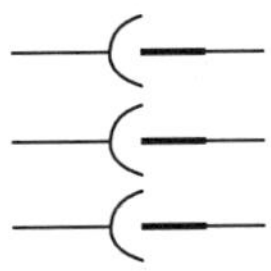
13	可拆卸的端子	φ			
14	导线的连接	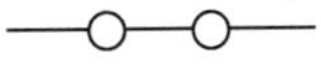			
15	导线的分支连接		22	接通的连接片	
16	导线的交叉连接		23	断开的连接片	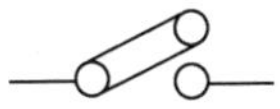
17	导线的跨越		24	边界线	
18	插座的一个极	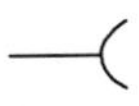	25	屏蔽(护罩)	
19	插头的一个极		26	屏蔽导线	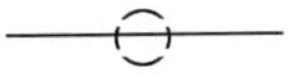

表 2-3 触点与开关符号

序号	名　　称	图形符号	序号	名　　称	图形符号
27	动合（常开）触点		49	定位（非自动复位）开关	
28	动断（常闭）触点		50	按钮开关	
29	先断后合的触点		51	能定位的按钮开关	
30	中间断开的双向触点		52	拉拔开关	
31	双动合触点		53	旋转、旋钮开关	
32	双动断触点		54	液位控制开关	
33	单动断双动合触点		55	机油滤清器报警开关	OP
34	双动断单动合触点		56	热敏开关动合触点	t°
35	一般情况下手动控制		57	热敏开关动断触点	t°
36	拉拔操作		58	热敏自动开关动断触点	
37	旋转操作				
38	推动操作				
39	一般机械操作				
40	钥匙操作				
41	热执行器操作		59	热继电器触点	
42	温度控制	t			
43	压力控制	p			
44	制动压力控制	BP			
45	液位控制				
46	凸轮控制				
47	联动开关		60	旋转多挡开关位置	0　1　2
48	手动开关的一般符号				

续表

序号	名称	图形符号	序号	名称	图形符号
61	推拉多挡开关位置		63	多挡开关、点火、起动开关，瞬时位置为2能自动返回到1（即2不能定位）	
62	钥匙开关（全部定位）		64	节流阀开关	

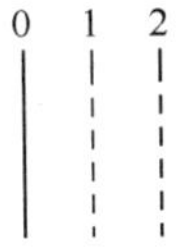

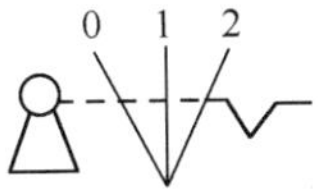

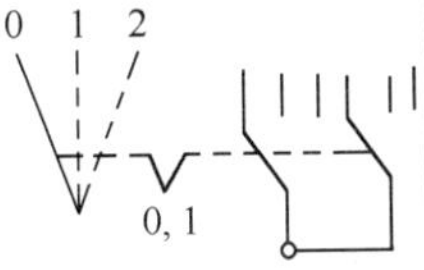

表 2-4　电器元件符号

序号	名称	图形符号	序号	名称	图形符号
65	电阻器		77	极性电容器	
66	可变电阻器		78	穿心电容器	
67	压敏电阻器		79	半导体二极管一般符号	
68	热敏电阻器		80	单向击穿二极管，电压调整二极管（稳压管）	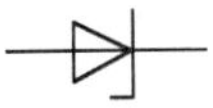
69	滑线式变阻器		81	发光二极管	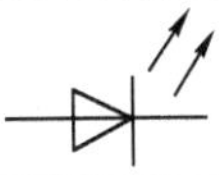
70	分路器		82	双向二极管（变阻二极管）	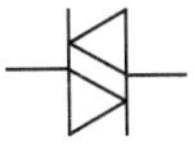
71	滑动触点电位器		83	三极晶体闸流管	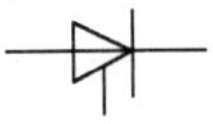
72	仪表照明调光电阻		84	光电二极管	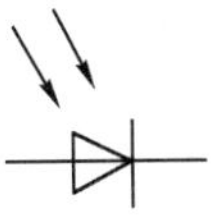
73	光敏电阻		85	PNP型三极管	
74	加热元件、电热塞		86	集电极接管壳三极管（NPN型）	
75	电容器		87	具有两个电极的压电晶体	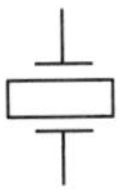
76	可变电容器		88	电感器、线圈、绕组、扼流圈	

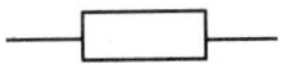

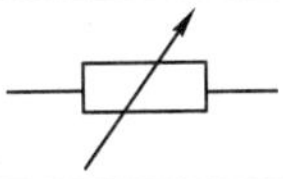

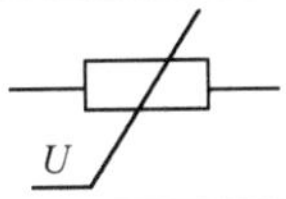

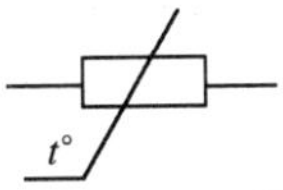

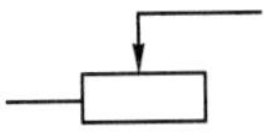

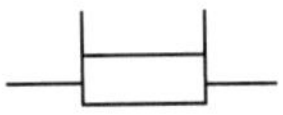

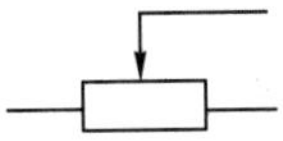

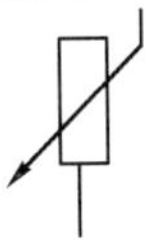

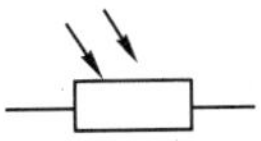

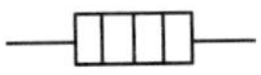

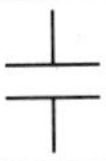

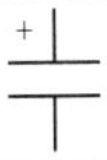

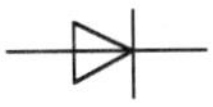

序号	名称	图形符号	序号	名称	图形符号
89	带磁芯的电感器	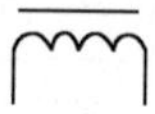	96	两个绕组电磁铁	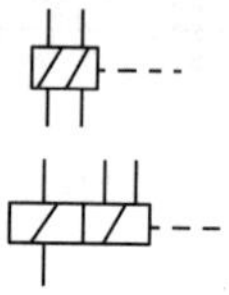
90	熔断器	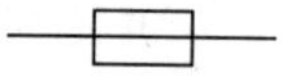			
91	易熔线				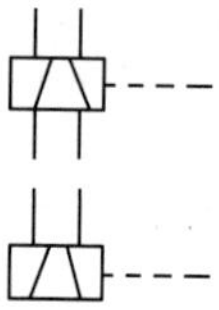
92	电路断电器		97	不同方向绕组电磁铁	
93	永久磁铁				
94	操作器件一般符号	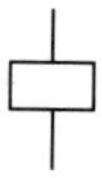	98	触点常开的继电器	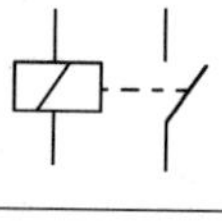
95	一个绕组电磁铁	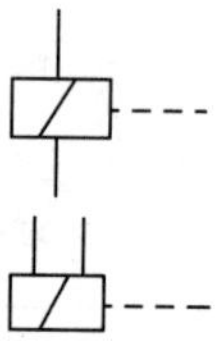	99	触点常闭的继电器	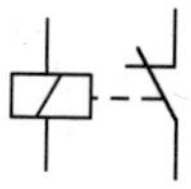

表2-5 仪表符号

序号	名称	图形符号	序号	名称	图形符号
100	指示仪表	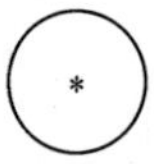 *	107	转速表	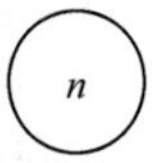 n
101	电压表	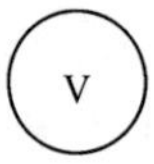 V	108	温度表	 t°
102	电流表	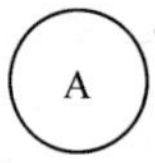 A	109	燃油表	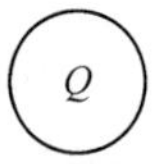 Q
103	电压电流表	 A/V	110	车速里程表	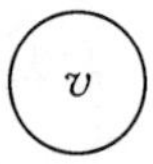 v
104	欧姆表	 Ω	111	时钟	
105	瓦特表	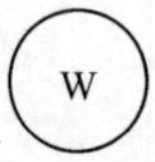 W	112	数字式时钟	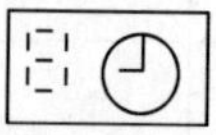
106	油压表	 OP			

表 2-6　各种传感器符号

序号	名　　称	图形符号	序号	名　　称	图形符号
113	传感器的一般符号	∗	120	空气流量传感器	AF
114	温度表传感器	$t°$	121	氧传感器	λ
115	空气温度传感器	$t°a$	122	爆震传感器	K
116	水温传感器	$t°w$	123	转速传感器	n
117	燃油表传感器	Q	124	速度传感器	v
118	油压表传感器	OP	125	空气压力传感器	AP
119	空气质量传感器	m	126	制动压力传感器	BP

表 2-7　电气设备符号

序号	名　　称	图形符号	序号	名　　称	图形符号
127	照明灯、信号灯、仪表灯、指示灯	 ⊗	134	蜂鸣器	
128	双丝灯		135	报警器、电警笛	
129	荧光灯	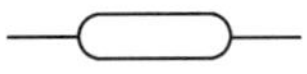	136	元件、装置、功能元件	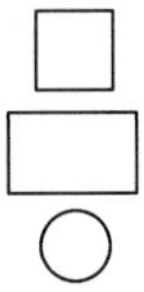
130	组合灯	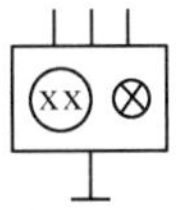	137	信号发生器	 G
131	预热指示器	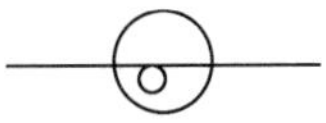	138	脉冲发生器	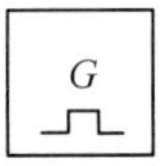 G
132	电喇叭	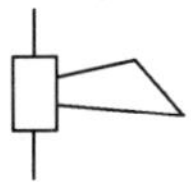	139	闪光器	 G
133	扬声器	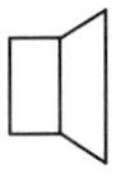	140	霍尔信号发生器	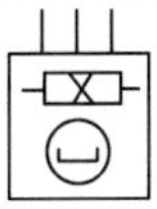

续表

序号	名称	图形符号	序号	名称	图形符号
141	磁感应信号发生器		155	滤波器	
142	温度补偿器	 $t°\ \text{comp}$	156	稳压器	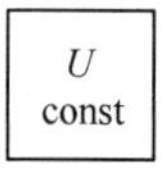 $U\ \text{const}$
143	电磁阀一般符号	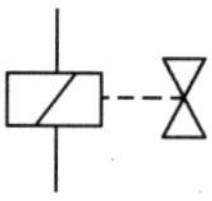	157	点烟器	
144	常开电磁阀	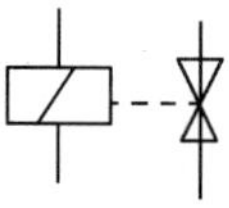	158	热继电器	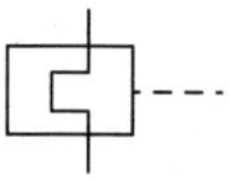
145	常闭电磁阀	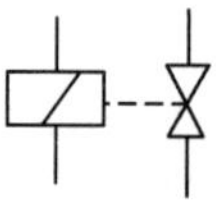	159	间歇刮水继电器	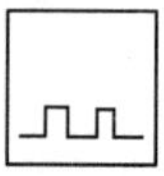
146	电磁离合器	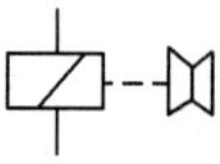	160	防盗报警系统	
147	用电动机操纵的怠速调整装置		161	天线一般符号	
148	过电压保护装置	 $U>$	162	发射机	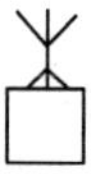
149	过电流保护装置	 $I>$	163	收音机	
150	加热器(除霜器)	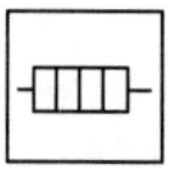	164	内部通信联络及音乐系统	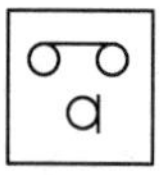
151	振荡器	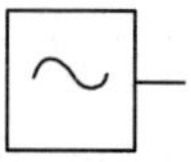	165	收放机	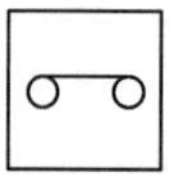
152	变换器、转换器	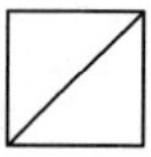	166	天线电话	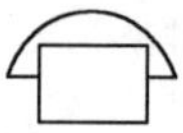
153	光电发生器	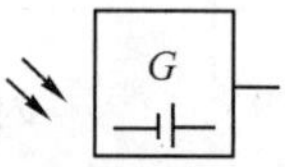 G	167	传声器一般符号	
154	空气调节器		168	点火线圈	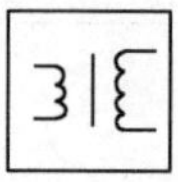

续表

序号	名称	图形符号	序号	名称	图形符号
169	分电器	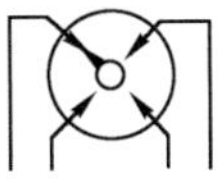	185	点火电子组件	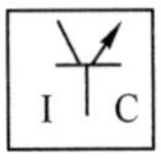
170	火花塞		186	风扇电动机	
171	电压调节器	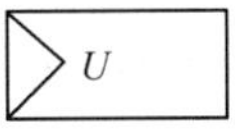	187	刮水电动机	
172	转速调节器	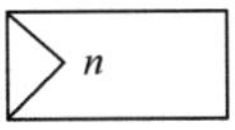	188	天线电动机	
173	温度调节器	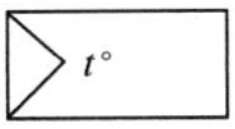	189	直流伺服电动机	
174	串激绕组		190	直流发电机	
175	并激或他激绕组		191	星形连接的三相绕组	
176	集电环或换向器上的电刷	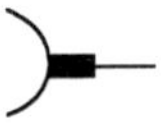	192	三角形连接的三相绕组	
177	直流电动机		193	定子绕组为星形连接的交流发电机	
178	串激直流电动机	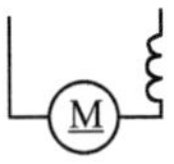	194	定子绕组为三角形连接的交流发电机	
179	并激直流电动机	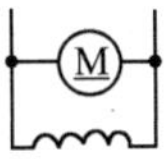	195	外接电压调节器与交流发电机	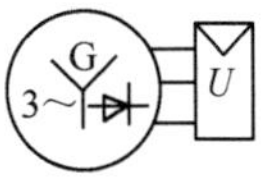
180	永磁直流电动机	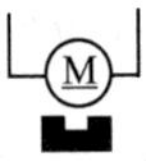	196	整体式交流发电机	
181	起动机(带电磁开关)	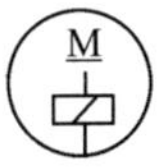	197	蓄电池	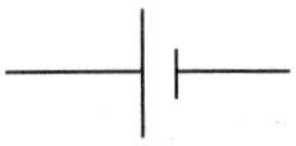
182	燃油泵电动机、洗涤电动机	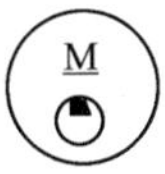	198	蓄电池组	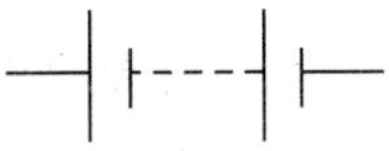
183	晶体管电动燃油泵	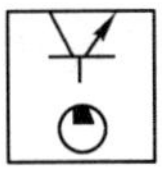			
184	加热定时器				

续表

序号	名　　称	图形符号	序号	名　　称	图形符号
199	蓄电池传感器	 B	206	自记车速里程表	(v)
200	制动灯传感器	 BR	207	带时钟自记车速里表	(v/时钟)
201	尾灯传感器	 T			
202	制动器摩擦片传感器	 F	208	带时钟的车速里程表	(v/时钟)
203	燃油滤清器积水传感器	 W	209	门窗电动机	M
204	三丝灯泡	⊗			
205	汽车底盘与吊机间电路滑环与电刷		210	座椅安全带装置	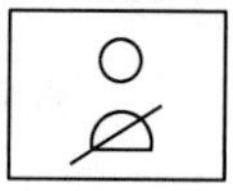

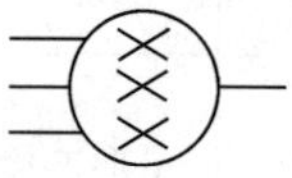

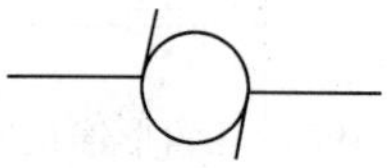

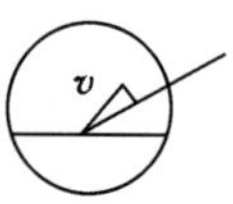

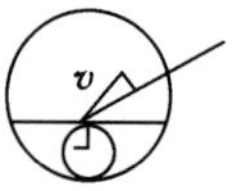

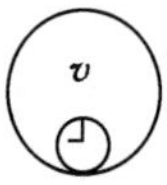

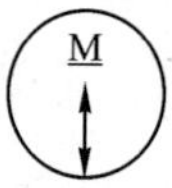

🚗 特别提示

图形符号的使用原则

（1）在满足条件的情况下，应首先采用最简单的形式，但图形符号必须完整。

（2）在同一份电路图中同一图形符号应采用同一种形式。

（3）符号方位不是固定的，在不改变符号意义的前提下，符号可根据图面布置的需要旋转或成镜像放置，但文字和指示方向不得倒置。

（4）图形符号中一般没有端子代号，如果端子代号是符号的一部分，则端子代号必须画出。

（5）导线符号可以用不同宽度的线条表示，如电源线路(主电路)可用粗实线表示，控制、保护线路(辅助电路)则可用细实线表示。

（6）一般连接线不是图形符号的组成部分，方位可根据实际需要布置。

（7）符号的意义由其形式决定，可根据需要进行缩小或放大。

（8）图形符号表示的是在无电压、无外力作用下的常规状态。

(9) 图形符号中的文字符号、物理量符号,应视为图形符号的组成部分。当用这些符号不能满足标注时,可按有关标准加以补充。

(10) 电器图中若未采用规定的图形符号,必须加以说明。

2.2.2 文字符号

文字符号是由电气设备、装置和元器件的种类(名称)字母代码和功能(与状态、特征)字母代码组成的,用于电气技术领域中技术文件的编制,也可标注在电气设备、装置和元器件上或其近旁,以表明电气设备、装置和元器件的名称、功能、状态和特征。此外,文字符号还可与基本图形符号和一般图形符号组合使用,以派生新的图形符号。

文字符号分为基本文字符号和辅助文字符号两大类,基本文字符号又分为单字母符号和双字母符号。

1. 基本文字符号

1) 单字母符号

单字母符号是按拉丁字母将各种电气设备、装置和元器件划分为 23 大类,每大类用一个专用单字母符号表示,如"C"表示电容器类,"R"表示电阻类等。

2) 双字母符号

双字母符号是由一个表示种类的单字母符号与另一字母组成的,其组合形式应以单字母符号在前而另一字母在后的次序列出,如:"R"表示电阻,"RP"就表示电位器,"RT"表示热敏电阻;"G"表示电源、发电机、发生器,"GB"就表示蓄电池,"GS"表示同步发电机、发生器,"GA"表示异步发电机。

2. 辅助文字符号

辅助文字符号表示电气设备、装置和元器件以及线路的功能、状态和特征。如"SYN"表示同步,"L"表示限制左或低,"RD"表示红色,"ON"表示闭合,"OFF"表示断开等。

 特别提示

文字符号的使用规则

(1) 单字母符号应优先选用。

(2) 只有当用单字母符号不能满足要求,需要进一步划分时,才采用双字母符号,以便较详细和更具体地表述电气设备、装置和元器件等。如"F"表示保护器类,"FU"表示熔断器,"FV"表示限压保护器件。

(3) 辅助文字符号也可放在表示种类的单字母符号后边组成双字母符号,如"ST"表示起动,"DC"表示直流,"AC"表示交流。为简化文字符号,若辅助文字符号由两个字母组成,允许只采用其第一位字母进行组合,如"MS"表示同步电动机,"MS"中的"S"为辅助文字符号"SYN"(同步)的第一位字母。辅助文字符号还可以单独使用,如"ON"表示接通,"N"表示中性线,"E"表示搭铁,"PE"表示保护搭铁等。

2.2.3 电器部件接线端子的标记

为了使导线与电器部件尽可能准确无误地互相连接,汽车电器部件采用了大量的接线端子标记。赋有一定含义的汽车电器接线端子标记,对于汽车电器产品设计制造或汽车电路配线、检修具有重要的意义。

德国是世界上汽车工业发达国家中使用接线端子标记最早也是最成熟的国家,许多接线端子标记已列入德国工业标准(DIN 72552)。经过多次修改与补充,不仅在本国和欧洲推广,也在日本、美国的汽车电器产品中大量引用。我国结合国情参照德国标准制定了《汽车电器接线端子标记》国家标准。

1. 接线端子的标记原则

(1) 接线端子标记采用阿拉伯数字代号为主、英文字母为辅的基本原则。

(2) 产品上有 2 个或 3 个互相绝缘的,且在其上的连接电线可以互换的接线端子,允许不编制标记。

(3) 某些产品根据需要,可用于不同用途或电路中,仍按自身的特点编制接线端子标记,不另外编制标记。

(4) 接线端子标记应清晰、耐久地保存在产品上。

2. 常规汽车电器装置接线端子的标记

常规汽车电器装置接线端子的标记与含义见表 2-8。

表 2-8 常规汽车电器装置接线端子的标记与含义

接线端子标记	接线端子标记的含义	曾用过的标记	说明
30	电器上接蓄电池正极或电源的接线端子	B	除发电装置外,所有电路中都可使用
31 E	电器上接蓄电池负极的接线端子	—	

2.3 汽车电路图的类型

2.3.1 电器连接简图

电器连接简图是按全车各独立电气系统划分的,图中既有电气设备图形符号,又有电气设备外形特征图形,使整个电路识读起来更为直观简便。

图 2-6 为日产(NISSAN)柴油货车充电和起动系统连接简图。这一简图完整地表达了整车的电器及线路连接,但不能清晰、方便地反映各电气系统的工作原理,且识读所需时间较长,随着汽车电路的日趋复杂,这类电路图越来越不实用。

第2章 汽车电路图的类型与识读

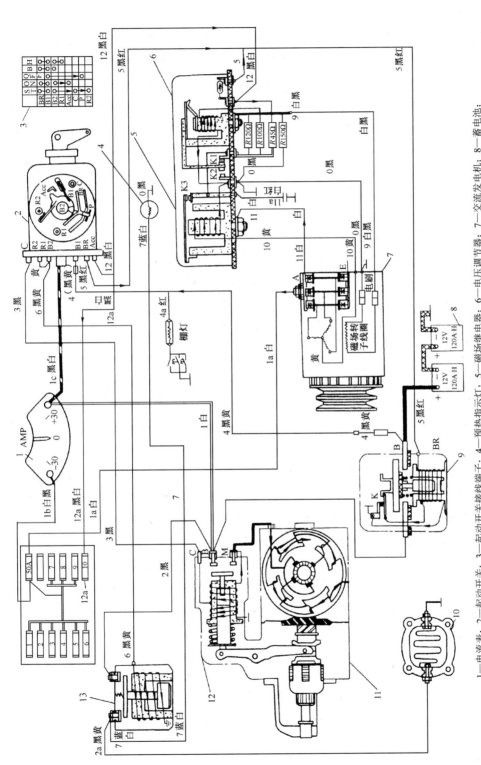

图2-6 日产（NISSAN）柴油货车充电和起动系统连接简图

1—电流表；2—起动开关；3—起动开关接线端子；4—预热指示灯；5—磁场继电器；6—电压调节器；7—交流发电机；8—蓄电池；9—电源开关；10—空气预热器；11—起动机；12—起动机电磁开关；13—电磁预热开关

2.3.2 布线图

如图2-7所示,布线图是指专门用来标记电气设备的安装位置、外形、线路走向等的指示图。它按照全车电气设备安装的实际方位绘制,部件与部件之间的连线按实际关系绘出,并将线束中同路的导线尽量画在一起。这样,汽车布线图就较明确地反映了汽车实际的线路情况,查线时导线中间的分支、接点很容易找到,为安装和检测汽车电路提供方便。但因其线条密集、纵横交错,给识图、查找、分析故障带来不便。

2.3.3 电路原理图

如图2-8所示,电路原理图可清楚地反映出电气系统各部件的连接关系和电路原理,且具有以下特点。

(1) 用电器符号表达各种电器部件。

(2) 在大多数图中,电源线在图上方,搭铁线在图下方,电流方向自上而下。电路较少迂回曲折,电路图中电器串、并联关系十分清楚,电路图易于识读。

(3) 各电器不再按电器在车上的安装位置布局,而是依据工作原理,在图中合理布局,使各系统处于相对独立的位置,从而易于对各电器进行单独的电路分析。

(4) 各电器旁边通常标注有电器名称及代码(如控制器件、继电器、过载保护器件、铰接点及搭铁点等)。

(5) 电路原理图中所有开关及用电器均处于不工作的状态,例如,点火开关是断开的,发动机不工作,车灯关闭等。

(6) 导线一般标注有颜色和规格代码,有的车型还标注有该导线所属电气系统的代码。根据以上标注,易于对照定位图找到该电器或导线在车上的位置。

(7) 电路原理图有整车电路原理图和局部电路原理图之分。

① 整车电路原理图。为了需要,常常要尽快找到某条电路的始末,以便分析确定有故障的路线。在分析故障原因时,不能孤立地仅局限于某一部分,而要将这一部分电路在整车电路中的位置及与相关电路的联系都表达出来。

② 局部电路原理图。为了弄清汽车电器的内部结构、各个部件之间相互连接的关系,弄懂某个局部电路的工作原理,常从整车电路图中抽出某个需要研究的局部电路,参照其他详细的资料,必要时根据实地测绘、检查和试验记录,将重点部位进行放大、绘制并加以说明。

2.3.4 线束图

在汽车上,为了安装方便和保护导线,将同路的许多导线用棉纱编制物或聚氯乙烯塑料带包扎成束。线束图是根据电气设备在汽车上的实际安装部位绘制的全车电路图。

第 2 章 汽车电路图的类型与识读

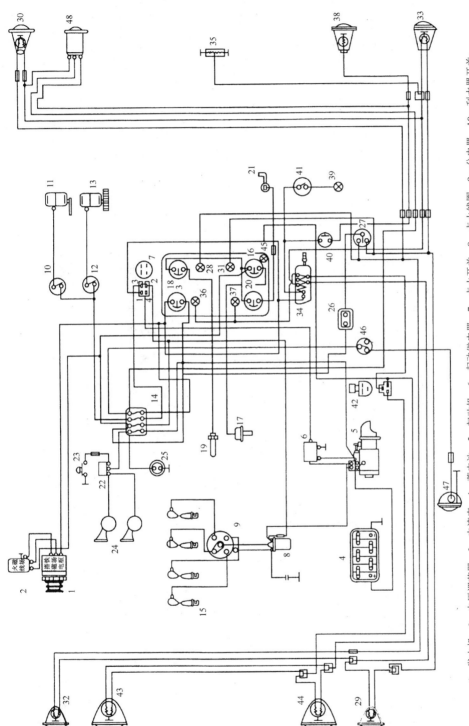

图2-7 汽车布线图

1—发电机；2—电压调节器；3—电流表；4—蓄电池；5—起动机；6—起动继电器；7—点火开关；8—点火线圈；9—分电器；10—刮水器开关；11—刮水电动机；12—暖风开关；13—电动机；14—熔断器盒；15—火花塞；16—机油压力表；17—油压传感器；18—水温表；19—水温传感器；20—燃油表；21—燃油传感器；22—喇叭按钮；23—喇叭继电器；24—电喇叭；25—工作灯插座；26—电喇叭；27—转向灯开关；28—转向指示灯；29、32—前小灯；30、33—变光器；34—车灯开关；35—牌照灯；36、37—阅读灯；38—室内灯；39—阅读灯；40—制动灯；41—阅读灯开关；42—变光器；43、44—前照灯；45—远光指示灯；46—防空雾灯开关；47—防空雾灯；48—挂车导线插座。

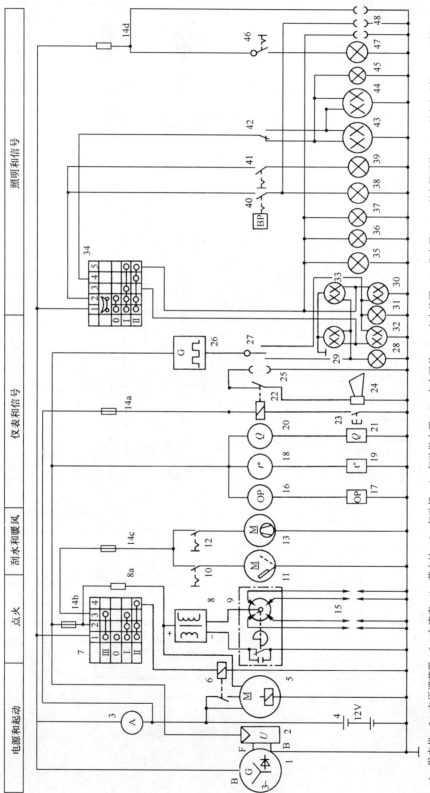

图2-8 汽车电路原理图

1—发电机；2—电压调节器；3—电流表；4—蓄电池；5—起动机；6—起动继电器；7—点火开关；8—点火线圈；9—分电器；10—刮水器开关；11—刮水电动机；12—暖风电动机；13—电动机；14—熔断器盒；15—火花塞；16—机油压力表；17—油压传感器；18—水温表；19—水温传感器；20—燃油表；21—燃油传感器；22—喇叭继电器；23—喇叭按钮；24—电喇叭；25—工作插座；26—闪光器；27—转向灯插座；28、31—转向指示灯；29、32—前小灯；30、33—尾灯；34—车灯开关；35—牌照灯；36、37—仪表灯；38—制动灯；39—阅读灯；40—制动开关；41—阅读灯开关；42—变光器；43、44—前照灯；45—远光指示灯；46—防空雾灯开关；47—防空雾灯；48—挂车导线插座。

图 2-9 所示的整车电路线束图常用于汽车厂总装线和修理厂的连接、检修与配线。线束图主要表明电线束与各用电设备的连接部位、接线端子的标记、线头、插接器(连接器)的形状及位置等。这种图一般不详细描绘线束内部的电线走向,只将露在线束外面的线头与插接器作详细编号或用字母标记。它是一种突出装配记号的电路表现形式,非常便于安装、配线、检测与维修。如果再将此图各线端都用序号、颜色准确无误地标注出来,并与电路原理图和布线图结合起来使用,则会起到更大的作用且能收到更好的效果。

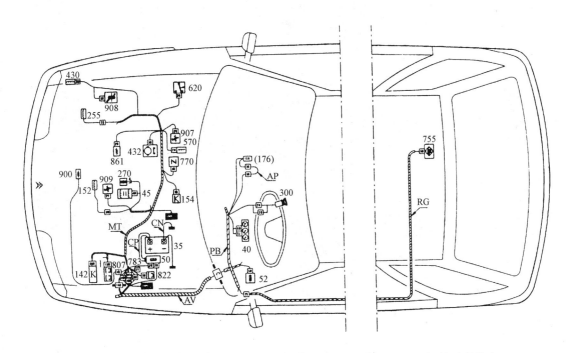

35—蓄电池;40—仪表板;45—点火线圈;50—电源盒;52—内接熔断器盒;142—发动机电控单元;
152—曲轴位置传感器;154—车速传感器;176—防盗密码控制盒(选装);255—空调压缩机离合器;
270—点火线圈上的电容器;300—点火开关;430—碳罐控制阀;432—怠速控制阀;570—喷油器;
620—惯性开关;755—燃油泵;770—节气门位置传感器;783—故障自诊断插座;807—主继电器;
900—氧传感器;907—进气温度传感器;908—进气压力传感器;909—水温传感器。

图 2-9　TU5JPK 发动机线束图

2.3.5　电器定位图

如图 2-10 所示,电器定位图显示用电器部件、控制器件(包括传感器、电控空单元、开关、继电器等)、接线盒、熔断器/继电器盒等在车上的具体位置。一般采用立体图或实物图片的形式,可以帮助我们迅速准确地找到各电器元件在车上的安装位置。

定位图在某些车型中还有进一步的分类:用电器定位图,控制器件定位图,熔断器盒、继电器盒、接线盒定位图,插接器定位图,搭铁点定位图以及铰接点定位图等。

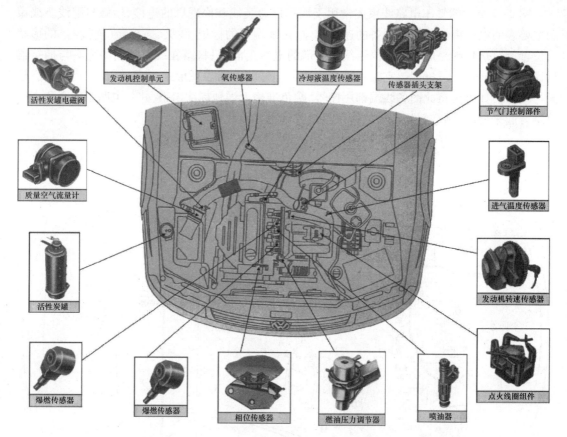

图 2-10　桑塔纳 Gsi 发动机电控系统各组件的安装位置图

2.4　汽车电路图的识读过程与识读方法

2.4.1　汽车电路图的识读过程

电路原理图、布线图和线束图三种形式的汽车电路图仅仅是对目前各种汽车电路图从表达方式上的简单归纳。由于各国各汽车厂商电路图绘制的技术标准、文字标注上的差异，使得各国各大汽车厂家在电路图的绘制、连接关系的表达、表示符号和文字标注等方面不尽相同，特别是各种进口汽车（含国产化进口车型）的一些图形符号还很不一致，有时候难以说清楚是布线图还是电路原理图或线束图。虽然不同汽车电路图的绘制风格各不相同，给识读带来许多不便，但是汽车电气系统的基本工作原理是相通的，因而，识读汽车电路图也不是毫无章法、全无规律可循的，仍然存在一些通用技巧和经验可以遵循。

1. 基础入手

从电工电子等基础知识开始学习，掌握直流、交流电路的基础知识。了解蓄电池、起动机、发电机及其调节器、继电器、开关等部件的基本原理，然后掌握电源电路、起动电路、灯光照明电路等单元电路的工作情况。

2. 寻求共性

汽车电路的组成与特点、各种汽车电路图的绘制方式和特点、汽车电路的连接原则等均属于汽车电路的共性，是识读汽车电路图的基础。以这些共性为指导，了解各种型号的汽车电路，又可以发现更多的共性以及各种车型之间的差异。

3. 区分差异

各国各汽车厂商汽车电路图图形符号、标注差异较大，画法也不相同，我们在识读时应注意区分，寻找它们各自电路的特点和相互间的差异。特别对于容易混淆的部分，更应注意区分。

4. 循序渐进

从识读电源电路、起动电路、点火电路、灯光照明电路、仪表电路、信号电路、刮水洗涤电路等传统基础单元电路入手，逐渐识读电子控制电路；从识读EQ1090、CA1092、EQ1181等货车简单电路到识读复杂轿车电路；从识读国产汽车电路到识读各种进口汽车电路。这样由简到繁，整理归纳，比较提高。

5. 举一反三

目前，国内汽车保有量逐年增加，品牌日趋多样，想要识读所有车型种类的汽车电路图极不现实，也大可不必。许多车型汽车电路原理图，很多部分都是类似或相近的，这样，只要突破一两种车型，举一反三，对照比较，就可触类旁通。汽车电器的通用性和专业化生产使同一国家汽车的整车电路形式大致相同，例如，掌握了东风牌汽车电路的特点，就可以大致了解解放、跃进等一批国产汽车电路的特点；掌握了丰田、三菱、日产等汽车电路，也就可以基本了解日本汽车电路的特点；掌握了桑塔纳轿车的电路，就可以进一步了解奥迪、捷达、波罗、宝来等德国大众公司汽车电路的特点。如此反复，不断积累，便可提高识读各种汽车电路图的能力。

6. 化整为零

有的汽车电路图上线条密集交错，易使识读分析出错，有条件的话，可尝试参考有关资料和实物把原车线路图按系统改画成不同的单元电路原理图。对于整车电路图的识读分析，也可仿照上述方法化整为零，化全车整体图为系统部分图以方便识读。对于各个系统单元电路图同样可以采取各个击破的办法进行识读。例如，电子控制系统电路，就可以分成发动机电子控制系统、自动变速器电子控制系统、制动防抱死电子控制系统等电路；发动机电子控制系统又可以分为燃油喷射控制、点火控制、排放控制等不同电路，逐一进行阅读分析；同时，还应注意各系统单元电路之间的相互关系和相互影响，以便合零为整。

7. 先易后难

有些汽车电路图的某些局部电路，或局部电路中的某些部分，可能比较复杂，一时难以看懂，可以暂时不顾，待其他局部电路都看懂后，再来进一步识读这部分电路。

8. 寻找资料

由于新的电气设备不断地出现和应用在汽车上，促使汽车电路图的变化很大，因此，对于看不懂的电路要请教有关人员，还要查找收集相关资料，注意深入研究典型汽车的电路，特别要注意积累实际工作经验。

熟练掌握汽车专业英语，据此可快速判定一些进口车型电路图中的接线端子上的缩略语的含义，便于全面快捷地理解电器工作原理。这也是目前困扰广大汽车检修人员的一个难题,许多教材和专业书籍中都存在着一些缩略语无明确解释的情况,这严重影响了读者的识图。

2.4.2 汽车电路原理图的识读方法

汽车电路原理图只标明组成汽车电路的各个电气设备的工作原理,如电流走向、流过电器装置的顺序等,图上的导线只标明各电气设备及其间的相互联系,而不代表实际安装位置。

识读汽车电路原理图的一般步骤如下。

1. 了解电路原理图的整体布局

汽车电路原理图中电器装置的布置顺序从左到右、从上到下:供电电源(特别是蓄电池)在左,用电器在右,各局部电路尽量画在一起;"火线"在上,搭铁线在下;并且在图的上方,有一个说明条框,说明每一部分电路的功能。在局部电路的原理图中,信号输入端(或控制端)在左,信号输出端(或驱动端)在右;"火线"在上,搭铁线在下。

2. 寻找主干电路

汽车电路以点火开关为中心将全车电路分成几条主干电路,即:30号线、15号线、15A号线、31号线。

(1) 30号线。30号线又称为蓄电池火线,即从蓄电池正极直接引出或从蓄电池正极引出后通过熔断器盒的导线,也有的汽车的蓄电池火线接到起动机"30"接线端子上,再从那里引出导线。

(2) 15号线。只有点火开关在 ON(工作)和 ST(起动)挡时才有电的导线称为15号线。这些电路主要包括点火电路系统(柴油车为断油电磁阀电路)、发电机的磁场电路、仪表电路等。

(3) 15A号线。用于发动机不工作时需要接入的电器,如收放机、点烟器等。点火开关单独设置一挡予以供电,此挡即为点火开关的 ACC 挡。但发动机运行时收音机等仍需接入与点火仪表指示灯等同时工作,所以点火开关触刀与触点的接触结构要进行特殊设计。

(4) 31号线。汽车各种电器部件的搭铁线在电路原理图中一般用31号线表示。

3. 认真读几遍图注

图注是说明汽车所有电气设备的名称及其数码代号,通过读图注可初步了解该汽车都装配了哪些电气设备。然后通过电气设备的数码代号在电路图中找出该电气设备,再进一步找出相互连线和控制关系,这样就可以了解汽车电路的特点和构成。

4. 牢记电器图形符号

汽车电路图是利用电器图形符号来表示其构成和工作原理的。因此必须了解电器图形符号的含义,才能看懂电路图。

5. 熟记电器部件接线端子的标记符号

为了便于绘制和识读汽车电器电路图,有些电器装置或其接线柱等上面都赋予不同的标志代号。例如,接至电源端的接线端子用"B"或"+"表示;接至点火开关的接线端子用"SW"表示;接至起动机的接线端子用"S"表示;接至各种灯具的接线端子用"L"表示;发电机中性点接线端子用"N"表示;发电机磁场接线端子用"F"表示;励磁电压输出端接线端子用"D+"表示;发电机电枢输出端接线端子用"B+"表示等。

另外,任何电路工作都需要电源(蓄电池或发电机),若分析每部分电路都将电源电路画出,会很烦琐,也没有必要。但又要表示出该电路工作时电源来自何方,为此将各用电设备的供电电源用符号表示。

6. 要牢记回路原则

任何一个完整的电路都是由电源、开关、用电设备、导线等组成的。电流流向必须从电源正极出发,经过熔断器、开关、导线等到达用电设备,再经过导线(或搭铁)回到电源负极,才能构成回路。这样的电路才是正确的,否则就是读错了或查错了。具体方法可以沿着工作电流的流向,由电源查明用电设备;也可逆着工作电流的方向,由用电设备查向电源。尤其是查寻一些不太熟悉的电路时,后者比前者更为方便。

在上述查找过程中,要特别注意以下两点。

(1) 从电源正极出发,经某用电设备(或再经其他用电设备),最后又回到同一电源的正极,由于电源的电位差(电压)仅存在于电源的正负极之间,电源的同一电极是等电位的,没有电压。这种"从正到正"的途径是不会产生电流的。

(2) 在汽车电路中,发电机和蓄电池都是电源,在寻找回路时,不能将其混为一谈,不能从一个电源的正极出发,经过若干用电设备后,回到另一个电源的负极,这种做法,不会构成一个真正的通路,也不会产生电流。所以必须强调,回路是指从一个电源的正极出发,经过用电器,回到同一个电源的负极。

7. 牢记搭铁极性

我国和世界各国都规定了汽车电器电路为负极搭铁。过去曾经有采用正极搭铁的汽车,但这类车型已很旧,现在已很少见到。

8. 注意开关在电路中的作用

对多层多挡多接线柱的开关要按层、按挡位、按接线柱逐级分析其各层各挡的功能。有的用电设备受两个以上单挡开关(或继电器)的控制,有的受两个以上多挡开关的控制,其工作状态可能比较复杂,如间歇刮水器电路。当开关接线柱较多时,首先抓住从电源来的一两个接线柱,再逐个分析与其他各接线柱相连的用电设备处于何种挡位,从而找出控制关系。

对于组合开关,在电路图中是画在一起的,而在电路原理图中又按其功能画在各自的局部电路中,遇到这种情况时,必须仔细研究识读。因此,建议在对电路图中的组合开关采用一个数码代号,而各个开关用英文下标加以区别;或者用英文符号代表组合开关,而各个开关用数码下标加以区别。在读电路图和车上查线时又要注意它们只是组合开关中的一部分。

读图时应注意与开关有关的 5 个问题如下：

(1) 在开关的许多接线端子中,哪些是接直通电源的? 哪些是接用电器的? 接线端子是否有接线符号? 这些符号是否常见?

(2) 开关共有几个挡位? 在每个挡位中,哪些接线端子通电? 哪些断电?

(3) 蓄电池或发电机的电流是通过什么路径到达这个开关的? 中间是否经过别的开关和熔断器? 这个开关是手动的还是电控的?

(4) 各个开关分别控制哪个用电器? 被控用电器的作用和功能是什么?

(5) 在被控的用电器中,哪些电器处于常通? 哪些电器处于短暂接通? 哪些应先接通,哪些应后接通? 哪些应单独工作? 哪些应同时工作? 哪些电器允许同时接通?

9. 注意开关、继电器的初始状态

在电路图中,各种开关、继电器都是按初始位置画出的,如按钮未按下,开关未接通,继电器线圈未通电,其触点未闭合(常开触点)或未打开(常闭触点)时,这种状态称原始状态。但看图时,不能完全按原始状态分析,否则很难理解电路所表达的工作原理,因为大多数用电设备都是通过开关、按钮、继电器触点的变化而改变回路的,进而实现不同的电路功能。所以,必须进行工作状态的分析。例如,刮水器就是通过刮水开关挡位的变化来实现间歇、低速、高速刮水功能的,分析电路时,必须把三种工作状态的电路走通。

10. 注意电器装置在电路图中的布置

在电气系统中,有大量电器装置的驱动部分和被驱动部分采用机械连接,如各种继电器,还有多层多挡组合开关。这些电器装置在电路图上表示时,应做到既使画面简单,又便于识图,可采用集中表示法或分开表示法进行表示。

随着汽车电路的日趋复杂,一个电器装置有较多的组成部分(如组合开关),若集中画在一起,则易引起线条往返和交叉线过多,造成识图困难。再如继电器的线圈、触点,有时绘制在一起,也易引起线条往返和交叉线过多,同样也会造成识图困难。这时宜采取分开表示法,即把继电器的线圈、触点分别画在不同的电路中,用同一文字符号或数字符号将分开部分联系起来。

11. 注意各局部电路之间的内在联系和相互关系

汽车全车电路基本上由电源电路、充电电路、点火电路、起动电路、照明电路、辅助电气设备电路等单元电路组成。从整车电路来讲,各局部电路除电源电路公用外,其他单元电路都是相对独立的,但它们之间也存在着内在联系并相互影响。如起动发动机时,由于起动机瞬间电流很大,导致蓄电池内阻压降增大,其输出电压降低,因而会影响其他电路的正常工作。再如发电机输出电压过高,又会造成电器的铂金触点烧蚀、灯泡烧坏等。因此,识图时,不但要熟悉各局部电路的组成、特点、工作过程和电流流经的路径、来龙去脉,而且还要了解各局部电路之间的联系和影响。这是掌握汽车电路的一个重要环节,也是实现准确判断和迅速找出故障部位、排除故障的必要条件。

12. 浏览全图框画各个系统

要读懂汽车电路图,首先必须掌握组成电路的各个电气元件的基本功能和特性。在大概掌握全图的基本原理的基础上,再把一个个单独的电气系统框出来(或画出来),这样就容易抓住每一部分的主要功能及特性。

在框画各个系统时,应注意既不能漏掉各个系统中的组件,也不能多框画其他系统的组件,一般规律是:各电气系统只有电源和总开关是公用的,其他任何一个系统都应是一个完整的独立的电器回路,即包括电源、开关(保险)、电器(或电子线路)、导线等。从电源的正极经导线、开关、保险丝至电器后搭铁,最后应回到电源负极,否则所框出的系统图就不正确。

2.4.3 汽车布线图的识读方法

如前所述,汽车电路的布线图在画法上比较注重各电气设备在汽车上的实际位置,如图的左边一般代表汽车的前部,图的右边则代表汽车的尾部。同时,图中的电气设备大多以实物轮廓的示意形状来表示,给人以真实感。虽然识读比较困难。但只要掌握一定的方法,便能识图,并且能将线路图改画成电路图。布线图的识读可按浏览、展绘、整理3个阶段进行。

1. 浏览

拿到布线图后,先认真阅读图注,然后对照图注,了解整车有哪些电器,并找出各主要电气设备在布线图上的位置。主要电气设备包括组成电源电路、起动电路、点火电路等电气设备。各电气设备在线路图上以阿拉伯数字代号标注,在图注中能找到该数字代号所代表的电气设备名称。识图时,也可在图注中找到待查找的电气设备名称,并根据其数字代号在线路图中找到该电气设备。

2. 展绘

浏览后虽然可以基本了解各电气系统的组成和原理,但由于整车电气系统支路数较多,浏览不一定能完全了解电路原理及连接特点。因此,需着手把图中的每条线准确地展绘出来,为避免展绘出现差错,可用直尺或纸条把每一条电流通路找出,并把它详细地绘下来。为防止遗漏失误,展绘应找出一段记录一条,直到绘制到最后一条导线为止,展绘时每条支路一般按电源→火线→熔断器→继电器或开关等中间环节→用电器→搭铁→电源的顺序找线。目前汽车上的熔断器、插接器、继电器、报警指示灯数量较多,这些元件应仔细标注清楚,由于灯光总开关、刮水器开关、点火开关、仪表板的接线端子较多,且绘制导线密集,展绘时应仔细观察,展绘不一定要求绘出简洁规范的原理图,展绘的目的仅仅是把布线图展开。

3. 整理

展绘是"化整为零,找出通路"的过程,展绘得到的图一般较散乱,分布无规则,为便于分析、保存,一般还要进行几次改绘,才能整理出简洁整齐的原理图。改绘的电路原理图布局应有统一的格式,元器件符号应尽可能采用标准符号,有些特殊元器件,图注中还需用文字简要说明,原理图上接线柱的标号、导线的标号、元器件的标号应尽可能与原图编号一致。

识读一定数量汽车电路布线图后,会发现不同车型全车线路肯定有许多共性,例如,无论哪一类汽车,同一种元器件均根据用途安装在大致相同的位置上(发电机安装在发动机的前端,起动机安装在发动机的后端),及时归纳总结这些共性,找出差异,对今后快速读图起很大的作用。

2.4.4 汽车线束图的识读方法

1. 先读懂电路原理图

汽车电路原理图是汽车线束图的基础。先看懂电路原理图,可以比较容易地了解整车电路的工作原理及特点,有助于快速读懂线束图。利用线束图,则可以了解线束各部分所连接的电气设备。

2. 找出主要元器件的位置

在汽车线束图上,其主要元器件标注都比较明显,一般都不难找到。例如,电源系统的发电机、蓄电池;起动系统的起动机;灯光系统的大灯、灯光开关;点火系统的点火线圈、分电器;喇叭系统的电喇叭等。

当找到了所需要检查的单元电路的主要元器件后,再将其与汽车上的实物对上号,就可根据电器线路图上各导线的颜色和去向,找到所要找的导线或其他元器件了。

3. 了解电路图提供的信息

在电路图中,每根导线中都标注有数字代号(或数字与字母组合代号),这些代号代表了该线的颜色、直径。在读识导线的颜色、线径代号时,会出现33、33A、33B、33C、33E这样的标注方法,它表示这是同一通路的电线。其中 33 是基本的主线,33A 是 33 线的一个分支,用字母 A 加以区别,33B 是 33 线的另一个分支,用字母 B 加以区别,依次类推。

4. 画出直观图

对照实际的电路线束,画出电路线束的直观分布图,根据电路原理图和线束图,在图中标出每个分支所连的电器、开关等的名称,再给出一个附表,在附表中列出每一分支中每根导线的颜色或符号标记、作用及去向。这样,在实际安装电路线束时,对照直观图就可以顺利地识别线束的各个接线端子。

2.5 汽车电子电路图的识读

2.5.1 汽车电子电路的特点

汽车电子电路也是由电子元器件组合而成的,具有普通电子电路的特点,但也有其特殊点,归纳起来主要有以下几点。

1. 机电一体化结合较紧密

汽车电子技术应用在实际电路上时,多与汽车上某些相关的机械系统结合起来去完成某项功能;而电子电路通常是处理接收到的检测信号,然后根据检测信号发出相关的控制指令,由继电器等相关开关控制执行系统(或机构)去完成某项功能。

2. 多以组件方式应用在汽车上

由于汽车的特殊工作条件(环境条件恶劣)限制,汽车上的电子电路多以组件方式应用,且组件多采用密封方式,安装在通风较好的地方。例如,充电系统中的电子电压调节器、点火系统中的电子点火器、发电机电控单元(ECU)等。

3. 多用以完成某项控制功能

汽车上使用的电子电路,除极少数由大规模集成微处理器构成的组件具有多种控制功能外,多数都用以完成某项控制功能,故电路相对来说比较单一。

2.5.2 汽车电子电路图种类

汽车电子电路图有方框图、安装图和电路原理图3种。

1. 汽车电子电路方框图

汽车电子电路方框图是把一个完整电路划分成若干部分,各个部分用方框表示,每一方框再用文字或符号说明,各方框之间用线条连接起来,用以表明各部分的相互关系。

因此,方框图是用来表示某一部分(单元电路)的电子线路是由哪几部分组成的,以及它们之间的关系。每一部分可以用一个方框表示它的功能,不必画出元器件和它们之间的具体连接情况。方框图是为说明电路的工作原理服务的,一个电路划分成几部分,各部分的关系清清楚楚,由此就可以掌握全局。

2. 汽车电子电路原理图

汽车电子电路原理图是详细说明汽车电子电路元器件间、执行电路间、单元电路间、元器件和单元电路之间的连接关系及电路工作原理的简图。它是设备调试、维修的依据。

汽车电子电路原理图各个元器件旁注明了元器件的代号(或参数值),借助原理图分析电路中电流的来龙去脉,即可了解电路图对应设备的工作原理。

3. 汽车电子电路安装图

汽车电子电路安装图也称为布线图。原理图只说明了电路的工作原理,看不出各元器件的实际形状、在设备中是怎样连接的、位置在什么地方,安装图则可以说明这些问题。

目前电路中的元器件一般均安装在印制电路板上,所以安装图就是在电路板图上用实物图或符号画出每个元器件的位置及焊在哪些焊接孔上。对于一些较简单的电路,一般还可以画出对应的实体图。

2.5.3 汽车电子电路图的识读方法

1. 牢记元器件符号

看电路图时,必须首先熟悉电路图中各符号所对应的元器件,了解其基本功能。

2. 了解基本常用单元电路

无论多复杂的电路,均是由一些单元电路组成的。因此,初学者只要切实了解常用的基本单元电路,学会分析和分解电路的方法,看懂一般的汽车电子电路图就不困难了。

3. 会建立原理方框图

在熟悉了电路图中各符号所对应的元器件,了解了其基本功能后,要学会根据工作原理画出方框图,并找出各单元电路,这样就能了解整个电路的大致工作情况,为最后看懂整个电路图打下基础。在画原理方框图时,还应明确方框图中包含哪些元器件,包含哪个单元电路。

4. 记住"接地"符号的意义

在汽车电子电路图中,要记住"接地"(搭铁)的意义,图中两个或两个以上的接地符号之间就等于用导线连接在一起。"接地"点是电路图中的参考点,常称为零电位点。

5. 多看汽车电子电路图

要多看常用汽车电子电路(或电子设备)的电路图,多看电子杂志、报刊和图书中介绍的汽车电子装置的电路图,并将有典型意义的电路图画下来,长期的日积月累,看再复杂的汽车电子电路图也就不会感到困难了。

6. 厘清直流供电通路

汽车电子电路只有在得到正常的直流供电时才能正常工作。因此,厘清直流供电关系,是识读电路原理图的重要内容。例如,桑塔纳轿车电子点火电路(见图2-11)中的直流供电通路为:蓄电池正极→点火开关→点火控制器组件接线端子4。之后又分成两路:一路经 VD_1 隔离二极管隔离后分别经 R_4、R_6 加至有关电路;另一路经点火线圈 T 初级绕组加到有关电路。

7. 熟悉电路的连接规律

(1)对于交流信号而言,在电路原理图中信号的传输方向通常是从左向右,且信号经过一级一级的放大、处理和传输,输入信号或信号源通常在图中的左边,输出信号或执行元件在图纸的右端。

(2)对于某一信号传输通路而言,直流电压供给电路是从右向左供给的,且电压从右向左逐级下降。对于某一级放大器电路而言,直流电路是从上向下分布的,上端是直流电压供给电路,下端接地(搭铁)。

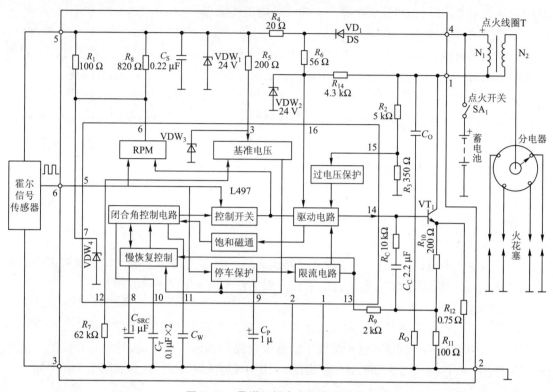

图 2-11 桑塔纳轿车电子点火电路

2.6 微机控制系统电路图的识读

汽车用的微机(微型计算机)主要由中央微处理器(CPU)、用于存储程序和数据的内存储器(RAM 和 ROM)、输入/输出(I/O)接口和系统总线组成。汽车用的微机一般与输入接口和输出接口电路集成在一起,统称为电子控制单元(Electronic Control Unit,ECU),简称电控单元。有时人们为了方便将电控单元也称为汽车微机或电脑。

在将含有微机的汽车电子控制系统中,电控单元是核心,它通过接收传感器和控制开关输入的各种信号,根据其内部预先存储的数据和编制的程序,通过数学计算和逻辑判断,然后直接或间接控制各执行器的工作。因此,任何汽车电子控制系统的电路一般具有共同特点:其电路主要由电控单元的电源电路、信号输入电路及执行器的工作电路等组成。只要掌握三种类型的电路的特点,便可读懂相关的电路,识读其电路图就比较容易。

2.6.1 电控单元的电源电路

如图 2-12 所示,电控单元与电源的连接电路称为电控单元的电源电路。一般分为两大类:一类与电源正极直接相连,其作用为在任何时候都给电控单元供电,以使电控单元保存数据信息,称为永久电源电路;另一类则在点火开关或其他开关的控制下直接或间接向电控单元供电,以提供正常工作时所需要的电能,称为主电源电路。

电控单元通过车体与电源的负极连接的电路称为电控单元的搭铁电路,以使电控单元与电源构成回路。为保证电控单元可靠搭铁,电控单元与车身之间往往有多条搭铁线。

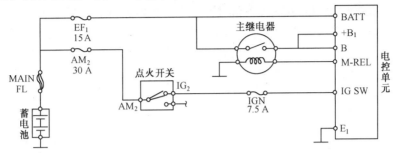

图 2-12 丰田汽车电控单元的电源电路

2.6.2 信号输入电路

信号输入电路有传感器电路、外接开关电路及电控单元之间连接的数据传输电路 3 种形式。

1. 传感器电路

传感器在电路图中不绘制其具体结构,只绘制其符号或用文字标注。有的车型电路图中用符号或字母较具体地表达如热敏电阻、可变电阻等类型的传感器,而在实践中一般只需要了解其接线端子的代码等有关线路连接的内容。传感器信号输入电路可分为有源传感器电路和无源传感器电路。

(1) 有源传感器电路。大多数传感器需要由电控单元提供基准电压(一般为 5 V)作为电源才能工作。这类传感器称为有源传感器。如图 2-13 所示,有源传感器的连接线一般分为电源线、信号线、搭铁线。其中电源线、信号线一般与电控单元连接,而搭铁线可经电控单元搭铁也可直接搭铁。

(2) 无源传感器电路。有些传感器的工作无须提供电源,当外界条件变化时会产生电动势向电控单元发出电信号。这类传感器称为无源传感器。如图 2-14 所示,无源传感器因其信号微弱,为防止电磁干扰引起信号失真,信号线需要加屏蔽层。

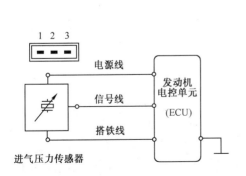

图 2-13 有源传感器的连线

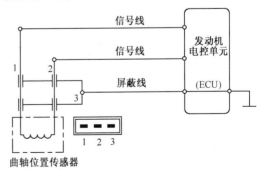

图 2-14 无源传感器的连线

2. 外接开关电路

电控系统中有多种开关,如点火开关、空调开关、制动开关、自动变速器挡位开关等。这些开关向电控单元提供导通和断开两种电信号。常见开关电路有电压输入型、搭铁型。

图 2-15 为电压输入型开关电路,当开关闭合时,电控单元接收的电压信号为蓄电池电压;当开关断开时,电控单元接收的电压信号为 0 V。

图 2-16 为搭铁型开关电路,当开关闭合时,电控单元接收的电压信号为 0 V;当开关断开时,电控单元接收的电压信号为基准电压。

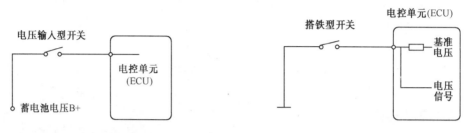

图 2-15 电压输入型开关电路　　　　图 2-16 搭铁型开关电路

当电控单元的一个接线端子同时与开关和用电器连接时,要注意区分电路的具体作用。一般有以下两种情况。

(1) 电控单元与开关共同控制用电器的工作,如图 2-17 所示,电控单元 12 号接线端子同时与灯控开关和继电器电磁线圈连接。从图中可以看出,电控单元 12 号接线端子内部为电子开关(晶体管),该接线端子和灯控开关共同控制继电器的电磁线圈,进而控制前照灯的工作。

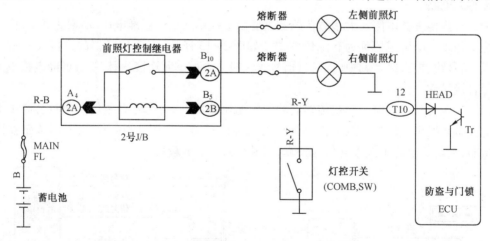

图 2-17 雷克萨斯前照灯控制继电器电路

(2) 开关给电控单元提供信号并同时控制用电器的工作,如图 2-18 所示。在该图中电控单元的接线端子 9 与后备厢开关和用电器连接。从图中可以看出,接线端子 9 的内部为信号接收电路。当后备厢门控开关闭合时,接线端子 9 的电压为 0 V;当开关断开时,接线端子 9 的电压为 12 V。该电路为后备厢门控开关,向电控单元接线端子 9 提供后备厢门开闭信号并同时控制后备厢的门控灯工作。

对于以上两种情况,在看电路图、分析电路工作原理时要注意区分,区分的方法如下:

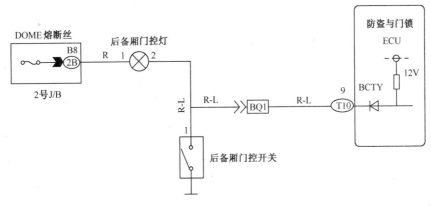

图 2-18 雷克萨斯后备厢门控灯开关电路

(1)看电控单元的接线端子代码及文字说明。若注明信号输入,则为开关给电控单元提供信号;若注明为控制某用电器工作,则为电控单元控制用电器的电路。

(2)看电控单元内部的电路。如电控单元内为电子开关的则为电控单元控制用电器的电路;电控单元内部为信号接收电路的,则为电控单元信号电路。

3. 电控单元之间连接的数据传输电路

各电控单元之间往往需要传输信号,以实现数据共享及工作匹配。

数据共享是指几个电控单元需要同一个信号输入装置的信号。可以由信号输入装置分别向各电控单元传输信号,也可以向一个电控单元传输信号,然后由这个电控单元通过电控单元间的信号电路传输信号。

工作匹配是指几个系统之间相互影响,如自动变速器在进行换挡控制时,需要发动机电控单元匹配控制,减少喷油量并减小点火提前角,以改善换挡品质。

若要由自动变速器电控单元向发动机电控单元传输换挡信号,需要在电控单元之间连接信号导线。近年来,许多新型汽车使用网络数据传输来实现以上功能。

2.6.3 执行器工作电路

执行器是由电控单元控制进行工作的元件。常见执行器有电磁阀、继电器、电动机、灯、蜂鸣器和喇叭等。如图 2-19 所示,执行器的电路分为电源电路、搭铁电路。当电控单元处于电源与执行器之间的电源电路时,电源电路即为控制电路;当电控单元处于执行器与接地之间的搭铁电路时,搭铁电路即为控制电路。

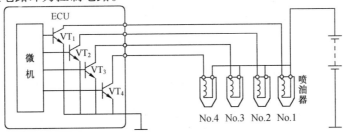

图 2-19 执行器的控制电路

 **知识链接**

布线图的绘制原则如下：

（1）布线图中的元器件、部件、组件和设备等项目，应尽量采用其简化外形（如圆形、方形、矩形）来表示，为了便于识图，必要时也允许用图形符号表示。

（2）在布线图中，接线端子应用端子代号表示。

（3）导线可用连续线或中断线表示。连续线是用连续的实线来表示端子之间实际存在的导线。中断线是用中断的实线来表示端子之间实际存在的导线，并在中断处标明去向。

 **知识链接**

电路原理图的绘制方法

（1）元器件的表示方法。电路原理图的一个重要特征是元器件采用国家标准所规定的图形符号来表示。绘图时国家标准中规定的图形符号均可选用。有些元器件没有国家标准对应的图形符号，可根据标准中给出的规则，使用一般符号、基本符号来派生所需要的新符号。对于不常用的符号，应增加文字注释，以便于理解。对于新研制的元器件，在尚无标准的图形符号之前，可采用其简化的外形图来表示，以便于反映该元器件的工作原理。

（2）图形符号的布置。在电气系统中，有大量的元器件的驱动部分和被驱动部分采用机械连接，如继电器、按钮开关、光电耦合器等都属于这一类。其表示方法有3种：集中表示法、半集中表示法和分开表示法，不管采用何种表示方法，所给出的信息量都是相等的，在同一张图纸上可以根据需要使用一种或同时使用几种表示方法。

① 集中表示法。集中表示法是把元器件各组成部分的图形符号绘制在一起的方法，如图2-20所示。其特点是易于寻找项目的各个部分，元器件整体印象完整，但仅适用于较为简单的电路。

② 半集中表示法。半集中表示法是把一个元器件某些组成部分（不是全部）的图形符号在图上分开布置，它们之间的关系用机械连接线表示的方法，如图2-21所示，机械连接线用虚线表示，可以是直线，也可以折弯、分支和交叉。其特点是可减少电路连接线的往返和交叉，使图面清晰，便于识读。但是，会出现穿越图面的机械连接线，所以适用于一般电路，对于复杂电路，由于穿越图面的机械连接线过多，不采用这种方法。

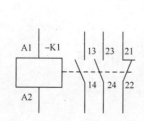

图2-20　集中表示法示例

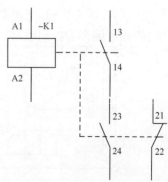

图2-21　半集中表示法示例

③ 分开表示法。分开表示法把一个元器件的各组成部分的图形符号在图上分开布置，它们之间各部分的关系用项目代号表示，如图 2-22 所示。显然，分开表示法既减少了电路连接线的往返和交叉，又不会出现穿越图面的机械连接线，所以在实际中得到广泛应用。但是，为了寻找被分开的各部分，需要采用插图或表格等检索手段。

a. 插图的使用和绘制方法。如图 2-23 所示，插图就是把分散绘制在图中不同位置的同一项目不同部分的图形符号，集中绘制在一起并给出位置信息。插图可以与该项目的驱动部分的图形符号对齐，也可以集中布置在图的空白处，甚至还可以绘制在另一张图纸上，当然，把插图直接绘制在紧靠驱动部分的图形符号旁，看图是最方便的。

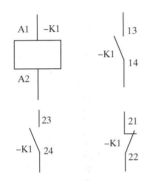

图 2-22 分开表示法示例

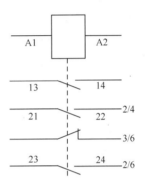

图 2-23 插图示例

b. 表格的使用和绘制方法。在图上，把分散绘制在图中不同位置的同一项目不同部分的图形符号，集中在一张表格中，绘制方法如图 2-24 所示。表格中的名称可以用图形符号来代替，表格应与驱动部分的图形符号对齐。在采用电路编号法表示图中元器件位置的图上，表格中的位置信息就是电路编号。

（3）电路与导线的排列。电路的安排要有清楚、一目了然的图示效果，各个电路的排列必须优先采用从左到右、从上到下的原则，尽可能用直线、无交叉点、不改变方向的标记方式。另外，作用方向应与电路图边沿平行，如果出现许多平行线重叠成堆的情况，那么可将其编组，通常是把三条线集中为一组，留出距离，再表示下一组线。多条平行线的分组画法如图 2-25 所示。

常开触点（—/—）	常闭触点（—/—）	位　置
13-14		
21-22		2/4
	21-22	3/6
23-24		2/6

图 2-24 表格示例

图 2-25 多条平行线的分组画法

（4）分界线与边框。电路的各部分用点画线或边框线限制，以此表明仪器、部件功能或结构上的属性。在汽车电气设备中，用点画线表示仪器和电路中不导电的边框，这种图示可以不与外壳相一致，也不用来表示仪器的搭铁线。

（5）区段识别。区段识别符号标注在电路图的下沿，有助于更方便地寻找电路部件，以往区段识别标记也称为电路，可能的标记方式有3种：

① 用连续数字以相同的距离从左到右标注如：1 2 3 4 5 6 7…

② 标明电路区段的内容如：

电源　　　　起动装置　　　　点火装置　　　　……

③ 以上两种方法的结合。

汽车电路大多数都在电路图中指明电路区段的内容。

（6）标注。利用字母和数码可对设备、部件或电路图中的线路符号作标注，标注位于线路符号的左边或下边，如果设备的定义明确，标准内所规定的几种设备可不作标注。

 **知识链接**

线束图的绘制方法

由于线束安装图主要是以线束的形式出现的，图面的线条较少，各部件之间连接的表达就成为其主要的内容。

（1）汽车线束图由多个线束组成，有主线束、分线束。在绘制线束图时应表现出每个线束上有几个分支，每个分支上有多少根线，导线的颜色及条纹是什么。

（2）汽车上的电器数量多而复杂，为使连线正确，各个连接点都应标注接线端子的代号，以便于连接。

（3）线束的长度包括线束的总长、每个分支的长度和两个线端间隔的长度。

（4）插接器。由于线束有多条，线束与线束、分支与线束、或分支与电器之间都是通过插接器进行连接的，应表示出每个插接器上有几条导线，每条导线位于插接器接线孔的什么位置，插接器的形状是什么样的，相邻的几个插接器是否容易混淆。

本章小结

汽车电路根据各自的功能不同，一般可分为电源电路、搭铁电路、控制电路及信号电路。汽车电路图根据特点分为电器连接简图、布线图、电路原理图、线束图及电器定位图等类型。电控单元主要由电源电路、信号输入电路及执行器的工作电路等组成。微机控制系统的信号输入电路有传感器电路、外接开关电路及电控单元之间连接的数据传输电路三种形式。

习　题

一、单选题

1. 所谓常电源电路就是在蓄电池正常的情况下，均有规定电压的电源线，在电路图中一般采用（　）号线表示。

A. 14　　　　　　B. 28　　　　　　C. 15　　　　　　D. 30

2. 所谓条件电源电路就是在一定的条件下才有规定电压的电源线。例如点火开关置于

"ON"挡时,(　　)号线才有电。

A. 31　　　　　　B. 30　　　　　　C. 15　　　　　　D. 12

3. 在大多数汽车电路原理图中,电源线在图(　　),搭铁线在图(　　),电流方向(　　)。

A. 下方,上方,自下而上　　　　　　B. 上方,下方,自上而下

C. 下方,上方,自上而下　　　　　　D. 上方,下方,自下而上

4. 在汽车电路原理图中所有开关及用电器均处于(　　)的状态。

A. 工作　　　　　B. 不确定　　　　　C. 不工作　　　　　D. 随机

二、多选题

1. 汽车电路根据各自的功能不同,一般可分为(　　)电路。

A. 信号电路　　　B. 电源电路　　　C. 搭铁电路　　　D. 控制电路

E. 灯光电路

2. 汽车电路图根据特点分为(　　)等类型。

A. 布线图　　　　B. 电路原理图　　　C. 线束图　　　D. 电器定位图

E. 电器连接简图

3. 电控单元主要由(　　)等组成。

A. 电源电路　　　B. 信号输入电路　　　C. 执行器的工作电路　　　D. 继电器电路

4. 微机控制系统的信号输入电路有(　　)等形式。

A. 传感器电路　　　　　　　　B. 外接开关电路

C. 电控单元之间连接的数据传输电路　　　D. 用电器电路

三、简答题

1. 简述识读汽车电路原理图的一般步骤。

2. 如何识读汽车线束图?

3. 如何识读汽车布线图?

4. 如何识读汽车电子电路图?

5. 如何识读电控单元的电源电路?

6. 如何识读电控单元的信号输入电路?

7. 如何识读电控单元的执行器工作电路?

8. 什么是图形符号?图形符号有哪些类型?

9. 图形符号的使用原则是什么?

10. 接线端子的标记原则是什么?

第 3 章
汽车主要电气系统的电路分析

🚗 **学习目标**

1. 熟识汽车各种电气系统的组成部件。
2. 掌握各种电气系统的电路特点与相互关系。
3. 掌握各种电气系统的电路分析方法。

🚗 **学习要求**

熟识汽车主要电器部件内部电路。熟识电源系统、起动系统、点火系统、照明系统与信号系统、仪表与报警系统、空调系统、辅助电器等系统的组成,掌握其电路的特点、规律及检测要点。掌握发动机电子控制系统、自动变速器、防抱死制动系统、车载网络系统、安全气囊等电子控制系统的电路的特点,总结规律,学会看图。完成从理解各个电气系统电路到熟识全车电路的过渡,为电路故障诊断打下坚实基础。

3.1 电源系统

电源系统(又称为充电系统)主要由蓄电池、发电机和调节器等组成。按发电机和调节器的装配关系,电源系统可分为两种类型:外装调节器式电源系统和整体式交流发动机电源系统。

3.1.1 电源系统状态监测电路

在汽车上蓄电池由发动机进行充电,其电源系统工作状况的指示方式有电流表指示、充电指示灯指示和电压表指示 3 种形式。

1. 电流表指示

如图 3-1 所示,电流表串联于蓄电池与发电机之间。电流表具有"充电"和"放电"两个区域,通过观察电流表指针指示的区域,可确定蓄电池是处于充电状态还是放电状态,进而可判断电源系统工作是否正常。电流表不仅能够指示电源系统的充/放电状态,而且还能指示充/放电电流的大小。适合于整车负载电流相对较小、仪表盘安装空间相对较大的载货汽车选装。

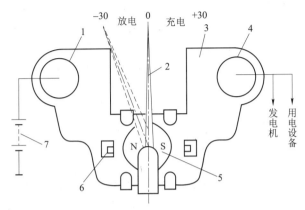

1、4—接线端子;2—指针;3—导电板;5—永久磁铁转子;6—磁轭;7—蓄电池。

图 3-1 电流表电路

2. 充电指示灯指示

充电指示灯具有"点亮"和"熄灭"两种状态,一般情况是点火开关接通时,充电指示灯点亮;发动机起动后,充电指示灯熄灭。否则,说明电源系统存在故障。充电指示灯只能指示电源系统的充放电状态,不能指示充放电电流的大小。因此,适合于整车负载电流相对较大、仪表盘安装空间相对较小的汽车选装。

3. 电压表指示

电压表并联于蓄电池两端,当发动机未起动时,电压表指示蓄电池的电压;当发动机起动后,电压表指示发电机的充电电压。通过观察发动机起动前后电压表指示电压的变化情况,确定电源系统是否存在故障。大部分车辆将电压表与电源指示灯配套使用。

3.1.2 典型电源系统电路分析

1. 外装调节器式电源系统电路

外装调节器式电源系统采用的发电机有内、外搭铁两种形式。

1)内搭铁型发电机电源系统

磁场绕组的一端经滑环和电刷在发电机端盖上搭铁的发电机称为内搭铁型发电机。图 3-2 所示为内搭铁型发电机电源系统的电路,电压调节器有 3 个接线端子,其中一根通过熔断器、点火开关与电源正极连接;另外两根与发电机连接。与发电机连接的两根导线一根为调节器的"F"接线端子与发电机的"F"接线端子连接,另外一根是保证调节器与发电机之间可靠搭铁。

当点火开关旋至点火挡,发动机未起动时,充电指示灯点亮。发电机激磁电路为:蓄电池正极→点火开关→熔断器→调节器的"B"接线端子→调节器的"F"接线端子→发电机"F"接线端子→发电机磁场绕组→发电机磁场"E"接线端子→搭铁→蓄电池负极。

当发动机运转后,发电机正常发电,发电机中性点电压控制充电指示灯继电器的触点断开,切断充电指示灯电路,充电指示灯熄灭,表明发电机工作正常。此时发电机的激磁电路为：发电机"B"接线端子→点火开关→熔断器→调节器的"B"接线端子→调节器的"F"接线端子→发电机磁场绕组→发电机磁场"E"接线端子。

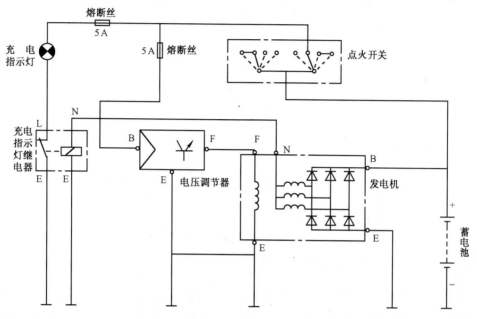

图 3-2　内搭铁型发电机电源系统的电路

2）外搭铁型发电机电源系统

磁场绕组的两端均与发电机的端盖绝缘，其中一端经调节器后搭铁的发电机称为外搭铁型发电机。图 3-3 所示为外搭铁型发电机电源系统的电路，发电机"F_1"接线端子通过熔断器、点火开关直接与电源正极连接，"F_2"接线端子与调节器的 F 接线端子连接。

当点火开关接通时，发电机激磁电路为：蓄电池正极→点火开关→熔断器→发电机"F_1"接线端子→磁场绕组→发电机"F_2"接线端子→调节器的"F"接线端子→调节器的"-"接线端子→发电机"E"接线端子→搭铁→蓄电池负极。

当发动机运转后，发电机正常发电时，发电机激磁电路为：发电机"B"接线端子→点火开关→熔断器→发电机"F_1"接线端子→磁场绕组→发电机"F_2"接线端子→调节器的"F"接线端子→调节器的"-"接线端子→发电机"E"接线端子。

2. 整体式交流发动机电源系统电路

图 3-4 所示为斯太尔 SX2190 汽车整体式交流发电机电源系统的电路。充电指示灯的控制过程如下：

(1) 点火开关接通，充电指示灯点亮。充电指示灯的电路为：蓄电池正极→起动机"30"接线端子→点火开关"15"接线端子→充电指示灯→交流发电机"D+"接线端子→电刷→磁场线圈→电刷→调节器"D_F"接线端子→调节器→调节器"D-"接线端子→搭铁→蓄电池正极。

(2) 发动机起动后，随着发电机转速升高，发电机"D+"接线端子电压随之升高，充电指示灯两端的电位差降低，指示灯亮度减弱。当发电机电压升高到蓄电池充电电压 U_C 时，发电机"B+"接线端子与"D+"接线端子电位相等（$U_{B+} = U_{D+} = U_C$），此时充电指示灯两端电位差降低到零，指示灯熄灭，指示发电机已正常发电，磁场电流由发电机自己供给。

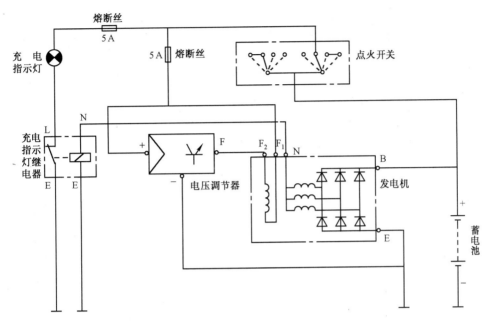

图 3-3 外搭铁型发电机电源系统的电路

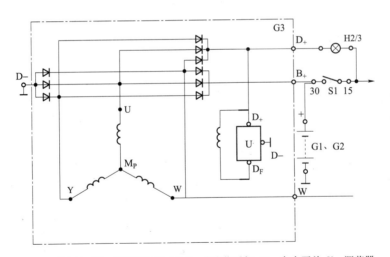

G1、G2—蓄电池；G3—交流发电机；H2/3—充电指示灯；S1—点火开关；U—调节器。

图 3-4 SX2190 汽车整体式交流发电机电源系统的电路

当发电机转速降低时，"D+"接线端子电位降低，指示灯两端电位差增大，指示灯又发亮，指示蓄电池放电。当发电机高速运转、电源系统（发电机或调节器）发生故障而导致发电机不发电时，由于"D+"接线端子无电压输出，因此充电指示灯两端电位差增大，指示灯发亮，警告驾驶员应及时停车排除故障。

 应用案例

图 3-5 所示为桑塔纳轿车采用整体式交流发电机的电源系统电路（1996 年后，部分轿车的输出端"B+"用红色导线经 80 A 易熔线与蓄电池正极柱连接，易熔线支架固定在蓄电池正

极柱附近的发动机防火墙上)。

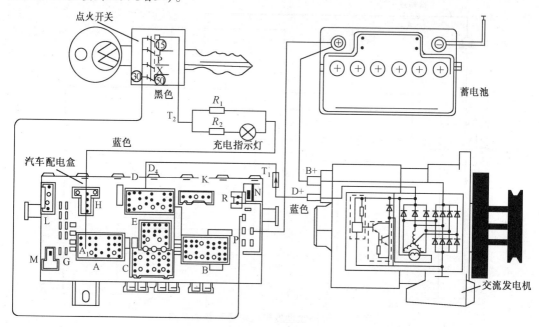

图 3-5 桑塔纳轿车电源系统电路

交流发电机 3 只正极管与 3 只负极管组成一个三相桥式整流电路,称为输出整流电路,3 只磁场二极管与 3 只负极管也组成一个三相桥式整流电路,称为磁场电流整流电路,其输出端"D+"用蓝色导线经蓄电池旁边的单端子插接器 T_1 后与汽车配电盒(也成为中央线路板)D 插座的"4"接线端子连接,再经汽车配电盒内部线路与插座 A 的"16"接线端子相连。点火开关端子㉚用红色导线经汽车配电盒上的单端子插座 P 与蓄电池正极连接,点火开关端子⑮用黑色导线与仪表盘下方黑色插座的"14"接线端子连接(图中未画出,可参见线路图),经仪表盘印刷电路上的电阻 R_1、R_2 和充电指示灯 LED(R_2 和充电指示灯串联后再与 R_1 并联)和二极管接回到黑色插座"10"接线端子,再用蓝色导线与汽车配电盒插座 A 的"16"接线端子连接。

当发电机工作时,定子绕组中产生的三相交流电动势经输出整流电路整流后,输出直流电压 U_{B+} 向负载供电并向蓄电池充电,发电机的磁场电流则由磁场电流整流电路整流后输出的直流电压 U_{D+} 供给。充电指示灯的控制过程如下。

当点火开关接通时,充电指示灯电路接通,其电路为蓄电池正极→汽车配电盒插座 P→点火开关端子㉚→点火开关→点火开关端子⑮→电阻 R_1、R_2 和充电指示灯→二极管→汽车配电盒插座 A 的"16"接线端子→汽车配电盒内部线路→插座 D 的"4"接线端子→蓄电池旁边的单端子连接器 T_1→发电机"D+"接线端子→发电机磁场绕组→调节器→搭铁回到蓄电池负极构成回路。可见,充电指示灯一端(左端)接蓄电池电压,一端(右端)接发电机"D+"端输出电压。在发电机尚未发电时,发电机"D+"端尚无电压输出,充电指示灯两端电位差较大,指示灯发亮,指示磁场电流接通并由蓄电池供电。

发动机起动后,随着发电机转速升高,发电机"D+"端电压随之升高,充电指示灯两端的电位差降低,指示灯亮度减弱。当发电机电压升高到蓄电池充电电压 U_C 时,发电机"B+"端与"D+"端电位相等($U_{B+} = U_{D+} = U_C$),此时充电指示灯两端电位差降低到零,指示灯熄灭,指示发电机已正常发电,磁场电流由发电机自己供给。

当发电机转速降低时,"D+"端电位降低,指示灯两端电位差增大,指示灯又发亮,指示蓄电池放电。当发电机高速运转、电源系统(发电机或调节器)发生故障而导致发电机不发电时,由于"D+"端无电压输出,因此充电指示灯两端电位差增大,指示灯发亮,警告驾驶员应及时停车排除故障。

3.1.3 电源系统检测和试验电路

1. 交流发电机的检测

1) 磁场绕组的检测

如图3-6所示,用万用表的电阻挡测量转子两个滑环之间的电阻。若阻值符合标准值,说明磁场绕组良好;若阻值为无穷大,说明磁场绕组断路;若阻值小于标准阻值,说明磁场绕组匝间短路。将万用表(或交流试灯)的两只表笔分别接滑环(任意一个)和转子轴(或爪极)。如万用表不导通(试灯应不发亮),说明磁场绕组与转子轴绝缘良好;如万用表导通(或试灯发亮),说明磁场绕组搭铁。当磁场绕组断路故障发生在端头焊接处时,可用电烙铁重新焊接排除。若断路、短路和搭铁故障无法排除,则需更换转子总成。

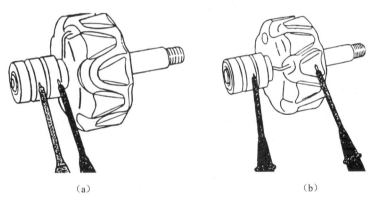

图3-6 检测磁场绕组电阻

(a)检测磁场绕组电阻;(b)检测磁场绕组搭铁

2) 定子绕组的检查与检修

发电机定子的常见故障是定子绕组短路、断路或搭铁,造成发电机不发电或发电不良。因为定子绕组的电阻很小,一般仅为150~800 mΩ,所以测量电阻难以检测有无短路故障。定子绕组有无短路,最好是在发电机分解之前,通过台架试验检测其输出功率进行判断。检测定子绕组断路故障的方法如图3-7所示。检测时,将指针式万用表两只表笔分别接定子绕组的3个引出端子进行检测。如万用表导通,说明定子绕组良好;如万用表不导通(即阻值为无穷大),说明定子绕组有断路故障。如能找到断路部位,可用电烙铁焊接修复;如找不到断路部位,则需更换定子绕组或定子总成。将万用表两只表笔一只接定子绕组的任意一个引出端子,另一只接定子铁芯进行检测。如万用表不导通,说明定子绕组良好;如万用表导通,说明定子绕组有搭铁故障,需更换定子绕组或定子总成。

3) 整流二极管的检测与更换

当二极管的引出端头与定子绕组的引线端子拆开后,即可用万用表对每只二极管进行检测。万用表有指针式和数字式两种,其电阻挡的内部原理电路如图3-8所示,由图可见,指针式万用表的正极(红色表笔)接表内电源负极,而数字式万用表的正极(红色表笔)接表内电源正极。这一点应特别注意。

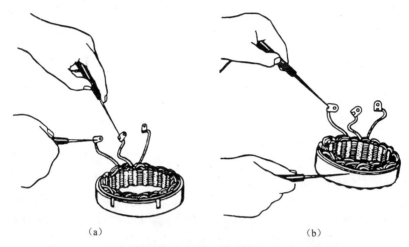

图3-7 检测定子绕组断路故障的方法
(a)检测定子绕组电阻;(b)检测定子绕组搭铁

由于二极管的阻值随外加电压的高低而发生变化,因此在检测时,指针式万用表应置于R×1挡,数字式万用表应置于OHM×200挡,否则检测结果就会出现较大偏差。

(1)二极管好坏的检测。先将万用表的两只表笔分别接在被测二极管的两极上检测一次,然后交换两表笔的位置再检测一次。若两次测得阻值为一大(10 kΩ以上)一小(8~10 Ω),说明该二极管良好;若两次检测阻值均为无穷大,则说明该二极管断路;若两次检测阻值均为0,则被测二极管短路。

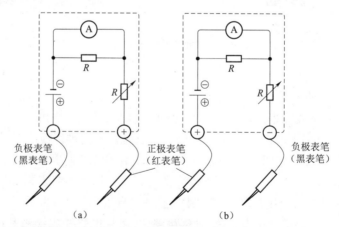

图3-8 万用表电阻挡的内部原理电路
(a)指针式万用表;(b)数字式万用表

汽车用整流二极管的安装方式有焊接式和压装式两种。对于焊接式(即二极管焊接在整流板上)的整流器,只要有一只二极管短路或断路,该二极管所在的正整流板总成或负整流板总成就需更换新品;对于压装式(即二极管压装在整流板上或后端盖上)的整流器,当二极管短路或断路后,只需更换故障二极管即可。在更换整流板总成或二极管之前,必须首先检测与识别其极性。

(2) 二极管极性的检测与判别。当二极管或整流板总成上无任何标记时,可用万用表检测判别其极性。

将万用表的正极(红色表笔)接二极管引出电极,负极(黑色表笔)接二极管的另一电极,同时观测万用表读数。对于性能良好的二极管,若阻值大于 10 kΩ,则被测二极管为正极管;若阻值为 8~10 Ω,则被测二极管为负极管。

2. 电压调节器的检测电路

当电源系统出现故障,经检查确认发电机工作正常时,应将调节器拆下进行检测。电压调节器的检测分为搭铁形式检测和技术状况检测。

1) 搭铁形式检测

当不知电压调节器的搭铁形式时,可按图 3-9(a)所示电路进行检测,具体方法与步骤如下:

(1) 将电源电压 U 调到 12 V(28 V 调节器调到 24 V);

(2) 接通开关 SW,若小灯泡发亮,则为外搭铁型电压调节器。若灯不亮,则该调节器为内搭铁型电压调节器。

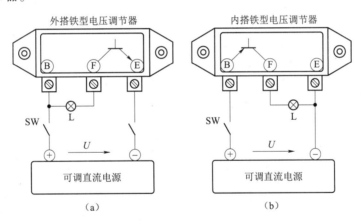

图 3-9 电压调节器检测电路

(a)外搭铁型电压调节器;(b)内搭铁型电压调节器

2) 技术状况检测

检测电压调节器技术状况好坏时,外搭铁型调节器按图 3-9(a)所示线路连接;内搭铁型调节器按图 3-9(b)所示线路连接。检测线路接好后,先接通开关 SW,然后由 0 逐渐调高直流电源电压,此时小灯泡的亮度应随电压升高而增强。

当电压调高到调节电压值(14 V 调节器为 14.2 V±0.25 V,28 V 调节器为 28 V±0.3 V)或略高于调节电压值时,若小灯泡熄灭,则调节器技术状态良好;若小灯泡始终发亮,说明调节器已经损坏,可能是大功率三极管短路或前级驱动电路断路,若装车使用,则磁场电流将始终接通,发电机电压将随转速升高而失控,具有损坏用电设备的危险。

在上述检测过程中,若小灯泡始终熄灭(灯泡未坏),则调节器已损坏,可能是大功率三极管断路或前级驱动电路短路。若装车使用,则磁场电路不能接通。

3. 交流发电机试验电路

台架试验是检测交流发电机性能和质量的有效手段。交流发电机性能优劣以及检修质量高低,均应通过交流发电机试验台检测确定。

试验时,将发电机固定在试验台上,由拖动电动机来驱动交流发电机,按图 3-10 进行连接。具体操作步骤可根据我国汽车专业标准进行。

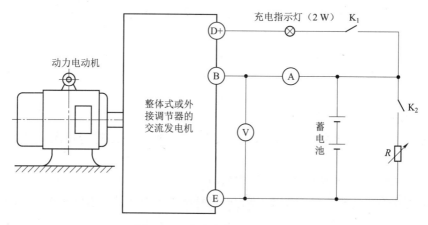

图 3-10 交流发电机试验电路

3.1.4 电源系统故障诊断与排除

1. 充电指示灯不亮故障

故障现象:接通点火开关和发动机正常运转时,充电指示灯始终不亮。

故障原因:充电指示灯灯丝断路;熔断器烧断,使指示灯线路不通;指示灯或调节器电源线路导线断路或接头松动;蓄电池极柱上的电缆接头松动;点火开关故障;发电机电刷与滑环接触不良;调节器内部电路故障,如调节器内部电子元件损坏而使大功率三极管不能导通或大功率三极管本身断路。

故障排除方法如下:首先起动发动机并怠速(交流发电机转速 2 000 r/min 左右)运转,然后用万用表检查发电机电源系统能否充电(发电机输出电压能够超过蓄电池电压)。将充电指示灯不亮分为电源系统能充电与不能充电两种情况分别进行排除。

当接通点火开关时充电指示灯不亮,起动发动机后发电机又能发电(发电机输出电压能够超过蓄电池电压),说明发电机电源系统正常,应检查仪表盘上的充电指示灯是否正常,若灯丝断路,则需更换。

当接通点火开关充电指示灯不亮,起动发动机后发电机不能发电时,故障排除方法与诊断程序如下:

(1) 首先断开点火开关,检查熔断器是否断路。如该熔断器断路,必须更换相同容量的熔断器;如仪表熔断器良好,再继续检查。

(2) 接通点火开关,用万用表检测熔断器上的电压值,如电压为 0,说明点火开关以及点火开关与熔断器之间线路有故障,应予检修或更换;如熔断器上的电压等于蓄电池的电压,再继续检查。

(3) 拆下调节器接线端子上的导线,接通点火开关,用万用表检测调节器接线柱上的导线电压,如电压为0,说明仪表盘上的充电指示灯或充电指示灯的旁通电阻断路,或仪表盘与调节器之间的线路断路,应予检修或更换;如调节器接线柱上的导线电压等于蓄电池的电压,再继续检查。

(4) 检查电刷与电刷弹簧,检查电刷与滑环接触是否良好,否则应予检修或更换;如接触良好,再继续检查。

(5) 检查调节器有无故障,如有则需更换调节器总成。

(6) 检查发电机的转子绕组有无短路、断路、搭铁故障,如有则需更换。

2. 电源系统不充电故障

故障现象:发动机起动后,仪表盘上的充电指示灯不熄灭,或是在发动机正常运转过程中,充电指示灯始终亮着,这都说明发电机出现了不充电故障。

故障原因:发电机磁场绕组短路、断路或搭铁而导致磁场电流减小或不通;定子绕组短路、断路或搭铁故障;整流器故障;电刷磨损过短、电刷弹簧无弹性或电刷在电刷架中卡住,而造成电刷不能与滑环接触或接触不良;调节器故障,如调节器内部电子元件损坏而使大功率三极管不能导通或大功率三极管本身断路;交流发电机的传动皮带过松,由于传动皮带打滑,发电机不转或转速过低而不发电,有关连接的线路有故障。

故障排除方法如下:

当充电指示灯常亮时,说明点火开关、熔断器以及充电指示灯技术状态良好(指九管、十一管交流发电机的电源系统)。

起动发动机并将其转速逐渐升高,此时用万用表检测发电机"B"端子与发电机壳体间的电压,如万用表指示的电压高于发动机未起动时蓄电池的电压(12 V左右),说明发电机发电,发电机"B"端子至蓄电池正极柱之间的线路断路;如电压为0或过低,说明电源系统有故障,应按以下方法继续检查。

(1) 断开点火开关,检查交流发电机传动皮带的挠度是否符合规定(5~7 mm),挠度过大应予调整;如传动皮带的挠度正常,则继续检查。

(2) 拆下调节器接线端子上的导线,接通点火开关,用万用表检测调节器接线柱上的导线电压,如电压为0,充电指示灯发亮,说明仪表盘与调节器之间的线路搭铁,应予检修或更换;如调节器接线柱上的导线电压等于蓄电池的电压,再继续检查。

(3) 检查电刷与电刷弹簧,检查电刷与滑环接触是否良好,否则应予检修或更换;如接触良好,再继续检查。

(4) 检查调节器有无故障,如有则需更换调节器总成。

(5) 检测发电机的定子绕组、转子绕组有无短路、断路、搭铁等故障;检测整流器有无故障;如有应予检修或更换。

3. 充电指示灯时亮时灭故障

故障现象:接通点火开关和发动机正常运转时,充电指示灯时亮时灭。

故障原因:发电机传动皮带挠度过大而出现打滑现象;发电机个别整流二极管断路、一相定子绕组连接不良或断路而导致发电机输出功率降低;发电机电刷磨损过多;调节器调节电压过低;相关线路接触不良。

故障排除方法如下:

(1) 检查传动皮带的挠度是否符合规定。

(2) 检查相关线路连接情况,如不正常,则需检修。

(3) 拆下调节器和电刷组件总成,并按前述方法检查调节器和电刷组件,如不正常,则需检修或更换。

(4) 检修发电机总成。

4. 蓄电池充电不足故障

故障现象:接通点火开关时充电指示灯能亮,发动机起动后和运转时充电指示灯也能熄灭,但蓄电池会很快出现亏电,并且起动发动机时,起动机运转无力、夜间行车前照灯灯光暗淡。

故障原因:发电机传动皮带过松或损坏;发电机"B"端子至蓄电池正极柱之间线路断路或导线端子接触不良;发电机电刷磨损过多导致电刷与滑环接触不良;发电机电刷弹簧卡滞或弹力不足而导致电刷与滑环接触不良;调节器的调节电压过低或其内部电路有故障;发电机转子绕组短路,磁场变弱而导致发电机输出功率降低;发电机整流器故障或定子绕组有短路、缺相故障而导致发电机输出功率降低;蓄电池使用时间过长、极板硫化、损坏或活性物质脱落;全车线路中有导线搭铁而漏电。

故障排除方法如下:

(1) 检查蓄电池的技术状态是否良好,如使用时间过长或负载电压低于9.60 V,则需要更换蓄电池。

(2) 检查传动皮带的挠度是否符合规定(标准值为5~7 mm)。

(3) 检查交流发电机"B"端子至蓄电池之间的线路是否断路或导线端子是否接触不良。

(4) 拆下发电机总成,检查电刷组件,如电刷高度过低,则应更换新电刷;如电刷弹簧卡滞或弹力不足,应予更换弹簧。

(5) 试验检测调节器的调节电压,如调节电压过低(低于14.2 V)或调节器损坏,应予更换新品。

(6) 如上述检查均良好,则分解检修发电机总成。

(7) 断开所有电器开关,拆下蓄电池正极电缆端子,并在该端子与蓄电池正极柱之间串接一只电流表,检测全车线路有无漏电现象。如有漏电,可将驾驶室内和发动机罩下的熔断器逐一拔下,检查漏电发生在哪一条线路,然后进行排除。

5. 发电机充电电流过大故障

故障现象:汽车灯泡易烧;蓄电池温度过高且其电解液消耗过快。这说明发电机充电电流过大。

故障原因:发电机充电电流过大的原因一般是调节器调节电压过高或调节器失效。

故障诊断:在确认灯泡易烧、蓄电池温度过高和电解液消耗过快而无其他原因时,应更换调节器。

3.2 起动系统

3.2.1 起动系统基本电路

1. 起动系统电路的基本特点

(1)起动系统主要由起动机、起动继电器和起动开关3部分组成。部分汽车由于电磁开关线圈流过的电流较小(实测为10~13 A),因此没有配装起动继电器,电磁开关线圈流过的电流直接由起动开关控制。

(2)起动机受控于起动继电器,起动继电器又受控于起动开关。

(3)起动开关一般与点火开关组合成一体,称为点火起动开关,简称点火开关或起动开关(柴油车又称为钥匙开关)。

(4)起动系统使用的电源为蓄电池,起动机是整个汽车用电负载最大的电器部件。

2. 普通起动控制电路

图3-11所示为普通起动控制电路,其工作关系为:点火起动开关(控制)→起动继电器(控制)→起动机的电磁开关(控制)→直流电动机(带动)→发动机转动。

1)起动发动机时,起动系统工作情况

(1)接通起动开关,起动继电器工作,电磁开关线圈电路接通。

起动发动机时,将点火开关转到起动位置,起动继电器线圈电路接通。起动继电器线圈电路为:蓄电池正极→起动机"30"端子→点火起动开关→起动继电器"点火开关"端子→起动继电器磁化线圈→起动继电器"搭铁"端子→蓄电池负极。

电流流过起动继电器线圈使铁芯磁化,电磁吸力吸下触点臂,触点闭合接通电磁开关中吸引线圈和保持线圈电路。吸引线圈电路为:蓄电池正极→起动机"30"端子→起动继电器"电池"端子→继电器支架、触点臂→继电器触点→继电器"起动机"端子→起动机"50"端子→吸引线圈→起动机"C"端子(图中代号为4)→起动机磁场线圈、电枢绕组→搭铁→蓄电池负极。

保持线圈电路为:蓄电池正极→起动机"30"端子→起动继电器"电池"端子、支架、触点→继电器"起动机"端子→起动机"50"端子→保持线圈→搭铁→蓄电池负极。

(2)电磁开关与传动机构工作,起动机主电路接通,起动发动机。

当吸引线圈和保持线圈刚刚接通电流时,两线圈产生的磁通方向相同,使固定铁芯和活动铁芯被磁化,在其磁力的共同作用下,活动铁芯向前移动(图中为向左移动),并带动拨叉绕支点(支撑螺钉)转动,拨叉下端便拨动离合器向右移动,离合器的驱动齿轮便与飞轮齿圈进入啮合。

当驱动齿轮后移与飞轮齿圈发生抵住现象时,拨叉下端则先推动右半滑环压缩锥形弹簧继续向后移动,待电动机主电路接通使电枢轴稍微转动、驱动齿轮的轮齿与飞轮齿圈的齿槽对正时,即可进入啮合。

当驱动齿轮与飞轮齿圈接近完全啮合(啮合尺寸约为驱动齿轮齿宽的2/3)时,活动铁芯

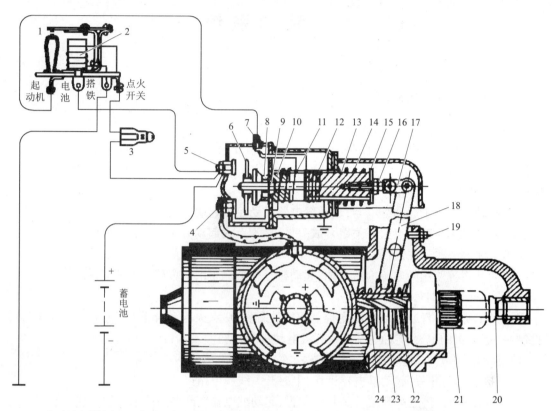

1—起动继电器触点；2—起动继电器线圈；3—点火起动开关；4—起动机"C"端子；5—起动机"30"端子；6—触盘；
7—起动机"50"端子；8—触盘弹簧；9—推杆；10—固定铁芯；11—吸引线圈；12—保持线圈；13—活动铁芯；
14—复位弹簧；15—调节螺钉；16—锁紧螺母；17—耳环；18—拨叉；19—限位螺钉；20—限位圈；21—驱动齿轮；
22—锥形弹簧；23—滑环；24—缓冲弹簧。

图 3-11　普通起动控制电路

带动推杆前移使触盘将起动机主电路(即电枢和磁场线圈电路)接通，其电路为：蓄电池正极→起动机"30"端子→电动机开关触盘→起动机"C"端子→磁场线圈→正电刷→电枢绕组→负电刷→搭铁→蓄电池负极。起动机主电路接通时，电枢绕组和磁场线圈通过电流很大，产生电磁转矩驱动飞轮旋转，当转速达到一定值时，发动机便被起动。当驱动齿轮沿电枢轴的螺旋键槽向后移动(实为又转又移)时具有惯性力作用，后移直到抵住安装在电枢轴上的止推垫圈为止。止推垫圈内装有卡环，卡环装在电枢轴上，因此限位螺母的作用是：将驱动齿轮向后移动的惯性冲击力加到电枢轴上，防止冲击力作用到后端盖上而打坏端盖。

(3) 当主电路接通时，吸引线圈被触盘短路，保持线圈继续工作。

在触盘将电动机开关触点接通(即将起动机"30"端子与"C"端子接通)之前，吸引线圈的电流是从起动机"30"端子经起动继电器触点、起动机"50"端子、吸引线圈流到起动机"C"端子。当触盘将电动机"30"端子与"C"端子直接连通时，吸引线圈便被触盘短路，吸引线圈因无电流流过而磁力消失。此时保持线圈继续通电，因为此时活动铁芯与固定铁芯之间的气隙很小，所以活动铁芯由保持线圈的磁力保持在吸合位置，故将线圈称为保持线圈。

2) 发动机起动后,起动系统工作情况

(1) 断开起动开关,起动继电器触点断开。

当发动机起动后,放松点火钥匙,点火开关将自动转回一个角度,切断起动继电器线圈电路。继电器线圈断电后,磁力消失,在支架的弹力作用下,触点迅速张开。

(2) 吸引线圈电流改道,电动机开关断开,齿轮分离。

当起动继电器触点刚刚断开时,吸引线圈中的电流电路改道,其电路为:蓄电池正极→起动机"30"端子→触盘→起动机"C"端子→吸引线圈→起动机"50"端子→保持线圈→搭铁→蓄电池负极。

可见,此时吸引线圈重新通电,但其电流和磁通方向与起动时相反。由于保持线圈的电流和磁通方向未变,因此两个线圈产生的磁力相互抵消。在复位弹簧的作用下,活动铁芯立即右移复位,并带动推杆和触盘向右移动,使起动机主电路切断而停转。与此同时,拨叉带动单向离合器向左移动,使驱动齿轮与飞轮齿圈分离,起动工作结束。

3. 起动开关直接控制的起动电路

如图 3-12 所示,起动开关直接控制的起动系统主要由蓄电池、起动机、起动(点火)开关等组成。其工作关系为:起动开关(控制)→起动机的电磁开关(控制)→直流电动机(带动)→发动机转动。

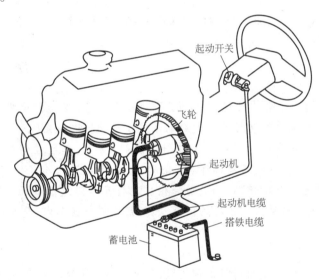

图 3-12 起动开关直接控制的起动系统

起动开关直接控制的起动电路如图 3-13 所示。此起动电路由起动开关直接控制起动机电磁开关线圈电路的通断,因此,通过起动开关的电流就是电磁开关的电流。这种控制方式对起动开关的触点的材料和制作工艺要求较高。

由于缺少起动继电器,整个起动系统工作过程较为简单,起动机内的电磁开关、直流电动机与普通起动控制电路工作情况基本相同。

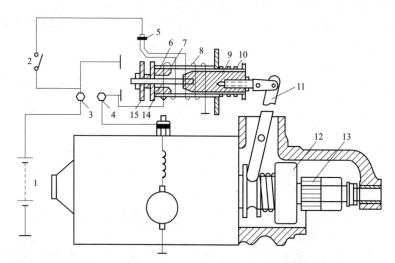

1—蓄电池；2—起动开关；3—起动机"30"端子；4—起动机"C"端子；5—起动机"50"端子；6—固定铁芯；
7—吸引线圈；8—保持线圈；9—活动铁芯；10—复位弹簧；11—拨叉；12—单向离合器；
13—驱动齿轮；14—推杆；15—开关触盘。

图 3-13 起动开关直接控制的起动电路

 **知识链接**

无钥匙起动系统集"遥控""防盗""起动"等功能于一身，不再需要将车钥匙插入起动开关进行起动。无钥匙起动系统又称为一键起动系统或无钥匙进入系统。

无钥匙起动系统采用先进的 RFID（无线射频识别）技术，车主在整个驾车过程中都完全不需要使用钥匙，只需要随身携带智能卡（或钥匙）。当车主进入车子附近的有效范围时，车子会自动检测钥匙并进行身份识别，如成功会相应地打开车门或后备厢；当车主进入车内，只需要按起动按钮，车子会自动检测钥匙的位置，判断钥匙是否在车内，是否在主驾位置，如成功则起动发动机。

1. 智能钥匙的检测区域

无钥匙起动系统共需要检测判断 3 种区域，如图 3-14 所示。图中阴影区包括 3 部分，分别表示主驾、副驾、后备厢的车门控制的有效区域，当车主带着钥匙进入这一位置时，汽车与钥匙间就可以建立起有效通信，通过检测可判断钥匙的相应位置，由此决定打开对应的车门。车内检测区域是整个系统设计的难点，要精确地判断钥匙是否在车内，来决定车门状态以及发动机是否可以起动。主驾位置区域检测判断钥匙是否在主驾位置。

2. 无钥匙起动系统的基本功能

该系统包含自动解锁、智能点火、识别车主和起动保护 4 个基本功能。部分品牌车型还具备锁车后自动关闭车窗的功能。

1）自动解锁

通过车主随身携带的智能卡里的芯片感应自动开关门锁。当车主靠近汽车时，钥匙和汽车便开始通过无线电波交换已设定好的指令信息。随即汽车的关闭系统和安全系统以及发动机的控制系统全部被激活。也就是说当车主走近车辆一定距离时(一般为1~2 m)门锁会自动打开并解除防盗;当车主离开车辆时,门锁会自动锁上并进入防盗状态。

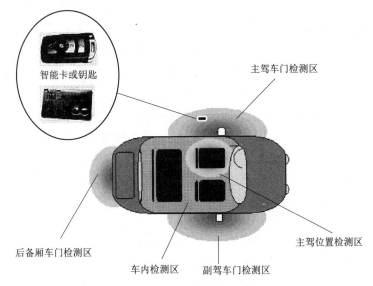

图 3-14　智能钥匙的工作范围

2) 智能点火

通常,驾驶员需要将钥匙插入汽车点火钥匙孔来起动发动机。而智能钥匙的无钥匙起动方式将这一切变得更为简便。智能钥匙的作用就是使发动机识别操作者是否为车主,并进入随时起动前的待机状态。当需要起动发动机时,只要智能钥匙在可以被检测到的区域内,驾驶员即可按下起动按钮或者扭动旋钮起动发动机了。

3) 识别车主

每个智能钥匙都有唯一的 ID 码与车辆 ID 码对应。即使简单复制了钥匙,没有 ID 码也不能起动车辆。只有当车主进入车内时,车内的检测系统会马上识别智能卡,经过确认后车内的电脑才会进入工作状态,这时只需轻轻按动车内的起动按钮(或者是旋钮),就可以正常起动车辆了。

4) 起动保护

自动检测发动机状态,发动机起动后,自动停止起动机工作。

3. 汽车加装无钥匙起动系统

安装无钥匙起动系统时应先解除方向盘自动锁止功能。无钥匙起动系统的安装可以分为无钥匙进入和一键起动两大部分。

无钥匙进入系统的安装跟一般防盗器的接线没有多大区别,只要能在车上熟练安装一套防盗器,那么,无钥匙进入系统的安装也就没有任何问题。

一键起动系统的安装的重点在点火开关的连接,点火开关一般具有"ACC""ON""ST"等挡位。安装时先确定原点火开关连接导线的功能,作好标记,并与发动机起动开关相应接线端子连接。

3.2.2 起动保护电路

1. 起动保护电路的功用和类型

1) 起动保护电路的功用

(1) 在起动时,发动机一旦着车,起动机便会立刻自动停止工作,以避免起动机较长时间高速空转而造成起动机传动装置的磨损和蓄电池电能的无谓消耗。特别对汽车起动性能不太熟悉的用户或发动机后置的大客车,此项功用尤其重要。

(2) 在发动机工作时,即使接通起动开关,起动机也不会工作,以防止因误接通起动开关而使起动驱动齿轮与发动机飞轮齿圈发生碰撞,造成驱动齿轮和飞轮齿圈的损坏。

2) 起动保护电路的类型

在起动系统的控制电路中,一般通过增设保护开关或起动保护继电器的措施,达到保护起动系统和增加行车安全的目的。

2. 增设保护开关

在起动系统的控制电路中,增设离合器开关或变速器空挡开关。只有在离合器踏板踩下或变速器换挡杆处于空挡时,接通起动开关,起动系统才能工作。图3-15所示为EQ1118GA载货车起动系统电路,其控制电路为两条:一条由点火开关控制;另一条由副起动开关控制。当驾驶室翻起时,可利用副起动开关起动发动机。为防止起动发动机时发生汽车行驶情况,必须将变速换挡杆置于空挡,此时,将钥匙开关置于"ON"位置,按下发动机起动按钮,发动机才可以起动。如变速器处于非空挡位置,由于空挡开关处于断开状态,发动机也就无法起动。

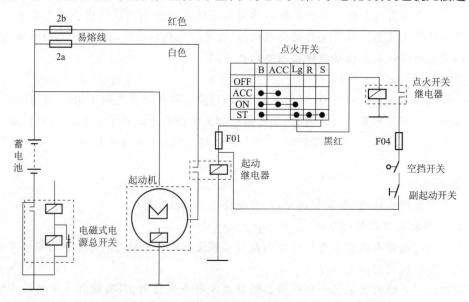

图3-15 EQ1118GA载货车起动系统电路

3. 增设起动保护继电器

在起动系统的控制电路中,专门增设起动保护继电器。图3-16所示为斯太尔载货车起动系统电路,图中A8是一起动保护继电器,其功用是:当发动机已起动正常工作时,起动保护继电器A8将起动机起动线路断路,如果驾驶员误将点火开关再次旋至起动位置时,起动机也不会工作，从而避免了起动机驱动齿轮与飞轮齿圈打齿故障。这对于后置发动机的汽车来说十分重要，因为车身较长，后置发动机是否已被起动，操作人员往往不易觉察，从而容易造成误操作。

起动保护继电器 A8 由一组继电器线圈和三极管集成电路组成的延时截止保护电路组成。当发动机起动后发电机 G3 的"D+"端子输出 28 V 电压，到起动保护继电器 A8 的"D+"端子，电子电路将起动控制线路断路，从而起到防止误操作的保护作用。

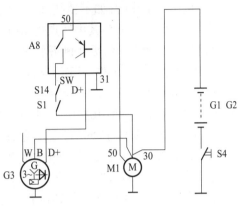

A8—起动保护继电器；G1、G2—蓄电池；G3—交流发电机；
M1—起动机；S1—点火开关；S4—电源开关；S14—空挡开关。

图 3-16 斯太尔载货车起动系统电路

此外，起动保护继电器 A8 还具有限时与延时作用，继电器 A8 的通电时间为 13 s，延时 3 s。即钥匙开关旋至起动位置后，继电器 A8 仅使控制线路通电 13 s，超过 13 s 即自动断电，以防止钥匙开关不回位造成起动机烧损。延时 3 s 的作用是每次起动间隔必须超过 3 s，如果小于 3 s，起动线路将不能接通。同样，如果发电机不发电，此起动保护继电器也不会正常工作。

4. 采用组合继电器

图 3-17 所示为解放 CA1091 起动系统控制电路。其起动工作情况与普通起动系统控制电路基本相同，所不同的是用组合继电器取代了起动继电器，从而实现了起动保护。

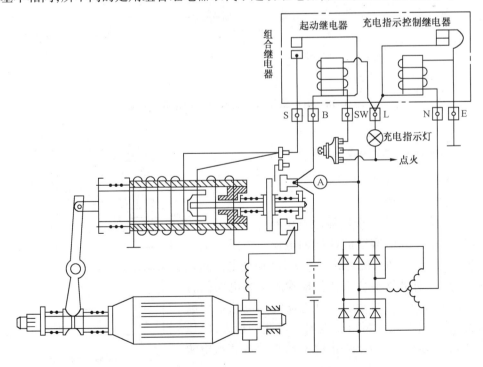

图 3-17 解放 CA1091 起动系统控制电路

在发动机正常工作时,如不慎接通起动开关,起动机也不会工作。因为发动机正常工作时,交流发电机已正常发电,其中性点输出电压始终高于充电指示灯继电器动作电压,充电指示灯继电器的常闭触点始终处于断开状态,起动继电器线圈中没有电流流过,其常开触点不可能闭合,所以起动机不会工作,从而实现起动保护,防止齿轮打坏。

5. 电控单元(ECU)控制的起动系统

图 3-18 所示为一典型电控单元(ECU)控制的起动系统电路。当点火开关处于"ST"挡时,点火开关的"30"端子与"50"端子导通,ECU 通过"K43"端子感知驾驶员的操作意图;此外,ECU 还要通过离合器开关、空挡开关等确定汽车所处的状态,判断是否符合起动条件。当满足起动条件时,ECU 通过"A30"端子与"A15"端子给起动继电器的线圈供电,来起动发动机。当发动机起动后,ECU 通过曲轴位置传感器判断发动机是否起动成功,以便及时切断起动继电器的供电电路。

如在电路中增设防盗传感器,此电路还可具有防盗功能。

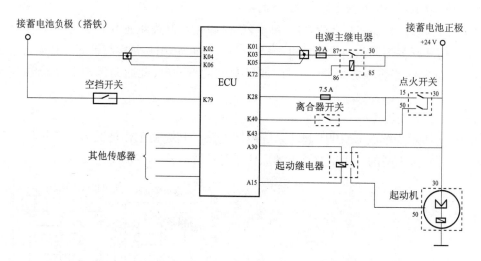

图 3-18 电控单元(ECU)控制的起动系统电路

3.2.3 起动系统检测和试验电路

1. 起动继电器的检测与调整

1)闭合电压的检测与调整

继电器的闭合电压是继电器触点由断开状态转为闭合状态时,作用在继电器线圈两端的电压。当闭合电压过高(高于电源电压)时,接通起动开关,起动继电器触点就不能闭合,起动机就不会工作。检验起动继电器闭合电压的电路如图 3-19 所示。在继电器线圈电路中串联一个可变电阻,检验之前将可变电阻阻值调到最大,电压表直接并联在线圈两端,电源用 12 V 蓄电池或直流电源均可。

检验时,缓慢调小可变电阻阻值,使作用在继电器线

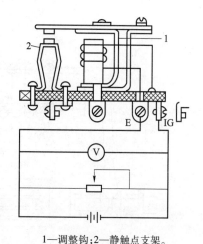

1—调整钩;2—静触点支架。

图 3-19 检验起动继电器闭合电压的电路

圈两端的电压逐渐升高。当触点闭合时,电压表指示的电压即为继电器的闭合电压,其值应当符合表 3-1 中规定。

表 3-1 起动继电器的调整数据

名称	12 V 系统	24 V 系统
继电器闭合电压/V	3.5~4.0	6.0~7.6
继电器断开电压/V	1.5~2.5	3.0~5.5

当闭合电压不符规定时,应改变触点臂与铁心之间的气隙进行调整。当静态气隙增大时,闭合电压将升高;反之,当静态气隙减小时,闭合电压将降低。

2) 断开电压的检测与调整

继电器的断开电压是继电器触点由闭合状态转为断开状态时,作用在继电器线圈两端的电压。当断开电压过高时,会导致起动机电磁开关的活动铁芯产生往复运动,出现"打机枪"似的"哒、哒……"声而不能起动发动机。

检验断开电压的电路与检验闭合电压的电路相同。检验时,先接通电路使继电器触点闭合,然后逐渐调大可变电阻阻值使线圈两端电压缓慢降低,当触点断开时电压表指示的电压即为继电器的断开电压。当断开电压不符规定时,应改变触点间隙进行调整。当夹拢支架时,触点间隙减小,断开电压升高;反之,当撑开支架时,触点间隙增大,断开电压降低。

2. 起动机的试验

修复后的起动机应当进行性能试验,每项试验应在 3~5 s 内完成,以防烧坏线圈。

1) 电磁开关试验

(1) 吸引动作试验。将起动机固定到虎钳上,拆下起动机"C"端子上的磁场绕组电缆引线端子;用导线将起动机壳体与蓄电池负极连接,如图 3-20 所示;当用导线将起动机"50"端子与蓄电池正极连接时,驱动齿轮应向外移出。如驱动齿轮不动,说明电磁开关故障,应予修理或更换。

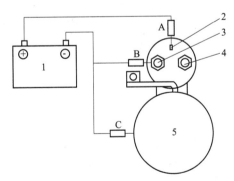

1—蓄电池;2—"50"端子;3—"30"端子;4—"C"端子;5—起动机。

图 3-20 吸引动作试验

(2) 保持动作试验。在吸引动作试验的基础上,当驱动齿轮在伸出位置时,拆下电磁开关"C"端子上的导线夹 B,此时驱动齿轮应保持在伸出位置不动。如驱动齿轮复位,说明保持线圈断路,应予检修或更换电磁开关。

（3）复位动作试验。在保持动作测试的基础上，再拆下起动机壳体上的导线夹C，此时驱动齿轮应迅速复位。如驱动齿轮不能复位，说明复位弹簧失效，应更换弹簧或电磁开关总成。

2）性能试验

测试起动机的各项性能时，先将蓄电池充足电，然后按下述方法和程序进行。

（1）空载试验。将磁场绕组引线端子连接到电磁开关"C"端子上；用导线将蓄电池负极与电磁开关壳体连接，将量程为100 A以上的直流电流表连接在蓄电池正极与电磁开关的"30"端子之间，如图3-21所示；当接通起动开关时，驱动齿轮应向外伸出，起动机应平稳运转。测量电流、电压、扭矩和转速等各项指标，应符合空载性能试验的标准值。

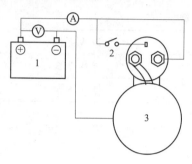

1—蓄电池；2—起动开关；3—起动机。

图3-21 起动机空载试验

若测量的结果是消耗电流大、转速低，则可能是起动机电枢轴弯曲，铜套与电枢轴不同心；或电枢绕组有短路或搭铁等故障。若电流和转速均低于标准值，而蓄电池电压正常，这表明电动机电路接触不良。另外电枢轴运转应平稳，不应有机械的碰擦声。

（2）制动试验。如图3-22所示，在起动机试验台上，给驱动齿轮加负载，其他试验方法与空载试验相同。测量电源电压、起动机消耗的电流、产生的扭矩等各项指标，应符合制动性能试验的标准值。

如果制动试验时，扭矩小于标准值而消耗电流大于标准值，则表明起动机装配过紧或电枢绕组有短路或搭铁故障。若扭矩和电流均小于标准值，则说明电动机电路接触不良，如电刷与换向器接触不良或电刷弹簧压力不足等。若驱动齿轮锁止而电枢轴有缓慢转动，则说明单向离合器打滑。

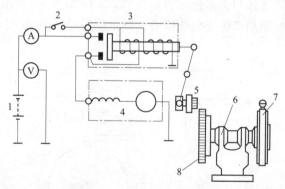

1—蓄电池；2—起动开关；3—电磁开关；4—起动机；5—驱动齿轮；6—试验台；7—制动器；8—齿圈。

图3-22 起动机制动试验

3.2.4 起动系统故障诊断与排除

起动系统常见的故障有接通起动开关起动机不转、起动机运转无力、起动机空转和起动机发出打机枪似的"哒、哒……"声。

1. 接通起动开关起动机不转

（1）故障现象。当起动开关接通时，起动机不工作，发动机不运转。

（2）故障原因。

① 蓄电池严重亏电；蓄电池正、负极柱上的电缆接头松动或接触不良。

② 电动机开关触点严重烧蚀或两触点高度调整不当而导致触点表面不在同一平面内，使触盘不能将两个触点接通。

③ 换向器严重烧蚀而导致电刷与换向器接触不良。

④ 电刷弹簧压力过小或电刷在电刷架中卡死。

⑤ 电刷引线断路或绝缘电刷（即正电刷）搭铁。

⑥ 磁场绕组或电枢绕组有断路、短路或搭铁故障。

⑦ 电枢轴的铜衬套磨损过多，使电枢轴偏心而导致电枢铁芯"扫膛"（即电枢铁芯与磁极发生摩擦或碰撞）。

（3）故障诊断与排除。

① 接通汽车前照灯或喇叭，若灯发亮或喇叭响，说明蓄电池存电较足，故障不在蓄电池；若灯不亮或喇叭不响，说明蓄电池或电源线路有故障，应检查蓄电池搭铁电缆和火线电缆的连接有无松动以及蓄电池存电是否充足。

② 检查起动系统熔断器是否被烧断；若烧断，需更换熔断器。

③ 将点火开关转到起动位置，可用试灯（或万用表）检测起动机"50"端子电压是否正常。若正常，说明起动机内部有断路、短路或搭铁故障，需拆下起动机进一步检修；若不正常，说明端子"50"至蓄电池正极之间的线路有故障。

④ 检测起动继电器"起动机"端子电压是否正常。若正常，说明起动继电器与起动机之间的导线断路；若不正常，继续下述检查。

⑤ 检测起动继电器"点火开关"端子电压是否正常。若正常，应检查起动继电器以及起动继电器的电源线和搭铁线；若检测起动继电器"点火开关"端子电压不正常，继续下述检查。

⑥ 检测点火开关的"起动"端子电压是否正常。若正常，说明点火开关与起动继电器之间的导线断路；若不正常，继续下述检查。

⑦ 检测点火开关的"电源"端子电压是否正常。若正常，说明点火开关损坏；若不正常，说明点火开关至蓄电池正极之间的线路断路，应检修。

2. 起动机运转无力

（1）故障现象。当起动开关接通时，起动机能运转，但运转无力，不能起动发动机。

（2）故障原因。

① 蓄电池存电不足或有短路故障使其供电能力降低。

② 电动机主电路接触电阻增大使起动机工作电流减小。接触电阻增大的原因包括：蓄电池搭铁电缆搭铁不实；电池正、负极柱上的电缆端头固定不牢；电动机开关触点与触盘烧蚀；电刷与换向器接触不良；换向器烧蚀等。

③ 磁场绕组或电枢绕组局部短路使起动机输出功率降低。

④ 发动机装配过紧或环境温度很低而导致起动阻力矩过大时，也可能会出现起动机运转无力的现象。

(3) 故障诊断与排除。

① 接通汽车前照灯或喇叭,判断蓄电池存电是否充足。必要时对蓄电池加以充电或更换。

② 检查起动机电路各连接导线的连接点是否松动或接触不良,若有则加以排除。

③ 检查起动机。

④ 检查发动机装配是否过紧。

3. 起动机空转

(1) 故障现象。当起动开关接通时,起动机空转,发动机不运转。

(2) 故障原因。

① 单向离合器打滑。

② 起动机的起动时机过早。

③ 起动机的驱动齿轮或飞轮的齿圈损坏。

(3) 故障诊断与排除。

① 接通起动开关喇叭,查听发动机的飞轮处有无齿轮"咔嚓、咔嚓"撞击声,若没有"咔嚓、咔嚓"撞击声,说明单向离合器打滑,需更换单向离合器;若有,说明起动机的起动时机过早或起动机的驱动齿轮(或飞轮的齿圈)损坏。

② 检查起动机的驱动齿轮或飞轮的齿圈是否损坏;若已损坏,需更换。

③ 调整起动机的起动时机。

4. 起动机发出打机枪似的"哒、哒……"声

(1) 故障现象。当接通起动开关时,起动机的活动铁芯产生连续不断的往复运动而发出"哒、哒……"声音的现象,称为"打机枪"现象。

(2) 故障原因。

① 蓄电池严重亏电或内部短路。

② 电磁开关保持线圈断路或搭铁不良。

③ 起动继电器触点断开电压过高。

(3) 故障诊断与排除。排除故障时,可先用万用表检测蓄电池电压,接通起动机时,其电压不得低于9.6 V。若电压过低,说明严重亏电或内部短路,应予更换。若蓄电池性能状况良好,接通起动开关时仍有"打机枪"似的"哒、哒……"声,则说明电磁开关保持线圈搭铁不良而断路或起动继电器断开电压过高,分别检修或更换电磁开关、起动继电器,故障即可排除。

案例解析

起动机无反应 ECU 控制部分的检测

解放 J6 电控 CA4250P66 汽车的起动电路如图 3-23 所示。在确定电源、起动机及主控电路没有故障之后,进行如下检测。

1. 空挡开关及线路的检测

(1) 空挡开关的检测。取下空挡开关线束插接器,将排挡杆置于空挡,用万用表电阻挡检

测空挡开关两个接线端子的导通情况,如果不导通,说明空挡开关损坏,应更换空挡开关。

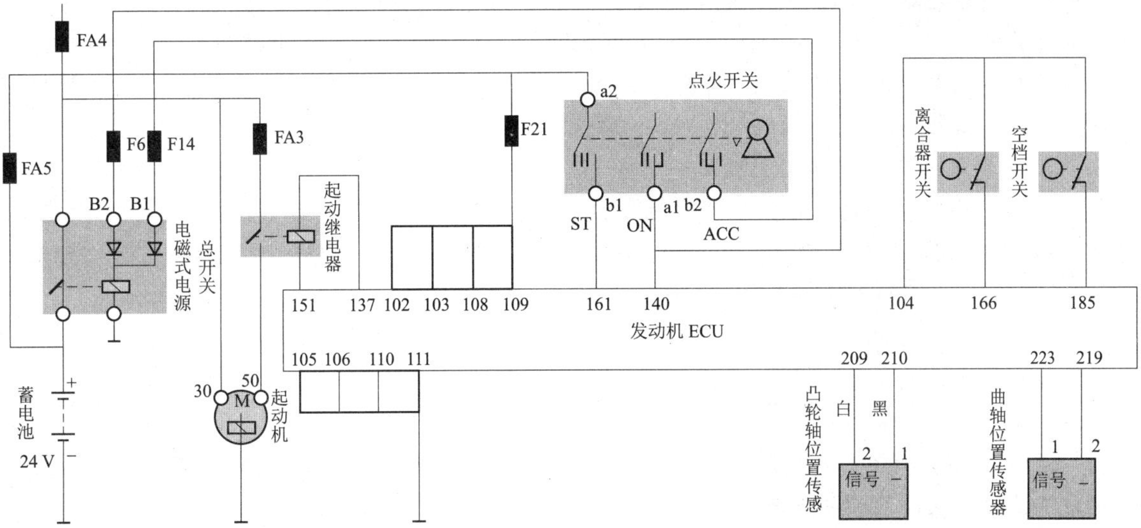

图 3-23 解放 J6 电控 CA4250P66 汽车的起动电路

(2) 空挡开关线路的检测。点火开关置于"ON"挡,数字万用表调到电压挡,将万用表负端表笔与车体连接搭铁,万用表正端表笔分别插入空挡开关线束插接器上的两个插孔内。其中一个插孔(ECU/140 供电端)的电压应为 24 V 左右,说明发动机 ECU 已唤醒工作。如果两个插孔都无 24 V 电压,说明空挡开关与发动机 ECU 之间导线损坏或发动机 ECU 不工作。

2. 离合器开关及线路的检测

(1) 离合器开关的检测。取下离合器开关线束插接器,用万用表电阻挡检测离合器开关两个接线端子应导通;踩下离合器踏板后,两个接线端子应不导通。否则说明离合器开关损坏,应更换离合器开关。

(2) 离合器开关线路的检测。点火开关置于"ON"挡,数字万用表调到电压挡检测离合器开关线束插接器上的两个插孔的电压。其中一个插孔(ECU/140 供电端)的电压应为 24 V 左右。如果两个插孔都无 24 V 电压,说明离合器开关与发动机 ECU 之间导线损坏或发动机 ECU 不工作。

3. 起动继电器及线路的检测

(1) 起动继电器的检测。取下起动继电器的导线,用万用表电阻挡检测起动继电器线圈的阻值是否正常。如不正常,应更换起动继电器。

(2) 起动继电器线路的检测。将点火开关置于"ST"挡,用万用表检测线束侧连接继电器线圈的两个端子的电压,如果显示 24 V 或-24 V 电压数值,说明发动机 ECU 起动控制部分正常。如果显示异常,需对发动机 ECU 进行进一步检测。

4. 发动机 ECU 主电源的检测

发动机 ECU 主电源电路为:蓄电池正极→FA5 大熔断器(底盘配电盒内)→F21 熔断器(中央配电盒)→发动机 ECU 的"102"端子、"103"端子、"10"端子、"109"端子→发动机 ECU→发动机 ECU 的"5"端子、"6"端子、"10"端子、"11"端子→搭铁→蓄电池负极。此电路不受点火开关和电磁式电源总开关控制。

用万用表检测发动机 ECU 的"102"端子、"103"端子、"108"端子、"109"端子的电压,应为蓄电池的电压,即 24 V 左右。如果显示异常,需对发动机 ECU 的电源电路进行进一步检测。用万用表检测发动机 ECU 的"5"端子、"6"端子、"10"端子、"11"端子的搭铁情况,应搭铁可靠。否则检修相关线路。

5. 发动机 ECU 工作电源的检测

发动机 ECU 工作电源电路为:蓄电池正极→FA5 大熔断器(底盘配电盒内)→点火开关"a2"端子→"ON"挡→点火开关"a1"端子→发动机 ECU 的"140"端子→发动机 ECU→发动机 ECU 的"5"端子、"6"端子、"10"端子、"11"端子→搭铁→蓄电池负极。此电路受点火开关控制。

将点火开关置于"ON"挡,用万用表检测发动机 ECU 的 140 端子的电压,应为 24 V 左右,否则检修点火开关及相关线路。

6. 起动信号的检测

发动机 ECU 起动信号电路受点火开关控制。将点火开关置于"ST"挡,用万用表检测发动机 ECU 的"161"端子的电压,应为 24 V 左右,否则检修点火开关及相关线路。

3.3 点火系统

3.3.1 点火系统的类型和电路特点

1. 点火系统的类型

汽油发动机中,气缸内的混合气是由高压电火花点燃的,而高压电火花是由点火系统产生的。

点火系统按电能来源不同,可分为蓄电池点火和磁电机点火两大类。蓄电池点火系统由于结构简单、工作可靠,长期在汽车上应用,它的电能由蓄电池(或发电机)供给,其作用是将汽车电源系统的低压电变为高压电,再按照发动机的工作顺序,将高压电适时地分配给各缸火花塞,点燃混合气。磁电机点火系统目前仍用在部分摩托车和拖拉机上,它与蓄电池点火系统的根本区别在于其电能是由磁电机本身产生的。

蓄电池点火系统按结构形式不同,又可分为传统点火系统、电子点火系统和微机控制点火系统 3 种类型。

(1) 传统点火系统又称触点点火系统。

(2) 电子点火系统与传统点火系统的主要区别是没有断电器触点,取而代之的是各种类型的点火信号发生器,克服了因断电器触点火花而带来的一系列问题。电子点火系统按点火信号发生器的不同,可分为磁感应式、霍尔式、光电式、电磁振荡式点火系统等。

(3) 微机控制点火系统高压电的分配方式可分为机械配电方式和电子配电方式两种。电子配电方式又分为双缸同时点火和各缸独立点火两种配电方式。

2. 点火系统电路特点

(1) 如图 3-24 所示,点火系统电路分为低压电路和高压电路。低压电路又称为初级电路,即流经点火线圈初级绕组的电路。高压电路就是点火线圈次级绕组产生的高压电经过的电路,主要由点火线圈、分电器(配电器)火花塞和高压线等组成。

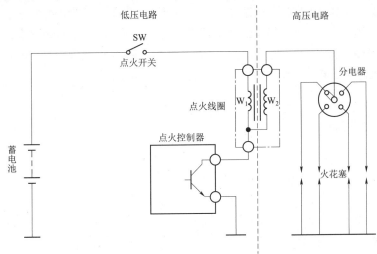

图 3-24 点火系统的低压电路和高压电路

(2) 点火系统的低压电路一般受点火开关、点火控制器(简称点火器)或 ECU 等部件控制。

(3) 在高压电路中,点火线圈次级绕组产生的高压电一般要求经过分电器或电子配电方式分配到各缸火花塞上。6 缸点火顺序为 1—5—3—6—2—4,4 缸点火顺序为 1—2—4—3。

(4) 各类点火系统中均有点火线圈。如果只有一个点火线圈,必有一个分电器与之配套使用;如有两个以上的点火线圈,则高压电的分配方式为双缸同时点火或各缸独立点火。

(5) 高压电路中采用的是高压导线。

3.3.2 点火系统电路分析

1. 传统点火系统电路分析

由于自从汽车发明以来,汽车上一直采用触点点火系统,因此触点点火系统又称为传统点火系统。传统点火系统主要由蓄电池、点火开关、点火线圈、分电器、火花塞和高压线等组成,其电路如图 3-25 所示。

发动机工作时,凸轮在配气凸轮轴的驱动下旋转,断电器的触点交替地闭合与断开。在点火开关接通的情况下,当触点闭合时,初级绕组中就有电流流过(初级电流 i_1 用实线表示),其电路为:蓄电池正极→电流表→点火开关→点火线圈"+开关"端子→附加电阻→点火线圈"开关"端子→点火线圈初级绕组 W_1→点火线圈"−"端子→断电器的触点→搭铁→蓄电池负极。当凸轮将触点断开时,初级电路被切断,初级电流消失,它所形成的磁场随之迅速变化,在两个绕组中都会感应产生电动势。由于次级绕组的匝数多,因此在次级绕组中将感应产生 15~20 kV 的高压电动势,它足以击穿火花塞的电极间隙,并产生电火花点着可燃混合气。高压电流 i_2 用虚线表示,流过的路径为:点火线圈次级绕组 W_2→"开关"端子→附加电阻→"+开关"端子→点火开关→电流表→蓄电池→搭铁→火花塞旁电极→中心电极→分电器旁电极→分火头→次级绕组。由此可见,点火系统有两个电路:初级电流 i_1 流经的电路称为低压电路或初级电路,而高压电流 i_2 流经的电路称为高压电路。但在使用中,一般将点火线圈到火花塞之间的电路称为高压电路。

断电器的触点每断开一次,点火线圈就产生一个高压电。分电器轴每转一圈,分电器就按发动机的点火顺序,轮流向各缸火花塞输送一次高压电。发动机工作时,断电器凸轮和分电器轴在发动机凸轮轴的驱动下连续旋转,断电器的触点循环开闭,点火线圈不断产生高压电,分电器按点火顺序循环向各缸火花塞输送高压电,产生电火花点燃混合气,保证发动机正常工作。如要发动机停止工作,只需断开点火开关,切断低压电路即可。

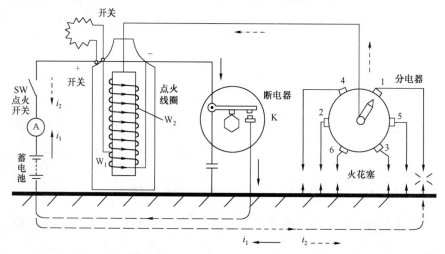

图 3-25 传统点火系统的电路

2. 电子点火系统电路分析

电子点火系统分为磁感应式、霍尔式、光电式和电磁振荡式 4 种类型。各种类型的电子点火系统的组成和原理基本相同,不同点主要是点火信号发生器。霍尔式电子点火系统的电路如图 3-26 所示。

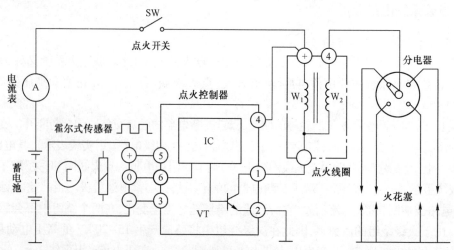

图 3-26 霍尔式电子点火系统的电路

当发动机工作,信号发生器输出高电压时,点火器中的大功率三极管就导通,初级绕组中就有电流流过,其电路为:蓄电池正极→电流表→点火开关→点火线圈初级绕组→大功率三极管→搭铁→蓄电池负极。初级电流在线圈的铁芯中形成磁场。当信号发生器输出低电压时,点火器中的大功率三极管就截止,初级电路被切断,初级电流消失,它所形成的磁场随之迅速变化,在两个绕组中都会感应产生电动势。由于次级绕组的匝数多,因此在次级绕组中将感应产生15~20 kV 的高压电动势,它足以击穿火花塞的电极间隙,并产生电火花点着可燃混合气。点火器大功率三极管每截止一次,点火线圈就产生一个高压电。分电器轴每转一圈,分电器就按发动机的点火顺序,轮流向各缸火花塞输送一次高压电。发动机工作时,点火信号转子在发动机凸轮轴的驱动下连续旋转,传感器中不断产生点火信号,大功率三极管循环导通与截止,点火线圈不断产生高压电,分电器按点火顺序循环向各缸火花塞输送高压电,产生电火花点燃混合气,保证发动机正常工作。若要发动机停止工作,只需断开点火开关,切断低压电路即可。

3. 微机控制点火系统电路分析

微机控制点火系统又称为 ECU 控制点火系统。如图 3-27 所示,系统主要由监测发动机运行状况的各种传感器、发出指令的微机,响应微机发出指令的点火器、点火线圈等元件组成。

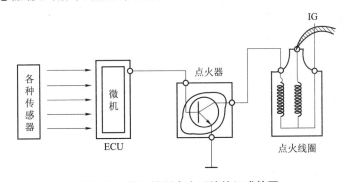

图 3-27 微机控制点火系统的组成简图

现代汽车发动机大多数都采用集中控制系统,微机控制点火系统是其子系统。ECU 既是燃油喷射控制系统的控制核心,也是点火控制系统的控制核心。ECU 不断接收各种传感器发送的信号,并按预先编制的程序进行计算和判断后,向点火控制器发出接通与切断点火线圈初级电路的控制信号。

点火控制器的电路、功能与结构依车型而异,有的与 ECU 制作在同一块电路板上,如北京 2020VJ 发动机集中控制系统;有的为独立总成,并用线束和插接器与 ECU 相连接,如丰田轿车采用的 TCCS;有的点火控制器与点火线圈安装在一起,如帕萨特 1.8T 电控发动机的点火线圈。

微机控制点火系统高压电的分配方式可分为机械配电方式和电子配电方式两种。如图 3-28 所示,北京 BJ2020VJ 型吉普车点火系统采用了机械配电方式点火系统。其中,点火控制器与发动机 ECU 组装在一起。点火线圈初级绕组的电路为:蓄电池正极→点火开关→黄色导线→点火线圈初级绕组→绿色导线→ECU 的"28"端子→ECU 内 VT→ECU 的"31"端子→蓄电池负极。

采用电子配电方式分配高压电的点火系统称为无分电器点火系统 DIS,主要有双缸同时点火和各缸单独点火两种配电方式。

采用单独点火方式时,每一个气缸都配有一个点火线圈,并安装在火花塞上方。采用双缸

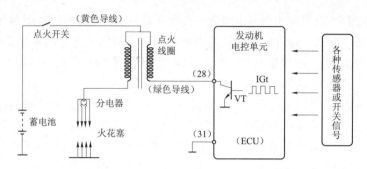

图 3-28　北京 BJ2020VJ 型吉普车点火系统的组成与原理

同时点火方式时,每两气缸配有一个点火线圈,点火线圈的次级绕组的两端分别与两个气缸上的火花塞相连接。气缸的组合原则为:一缸处于压缩行程的末期,另一缸处于排气行程的末期(四缸发动机的 1、4 缸或 2、3 缸;六缸发动机的 1、6 缸、2、5 缸或 3、4 缸),曲轴旋转 360°后两缸所处的行程正好相反。双缸同时点火时的放电电路如图 3-29 所示。

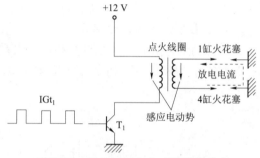

图 3-29　双缸同时点火时的放电电路

为防止次级绕组在初级电流接通时产生的电压(约为 1 000 V)加到火花塞电极上而导致误跳火,在部分点火线圈次级回路中连接有一只高压二极管。

> **特别提示**
>
> 依据点火器与点火线圈之间的关系,各缸独立点火的点火电路主要有两种形式。一种是点火器与点火线圈独立安装,各缸共用一个点火器,在点火控制器中,设置有与点火线圈相同数目的大功率三极管,分别控制每个线圈次级绕组电流的接通与切断,其工作原理与同时点火方式相同,其电路如图 3-30 和图 3-31 所示。另一种是点火器与点火线圈制成一体,其点火电路如图 3-32 和图 3-33 所示。

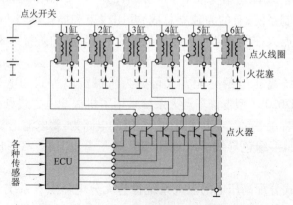

图 3-30　共用一个点火器单缸独立点火电路

第3章 汽车主要电气系统的电路分析

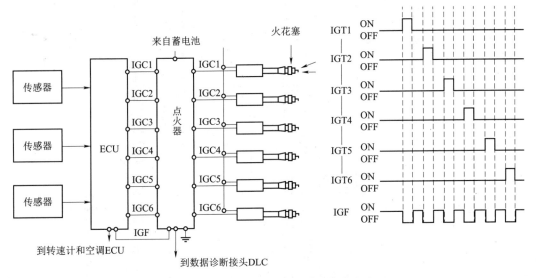

图 3-31 丰田 1MZ-FE 发动机点火电路

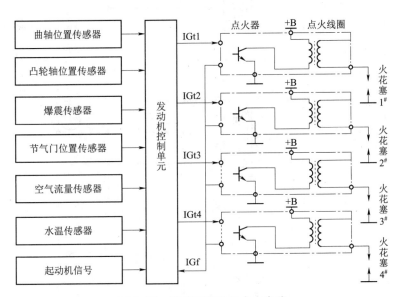

图 3-32 凯美瑞发动机点火电路

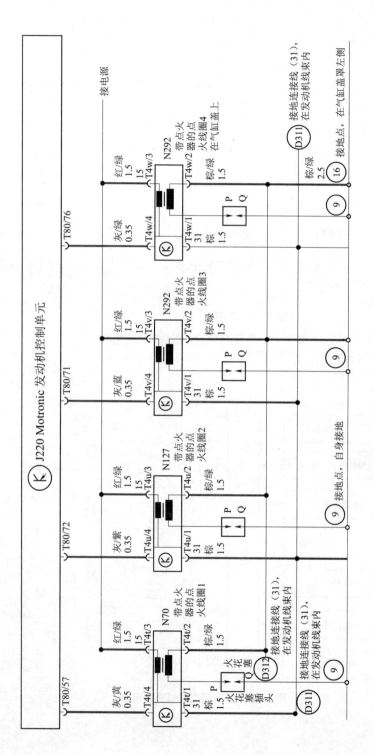

图3-33 上海大众1.6 L发动机（CDE）点火电路

知识链接

双火花塞直接点火系统又称为智能双火花塞点火系统。发动机每一个气缸上采用两个火花塞,它可以根据发动机的转速和负荷改变这两组火花塞的点火正时,从而使燃烧室在整个转速范围内,均可实现快速燃烧,通过这种燃烧,使大幅提高压缩比成为可能,可以抑制爆燃从而得到高功率、高扭矩和低燃油消耗的发动机。

1. 工作电路分析

本田飞度轿车双火花塞直接点火系统电路如图3-34所示。每个点火线圈均有3个接线

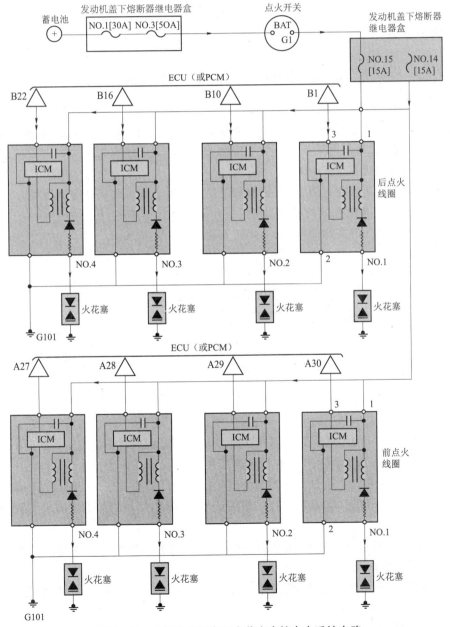

图3-34 本田飞度轿车双火花塞直接点火系统电路

端子。其中1号接线端子为电源线,受点火开关控制;2号接线端子为搭铁线;3号接线端子为控制线,与ECU(或PCM)连接。点火时刻由ECU(装手动变速器的车)或PCM(装自动变速器的车)通过点火控制器(ICM)控制。点火控制器中有功率三极管,点火控制器根据ECU输出的点火控制信号,触发功率三极管导通与截止,从而控制点火线圈产生高压电,并直接输送到前、后火花塞电极间隙上跳火点着可燃混合气。

2. 点火提前角控制

ECU根据发动机工况和燃烧条件的变化,利用转速信号、节气门位置信号、进气压力信号和车速信号,逻辑分析最佳控制条件,自动调节前、后两个火花塞点火提前角的大小和时间差,实现动力性、经济性和净化性的最佳控制。

 **特别提示**

微机控制点火系统电路的识读要点

1. 机械配电方式点火系统电路的特点

在此点火系统中必有一个分电器,且分电器上无点火提前(离心和真空)装置。如果分电器上有点火提前装置,则此点火系统一般为传统点火系统或电子点火系统。

2. 双缸同时点火系统电路的特点

在此点火系统中没有分电器,点火线圈与火花塞之间直接采用高压导线连接。

3. 各缸独立点火系统电路的特点

在此点火系统中没有高压导线,点火线圈直接安装在火花塞上。

3.4 照明系统与信号系统

3.4.1 照明系统

1. 照明系统电路的特点

照明系统主要由蓄电池(发电机)、熔断器、灯控开关、灯光继电器、变光开关、灯及其线路组成。汽车的照明灯一般由前照灯、雾灯、小灯、后灯、内部照明灯等组成。不同车型所配置的照明设备不完全相同,其控制线路也各不相同。

(1) 如图3-35所示,照明灯由灯控开关直接控制。灯控开关在0挡时,所有照明灯关断;灯控开关在1挡时,小灯亮(包括示宽灯、尾灯、仪表灯、牌照灯);灯控开关在2挡时,前照灯、小灯同时亮。

(2) 如图3-36所示,照明系统安装有继电器,灯控开关控制断电器线圈,而继电器触点流过的电流才是灯泡的电流。

(3) 超车灯信号常用远光灯亮灭来表示,发出此信号时不通过灯控开关,属于短时接通式。

(4) 室内灯位于车内前部顶棚上,其功能是给驾驶员提供照明条件。此外,它还能受各车门开关控制,为驾驶员提供各个车门的开闭状态信号。

(5) 在有些车辆中,为了保证发动机顺利起动,当点火开关打至起动挡时,前照灯及空调系统等耗电量较大的用电设备的电路将切断。

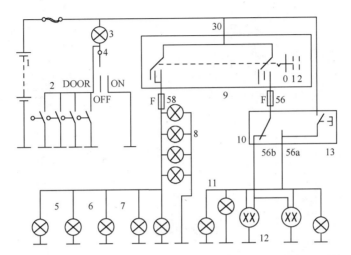

1—蓄电池;2—门控开关;3—室内灯;4—室内灯手控开关;5—示宽灯;6—尾灯;
7—牌照灯;8—仪表灯;9—灯控开关;10—变光开关;11—远光指示灯;12—前照灯;13—超车灯开关。

图 3-35 常见照明系统电路

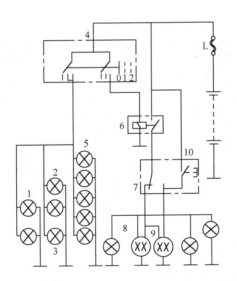

1—示宽灯;2—尾灯;3—牌照灯;4—灯控开关;5—仪表灯;6—前照灯继电器;7—变光开关;
8—远光灯及远光指示灯;9—近光灯;10—超车灯开关。

图 3-36 带前照灯继电器的照明系统电路

2. 典型照明系统的电路

(1) 东风 EQ1118GA 汽车照明系统。东风 EQ1118GA 汽车照明系统的电路如图 3-37 所示,主要由灯控开关、远光继电器、近光继电器、变光和超车灯开关、前照灯、各种小灯和雾灯组成。图中"W22"的含义为:"W"表示导线,"22"表示线号,其颜色需要查表 3-2 获得。

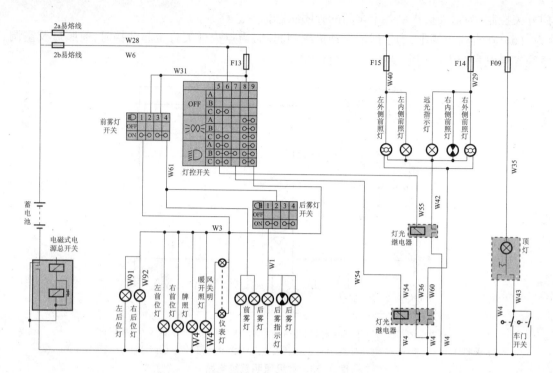

图 3-37 东风 EQ1118GA 汽车照明系统的电路

表 3-2 东风 EQ1118GA 汽车导线代号与颜色对照表

导线代号	导线颜色	导线代号	导线颜色	导线代号	导线颜色
W1	绿/蓝色	W31	绿/蓝色	W54	红/蓝色
W3	绿/白色	W35	红色	W55	红/黄色
W4	黑色	W36	白色	W60	红/黑色
W6	红色	W40	红/绿色	W61	红/蓝色
W28	白色	W42	红/白色	W91	白色
W29	红/黄色	W43	绿色	W92	白色

① 小灯电路。灯控开关置于 1 挡，小灯点亮。从图 3-37 可知，小灯电路为：蓄电池正极→易熔线 2b→导线 W6（红色）→熔断器 F13→导线 W31（绿/蓝色）→灯控开关"8"端子→灯控开关 1 挡→灯控开关"9"端子→导线 W3（绿/白色）→各种小灯（仪表灯、暖风开关照明灯、前位灯、后位灯）→搭铁→电磁式电源总开关→蓄电池负极。

② 前照灯电路。灯控开关置于 2 挡，前照灯点亮。分析图 3-37，可画出前照灯的电路如图 3-38 所示。

第3章 汽车主要电气系统的电路分析　91

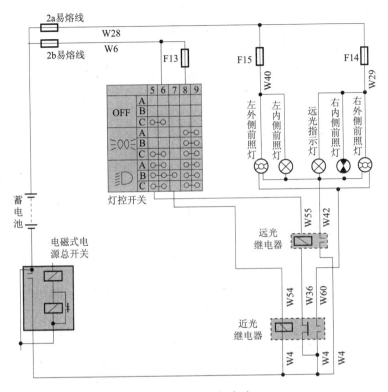

图3-38　前照灯电路

（2）捷达轿车前照灯工作电路。捷达轿车前照灯的工作电路如图3-39所示，主要由蓄电池、点火开关、熔断器、灯控开关及变光/超车灯开关等组成。其工作过程如下。

① 接通点火开关，车灯开关 E_1 置于2挡（前）位置，变光开关 E_4 处于0（近光）位置。此时前照灯电路中的工作电流由蓄电池正极→点火开关"X"端子→车灯组合开关"X"端子→灯控开关2挡→车灯组合开关"56"端子→变光开关0挡→车灯组合开关"56b"端子→熔断器 S_1 与 S_2→前照灯近光灯丝→搭铁→蓄电池负极，于是两前照灯近光灯点亮。

② 在上述前照灯近光工作的情况下，将变光开关远光 E_4 朝转向盘方向拉过压力点，使变控开关 E_4 处于1挡，此时前照灯电路中的工作电流由蓄电池正极→点火开关"X"端子→车灯组合开关"X"端子→灯光开关2挡→车灯组合开关"56"端子→变光开关1挡→车灯组合开关"56a"端子→熔断器 S_{11} 与 S_{12}→前照灯远光灯丝及远光指示灯→搭铁→蓄电池负极，于是前照灯远光及仪表板中的远光指示灯均被点亮。

③ 超车时，只需将变光开关 E_4 朝转向盘方向拉至压力点，此时超车灯电路工作电流由蓄电池正极→车灯组合开关"30"端子→变光开关超车挡位→车灯组合开关"56a"端子→熔断器 S_{11} 与 S_{12}→前照灯远光灯丝及远光指示灯→搭铁→蓄电池负极，于是前照灯远光及仪表板中的远光指示灯同时点亮。当松开开关手柄时，前照灯远光及远光指示灯同时熄灭；再将该开关拉动，前照灯远光及远光指示灯又被点亮，如此反复地操纵变光/超车灯开关，即可得到前照灯远光闪亮的超车信号。

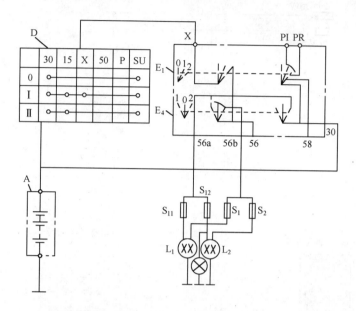

A—蓄电池；D—点火开关；E_1—灯控开关；E_4—变光/超车开关；
S_1、S_2、S_{11}、S_{12}—熔断器；L_1—左前照灯；L_2—右前照灯。

图 3-39 捷达轿车前照灯工作电路

 **案例解析**

东风 EQ1118GA 汽车小灯不亮案例解析。

小灯电路如图 3-40 所示。

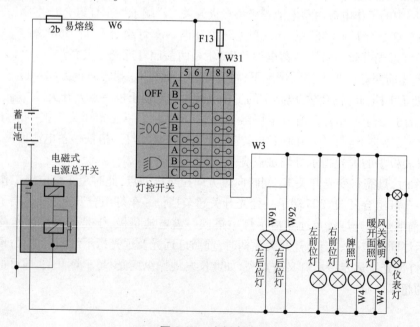

图 3-40 小灯电路

1. 故障现象

灯控开关置于1挡,小灯不亮。

2. 故障原因

(1) F13 熔断器损坏。

(2) 灯控开关损坏。

(3) 灯泡损坏。

(4) 导线断路。

3. 故障诊断与排除方法

(1) 检查熔断器盒F13 熔断器是否正常。若不正常,查明原因后进行更换。

(2) 检测 F13 熔断器的电压是否正常(蓄电池电压24 V 左右)。若不正常,检查F13 熔断器与 2b 易熔线之间的红色导线(W6)。

(3) 检测灯控开关8号端子的电压是否正常(蓄电池电压24 V 左右)。若不正常,检查F13 熔断器与灯控开关之间的绿/蓝色导线(W31)。

(4) 将灯控开关置于1挡,检测灯控开关8号端子与9号端子是否导通。若不导通,说明灯控开关损坏,更换灯控开关。

(5) 检测灯控开关与小灯之间的导线是否断路。若不正常,检修或更换相应的导线。

3.4.2 信号系统

信号系统主要由转向信号系统、倒车信号系统、制动信号系统和喇叭信号系统等组成。

1. 转向信号系统

转向信号系统由转向灯开关、闪光器、转向信号灯和转向指示灯等组成。

转向灯开关装在转向盘下部的转向柱上,由驾驶员操纵,具有自动回位机构,当汽车转弯后,随着转向盘的回位,能将转向开关自动地回到原始的断开位置。

转向信号灯的功能是:汽车转向时告知周围车辆和行人的灯具,发出亮、灭交替的闪光信号,颜色为琥珀色,受转向开关和闪光器控制。

转向指示灯安装在仪表板上,标志汽车转向并指示转向灯的工作情况,它与转向信号灯并联,并一起工作。

1) 转向信号灯控制电路

转向信号灯的电路一般是:电源→熔断器→闪光器→转向灯开关→右(左)转向灯及其指示灯→搭铁。但随车型不同其电路也略有差别。图 3-41 为东风 EQ1090E 转向信号灯控制电路。图 3-42 所示为丰田皇冠车转向信号系统控制电路。

2) 典型转向及危险报警信号系统

图 3-43 所示为捷达轿车转向信号灯及危险报警信号灯工作电路。

(1) 当点火开关转至点火挡时,如果车辆向左转弯行使,将转向开关 E_2 手柄向下扳动,这时转向及报警信号电路中的工作电流由蓄电池正极→点火开关"15"端子→熔断器 S_{17}→危险报警灯开关 E_3 的常闭触点→闪光器"49"端子→闪光器→闪光器"49a"端子→转向灯开关 E_2 的左侧触点→左侧转向灯及转向指示灯→搭铁→蓄电池负极,于是左侧转向灯及转向指示灯闪亮。当转向结束,转向盘回位时会自动将转向开关拨回,转向灯和仪表板上的转向指示灯同时熄灭。当右转向时,工作电流在转向开关处发生改变,变为向右转向灯和右转向指示灯供电。

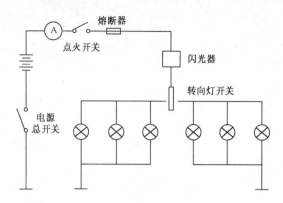

图 3-41　东风 EQ1090E 汽车转向信号灯控制电路

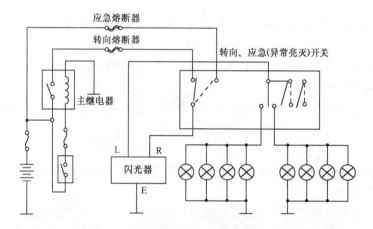

图 3-42　丰田皇冠车转向信号系统控制电路

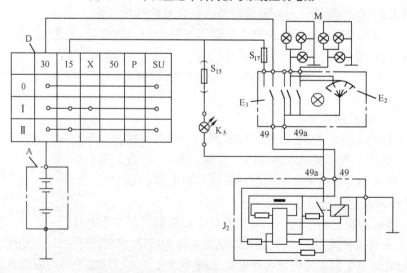

A—蓄电池；D—点火开关；S_{15}，S_{17}—熔断器；M—转向灯泡；K_5—转向指示灯；
E_3—危险报警灯开关；E_2—转向灯开关；J_2—闪光器。

图 3-43　转向信号灯及危险报警信号灯工作电路

（2）当汽车发生故障或有紧急情况时，打开报警灯信号开关，这时前后左右 4 个转向灯一起闪亮，以示警告。无论点火开关处于什么位置，危险报警灯都可以工作。

将危险报警灯开关 E_3 按下，这时危险报警灯电路的工作电流由蓄电池正极→点火开关 30 端子→危险报警灯开关 E_3→闪光器 49 端子→闪光器→闪光器 49a 端子→危险报警灯开关 E_3→转向灯及转向指示灯→搭铁→蓄电池负极，于是前后、左右 4 个转向灯及转向指示灯同时闪亮。

2. 倒车信号系统

倒车信号系统包括倒车灯和倒车蜂鸣器。倒车灯安装在汽车后组合灯内，倒车灯开关安装在变速器盖上，倒车蜂鸣器则单独安装。倒车灯和倒车蜂鸣器由倒车灯开关统一控制。如图 3-44 所示，当变速器挂入倒挡时，倒车灯开关触点闭合，倒车灯和倒车蜂鸣器电路接通，倒车灯点亮，蜂鸣器鸣叫；当变速器摘除倒挡时，倒车灯开关触点断开，倒车灯和倒车蜂鸣器电路切断，倒车灯熄灭，蜂鸣器停叫。

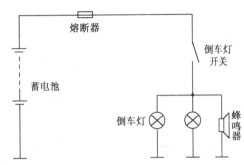

图 3-44　倒车信号系统的工作电路

3. 制动信号系统

制动信号系统包括制动信号灯，制动信号灯装在汽车后组合灯内，是指示汽车停车或减速的指示灯具。在踏下制动踏板时，便发出较强的红光，用以提醒后面的车辆或行人保持安全的距离。

制动信号灯工作电路如图 3-45 所示，主要由蓄电池、熔断器、制动开关和制动灯组成。当驾驶员踩下制动踏板时，制动开关闭合，制动信号灯电路接通，制动灯点亮；当抬起制动踏板时，制动开关断开，制动信号灯电路切断，制动灯熄灭。

制动信号系统的故障诊断与排除方法基本与倒车信号系统相同。

4. 喇叭信号系统

汽车上都装有喇叭，用来警告行人和其他车辆，以引起注意，保证行车安全。为了得到更加悦耳的声音，在汽车上常装有两个不同音调（高、低音）的喇叭。其中高音喇叭膜片厚、扬声筒短，低音喇叭则相反。

1）电喇叭控制电路

电喇叭控制电路有带继电器与不带继电器两类。装用一只喇叭时，喇叭工作电流直接通过喇叭按钮。当装用双喇叭时，因为喇叭消耗电流较大（15～20 A），用按钮直接控制时，按钮容易烧坏。为了避免这个缺点，常采用喇叭继电器，其构造和接线方法如图 3-46 所示。当按下按钮时，线圈因有电流通过而产生电磁吸力，吸下触点臂，使触点闭合接通喇叭电路。因喇叭的大电流不再经过按钮，从而保护了喇叭按钮。当松开按钮时，线圈内电流中断，磁力消失，触点在弹簧作用下断开，即可切断喇叭电路，使喇叭停止发音。

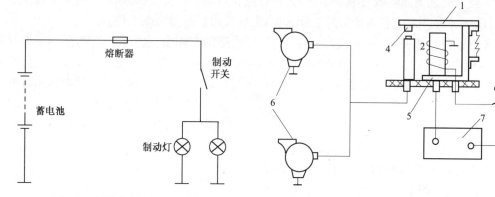

图 3-45 制动信号灯工作电路

1—活动触点臂;2—线圈;3—按钮;
4—触点;5—铁芯;6—喇叭;7—蓄电池。

图 3-46 电喇叭控制电路

2)典型喇叭控制电路

东风 EQ1118GA 汽车喇叭控制电路如图 3-47 所示。

(1)当喇叭转换开关置于电喇叭挡时,按下喇叭按钮,喇叭继电器触点闭合,电喇叭开始鸣响。电喇叭电路为:蓄电池正极→易熔线 2a→导线 W28→熔断器 F12→喇叭继电器触点→导线 W12→喇叭转换开关"6"端子→喇叭转换开关"7"端子→导线 W58→电喇叭→搭铁→电磁式电源总开关→蓄电池负极。

(2)当喇叭转换开关置于气喇叭挡时,按下喇叭按钮,喇叭继电器触点闭合,气喇叭电磁阀电路导通,气流使气喇叭开始鸣响。气喇叭电磁阀的电路为:蓄电池正极→易熔线 2a→导线 W28→熔断器 F12→喇叭继电器触点→导线 W12→喇叭转换开关"1"端子→喇叭转换开关"2"端子→导线 W62→气喇叭电磁阀→搭铁→电磁式电源总开关→蓄电池负极。

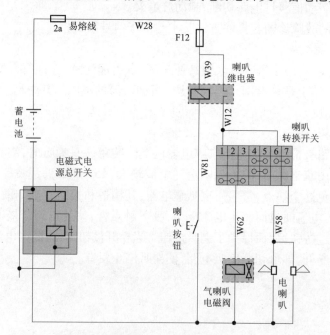

图 3-47 东风 EQ1118GA 汽车的电喇叭和气喇叭电路

3.5 仪表系统

汽车仪表系统由各种指示仪表、指示灯、报警灯和电子显示器件等组成。电子显示器件包括发光显示器件、线条图形显示器件以及液晶显示屏等。随着新型传感器、电子显示器件以及电子技术在汽车上的广泛应用,汽车仪表电子化已经成为显示汽车信息的发展潮流。汽车仪表通常都安装在仪表盘上组成一个总成,称为组合仪表盘。汽车仪表按特点可分为传统仪表系统和电控仪表系统(即微机控制仪表系统)。

3.5.1 仪表系统电路特点

汽车仪表与报警系统受点火开关控制。当点火开关接通时,仪表与报警系统与电源接通;当点火开关关闭时,仪表与报警系统与电源断开。

当汽车装有电流表时,它串联在蓄电池和发电机之间。当汽车装有电压表时,它并联在电源正负极之间。

汽车仪表一般由指示表和传感器组成。指示表有电热式和电磁式两种,传感器有电热式和可变电阻式两种,其匹配方式如下。

(1) 电热式指示表与电热式传感器。图3-48所示为电热式水温表与电热式传感器的连接电路,指示表与传感器串联。指示表有2个接线端子,一个通过点火开关和熔断器与蓄电池正极连接,另一个与传感器的接线端子连接。

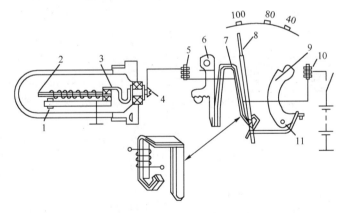

1—固定触点;2—双金属片;3—接触片;4、5、10—接线柱;6、9—调节齿扇;
7—双金属片;8—指针;11—弹簧片。
图3-48 电热式水温表与电热式传感器的连接电路

(2) 电磁式指示表与可变电阻式传感器。图3-49所示为电磁式机油压力表与可变电阻式传感器的电路。指示表有3个接线端子,一个通过点火开关和熔断器与蓄电池正极连接,另一个搭铁,第三个与传感器的接线端子连接。

(3) 电热式指示表与可变电阻式传感器。图3-50所示为电热式燃油表与可变电阻式传感器的连接电路。为了防止电源电压波动对指示精度的影响,此种形式指示表与传感器连接一般都安装有仪表稳压器。

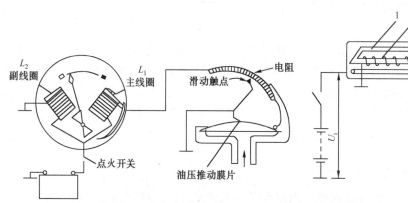

图 3-49 电磁式机油压力表与可变电阻式传感器的电路

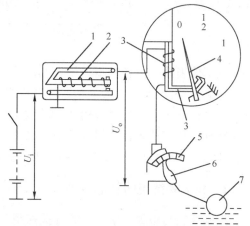

1—稳压电源;2—加热线圈;3—双金属片;4—指针;5—可变电阻;6—滑片;7—浮子。

图 3-50 电热式燃油表与可变电阻式传感器的连接电路

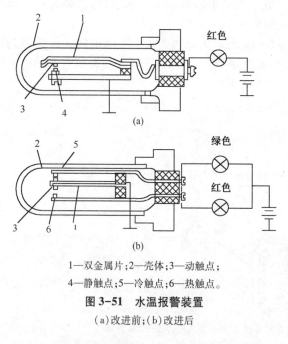

1—双金属片;2—壳体;3—动触点;4—静触点;5—冷触点;6—热触点。

图 3-51 水温报警装置
(a)改进前;(b)改进后

报警装置一般由传感器、报警灯(或蜂鸣器)组成。报警灯通常安装在仪表盘上,功率为 1~3 W,在灯泡前有滤光片,以使灯泡发黄或红光,滤光片上通常有图形符号。

图 3-51 所示为水温报警装置。当冷却水温升高到 95 ℃时,双金属片 1 向静触点 4 方向弯曲,使两触点接触,红色警告灯亮,如图 3-51(a)所示。加以改进的警告灯如图 3-51(b)所示。双金属片开关具有一单刀双掷动作。当水温低于 66 ℃时,开关电路经绿色指示灯搭铁,绿色指示灯亮,向驾驶员提供发动机过冷的警告。随着冷却液温度的升高,双金属开关臂脱离"冷"触点,处于"冷"和"热"触点之间的某一位置。当发动机水温超过 95 ℃时,双金属片向"热"触点方向弯曲,与"热"触点闭合,红色指示灯亮,表示发动机过热。

为了便于安装和维修,一般将各种汽车仪表和报警装置的电路采用集中薄膜印刷电路。图 3-52 所示为常见汽车仪表与报警系统的电路。

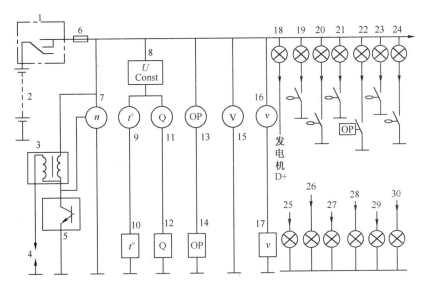

1—点火开关;2—蓄电池;3—点火线圈;4—火花塞;5—点火模块;6—熔断器;7—发动机转速表;
8—仪表稳压器;9—发动机冷却系统温度表;10—温度表传感器;11—燃油表;12—燃油表传感器;13—机油压力表;
14—机油压力表传感器;15—电压表;16—车速表;17—车速表传感器;18—充电指示灯;19—驻车制动指示灯;
20—制动液面报警灯;21—门未关报警灯;22—机油压力报警灯;23—备用报警灯;24—水位过低报警灯;
25—远光指示灯;26,27—左右转向指示灯;28—座椅安全带未系报警灯;
29—防抱死制动指示灯(ABS);30—巡航控制指示灯。

图 3-52 常见汽车仪表与报警系统的电路

3.5.2 典型仪表电路

东风 EQ1118GA 汽车仪表与报警系统的电路如图 3-53 所示,其主要由指示表和报警装置两部分组成。指示表主要由机油压力表、水温表、燃油表、发动机转速表、电压表等组成。报警装置主要由水位过低/水温过高报警灯、气压过低报警灯、机油压力过低报警灯、驻车制动指示灯、空滤阻塞指示灯(选装)等组成。

下面以水温表、水位过低/水温过高报警灯为例,分析其电路导通情况。当点火开关置于"ON"挡时,点火开关继电器触点闭合,仪表电路接通。

水温表电路为:蓄电池正极→易熔线 2b→点火开关继电器触点→熔断器 F04→导线 W13→水温表(仪表盘)→导线 W14→水温传感器(安装在发动机上)→搭铁→电磁式电源总开关→蓄电池负极。

水位过低/水温过高报警灯电路为:蓄电池正极→易熔线 2b→点火开关继电器触点→熔断器 F04→导线 W13→水位过低/水温过高报警灯(仪表盘)→导线 W25→水温传感器(安装在发动机上)→搭铁→电磁式电源总开关→蓄电池负极。

分析后,汽车的水温表与报警装置的电路如图 3-54 所示。

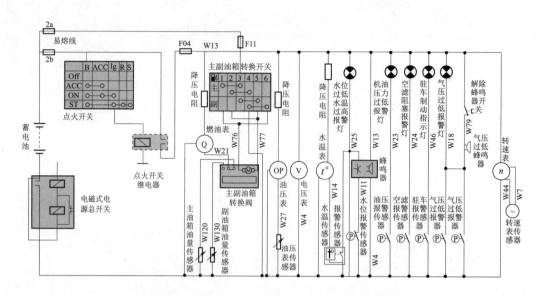

图 3-53 东风 EQ1118GA 汽车仪表与报警系统的电路

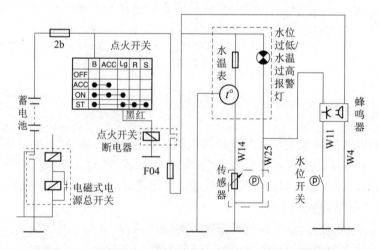

图 3-54 东风 EQ1118GA 汽车的水温表与报警装置的电路

3.5.3 电控仪表系统

1. 电控仪表系统的组成

如图 3-55 所示,电控(微机控制)仪表系统主要由各种传感器、ECU 和各种电子显示器件组成,其中 ECU 和各种电子显示器件一般集中安装于仪表盘内。ECU 利用各种传感器传来的信号,进行计算,以确定车辆的行驶速度、发动机转速、发动机冷却液温度、燃油量及车辆其他情况的测量数据,并将这些数据以数字或条形图形式显示出来。

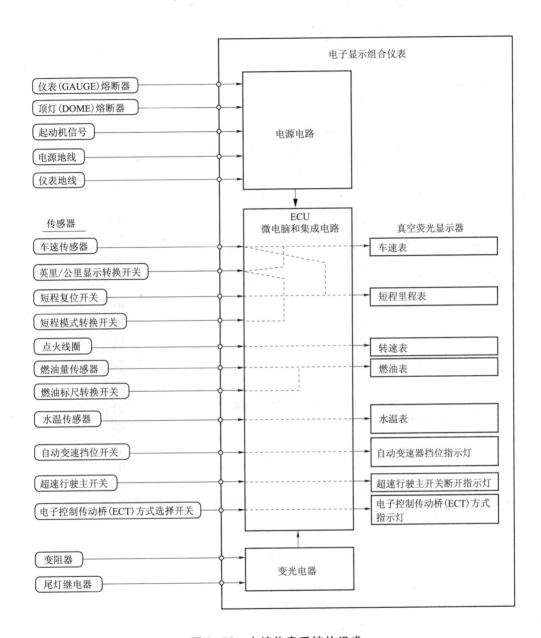

图 3-55 电控仪表系统的组成

2. 典型电控仪表系统

如图 3-56 所示,猛士 EQ2050 汽车采用电控(微机控制)仪表系统。ECU 和各种电子显示器件一般集中安装于仪表盘内。电子显示器件主要包括各种指示表和指示灯(或报警灯),指示表的表针采用步进电动机进行驱动;仪表指示灯均采用高亮度发光二极管。

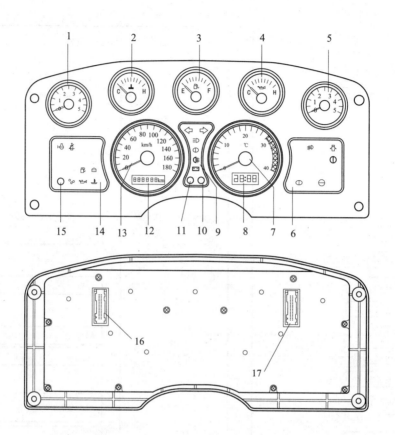

1—前轮气压表；2—水温表；3—燃油表；4—机油压力表；5—后轮气压表；
6—右侧指示灯区域；7—发动机转速表；8—时钟；9—中部指示灯区域；
10—时钟调节按钮(分钟)；11—时钟调节按钮(小时)；12—里程表；
13—车速表；14—左侧指示灯区域；15—累计日计调节按钮；
16—插座A(棕色26针)；17—插座B(黑色26针)。

图 3-56　猛士 EQ2050 汽车仪表盘

猛士 EQ2050 汽车的仪表盘内部电路如图 3-57 所示，猛士 EQ2050 汽车的仪表系统电路如图 3-58 所示。

仪表的电源电路为：蓄电池正极→166 黄色导线→插接器"B25"和"B26"端子→仪表盘→插接器"B21"和"B22"端子(或插接器"A25"和"A26"端子)→搭铁→蓄电池负极。当点火开关置于"ON"时，仪表 ECU 从"A9"端子接收点火开关接通信号，控制各指示表和指示灯工作。各指示表和指示灯状态取决于各传感器的输入信号。

第3章 汽车主要电气系统的电路分析

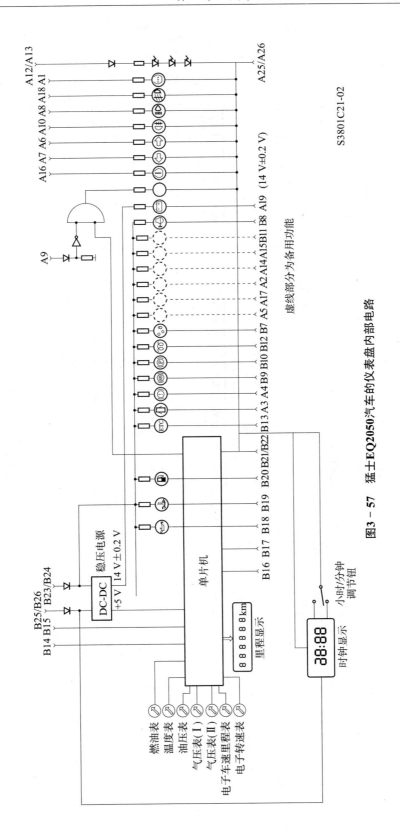

图3-57 猛士EQ2050汽车的仪表盘内部电路

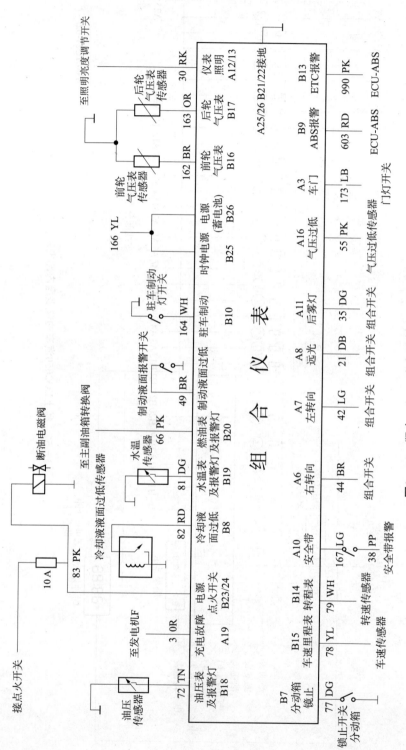

图3-58 猛士EQ2050汽车的仪表系统电路

案例解析

东风 EQ1118GA 汽车水温表始终指示在"C"刻度下不动案例解析。

东风 EQ1118GA 水温表与报警装置的电路如图 3-59 所示。水温传感器和水温过高报警开关制成一体，安装在一缸气缸盖附近。水位过低报警开关安装在水箱上，当水箱内的水位过低时，将点亮水温过低/水位过高报警灯。

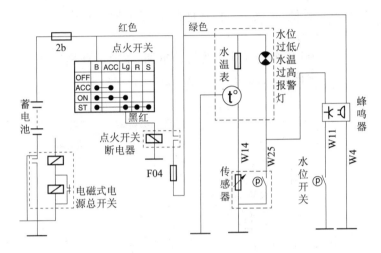

图 3-59　EQ1118GA 汽车水温表与报警装置的电路

1. 故障现象

发动机工作时，水温表始终指示在"C"刻度下不动。

2. 故障原因

(1) 水温传感器损坏。

(2) 导线断路。

(3) 水温指示表损坏。

3. 故障诊断与排除方法

(1) 将点火开关置于"ON"挡位，查看仪表盘上其他仪表指针是否摆动。若不正常，按"仪表均无指示"故障排除。

(2) 拆下发动机水温传感器上的插接器，并将绿/白色导线(W14)瞬间搭铁，查看水温表指针是否向"H"方向摆动。若摆动，说明水温传感器损坏，更换水温传感器。

(3) 检查水温传感器与仪表盘之间绿/白色导线(W14)是否断路。若不正常，检修或更换此导线；若正常，说明水温指示表损坏，需更换。

3.6 辅助电器系统

3.6.1 进气预热系统电路分析

为改善汽车的冷起动性能,在汽车上特别是在大、重型货车上安装有进气预热系统。

1. 火焰式进气预热系统

图 3-60 所示为 SX2190 货车进气预热系统的电路,主要由预热控制器 A24、温度传感器(安装在发动机水道上)、电磁阀、电热塞 R4、电热塞 R5 和预热指示灯等组成。

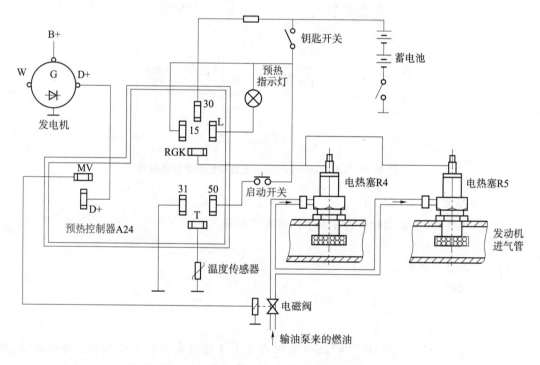

图 3-60　SX2190 货车进气预热系统的电路

斯太尔汽车进气预热系统的电路分为:电源电路、输入信号电路和输出信号电路。

(1) 电源电路。预热控制器通过接线端子 30 与蓄电池正极连接,通过接线端子 31 搭铁与蓄电池负极连接。

(2) 输入信号电路。预热控制器通过接线端子 15 接收钥匙开关(也称为点火开关)信号,据此信号,控制器开始工作;通过接线端子 T 接收温度传感器信号,据此信号,控制器判断是否工作,决定电热塞加热的时间;通过接线端子 50 接收起动开关信号,若在 30 s 内不起动发动机,电路自动停止工作;通过接线端子 D+接收发电机输出信号,预热控制器据此信号和温度信号,预热一段时间后,停止电磁阀供电,切断燃油供给。

(3) 输出信号电路(结果)。预热控制器通过接线端子 L 控制预热指示灯各种亮、灭或闪烁状态;通过接线端子 FGK 控制火焰预热电热塞是否通电,并控制导电时间长短;通过接线端子 MV 控制电磁阀导通时机。

2. PTC 陶瓷式进气预热系统

图 3-61 所示为解放 CA1122P1K2S 汽车进气预热系统的电路,主要由蓄电池、点火开关、预热按钮、预热控制器、预热指示灯(安装在预热按钮内)、预热继电器、PTC 陶瓷预热器和行程电磁铁等组成。

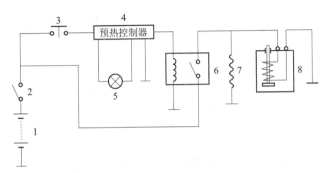

1—蓄电池;2—点火开关;3—预热按钮;4—预热控制器;5—预热指示灯;
6—预热继电器;7—PTC 陶瓷预热器;8—行程电磁铁。

图 3-61 解放 CA1122P1K2S 汽车进气预热系统的电路

当点火开关接通时,只要按下预热按钮,预热控制器电源电路便接通。其电源电路为:蓄电池正极→点火开关→预热按钮→预热控制器→搭铁→蓄电池负极。

当预热控制器电源电路接通时,预热控制器就开始工作:一是控制进气预热指示灯点亮,二是控制预热继电器的触点闭合,三是发出起动信号。

当预热继电器的触点闭合时,一是行程电磁铁电路接通,拉动阻风门,使阻风门关闭,改变进入气缸空气的通道;二是 PTC 预热器的电路接通,预热开始。

行程电磁铁电路为:蓄电池正极→点火开关→预热继电器触点(此时处于闭合状态)→行程电磁铁的线圈→搭铁→蓄电池负极。

PTC 预热器电路为:蓄电池正极→点火开关→预热继电器触点(此时处于闭合状态)→PTC 预热器→搭铁→蓄电池负极。

预热控制器从预热开始计时,4~6 min 后,控制进气预热指示灯闪烁,同时控制蜂鸣器鸣叫,这时驾驶员可以起动发动机。

3. 分缸电热塞式进气预热系统

图 3-62 所示为勇士汽车分缸电热塞式进气预热系统的电路,主要由电热塞、预热控制器、点火开关、预热继电器、水温传感器、车速传感器、溢流电磁阀和预热指示灯等组成。

分缸电热塞式进气预热系统的电路主要由电源电路、输入信号电路、输出信号电路组成。

(1) 电源电路。预热控制器通过接线端子 10 与蓄电池正极连接,通过接线端子 4 搭铁与蓄电池负极连接。

(2) 输入信号电路。预热控制器通过接线端子 6 接收点火开关 ON 信号,据此信号,预热控制器开始工作;通过接线端子 6 接收温度传感器信号,据此信号,预热控制器判断是否工作,决定电热塞加热的时间;通过接线端子 7 接收点火开关 ST 起动信号,若在 10 s±2 s

内不起动发动机,电路自动停止工作。另外,预热控制器通过接线端子 2 接收车速传感器信号。

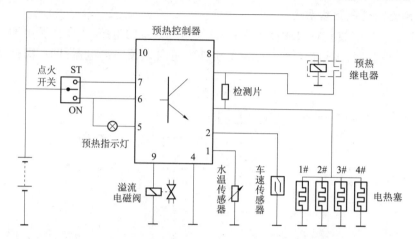

图 3-62 勇士汽车分缸电热塞式进气预热系统的电路

(3) 输出信号电路(结果)。预热控制器通过接线端子 5 控制预热指示灯各种亮、灭或闪烁状态;通过接线端子 9 控制溢流电磁阀是否通电开启;通过接线端子 8 控制预热继电器是否工作,从而控制电热塞是否通电加热,并通过控制预热继电器工作时间长短,来确定电热塞通电加热的时间。

3.6.2 电动刮水器电路分析

1. 双速刮水电动机的控制电路

双速刮水电动机的控制电路如图 3-63 所示。通过控制开关,可实现刮水器的低速运转、高速运转及停机复位等功能。

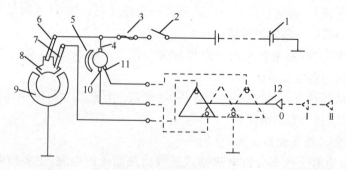

1—蓄电池;2—电源开关;3—熔断器;4、10、11—电刷;5—永久磁铁;
6、7—自动复位触片;8、9—自动复位滑片;12—刮水器变速开关。
图 3-63 双速刮水电动机的控制电路

当电源开关接通,刮水器变速开关 12 接到"Ⅰ"挡时,电流由蓄电池正极→电源开关 2→熔断器 3→电刷 4→电枢→电刷 10→变速开关"Ⅰ"挡搭铁,最后回到负极。这时电枢在永久磁场作用下转动,转速较低。

当变速开关 12 拉到"Ⅱ"挡位置时,电流由蓄电池正极→电源开关 2→熔断器 3→电刷

4→电枢→电刷 11→变速开关"Ⅱ"挡,回到负极。此时由于电刷 4 与偏置电刷 11 通电,电动机转矩增大,其转速升高。

当变速开关拨到"0"时,如果刮水片没有停到适当位置,此时自动复位触片 7 与自动复位滑片 9 接触,电流由蓄电池→电源开关→熔断器→电刷 4、10→触片 7→滑片 9→搭铁,电动机继续转动。当摇臂摆到应停位置时,触片 7 与滑片 9 脱开,同时触片 6、7 和滑片 8 接触,使电枢短路,刮水片停到挡风玻璃下缘的适当位置。

2. 间歇式电动刮水器电路分析

刮水系统的间歇功能主要靠间歇控制器来实现,一般由间歇控制器、刮水器开关、洗涤电动机、刮水电动机等组成,工作原理如图 3-64 所示。

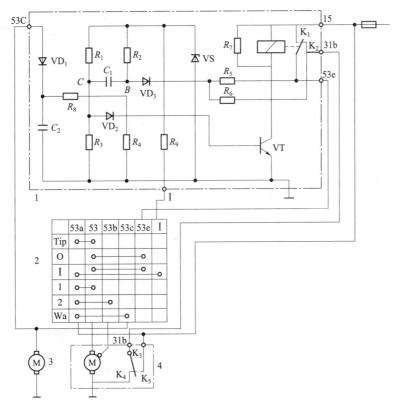

1—间歇控制器;2—刮水器开关;3—洗涤电动机;4—刮水器开关;
Tip—点动;O—停;I—间歇;1—慢速;2—快速;Wa—洗涤。

图 3-64 间歇式电动刮水器的工作原理

间歇控制器的工作原理为:当刮水器开关置于间歇挡(I 挡)时,电源便经熔断器、刮水器开关"53a"端子、刮水器开关内部 I 挡接入间歇控制器的"I"端子。

C_1 被充电。C_1 的充电电路为:蓄电池正极→熔断器→刮水器开关 53a 端子→I 挡→间歇控制器"I"端子→R_9→R_2→C_1→VD_2→三极管 VT 的基极、发射极→搭铁→蓄电池负极。此时 C 点的电位为 1.6 V,B 点的电位为 5.6 V,C_1 两端有 4 V 的电位差。

C_1 充电时,其充电电流为三极管提供偏流,使三极管导通,接通了继电器线圈的电路,继电器的常开触点 K_1 闭合、K_2 打开,电流经 K_1、53e、开关内的"I"挡、53 端子进入刮水电动机的电枢,使刮水电动机慢速旋转,刮水器开始工作。

当刮水片往返一次又回到风窗玻璃的最下位置,刮水电动机也旋转至自动复位时,K_3、K_4接通,使31b端子搭铁,为C_1的放电提供了通路。

C_1放电回路主要有两条。一路经R_2、R_1放电,另一条经VD_3、R_6、31b、电机自动复位触点K_3和K_4、搭铁、稳压管V_S、R_1放电。放电瞬间B点电压突然降到2.8 V,由于C_1原有4 V电位差,使C点电位降为-1.2 V,三极管VT的基极电位翻转为低电平,于是三极管截止,切断了继电器线圈的电路,则其常开触点K_1又断开,常闭触点K_2又闭合,恢复到自然状态时的31b与53e接通,将电阻R_5、R_6并联,加速C_1放电,为C_1的再充电做准备。

随着C_1放电时间的增加,C点电位逐渐升高,当C点电位接近2 V时,三极管又导通,C_1又恢复为充电状态。

可见,只要刮水器开关置于间歇挡,电源便接入间歇控制器的"I"端子,C_1就会不间断地充、放电,三极管就会导通、截止反复翻转,使继电器反复接通与断开,如此形成了间歇刮水的工作状态,刮洗时间为2~4 s,间歇时间为4~6 s,直到断开刮水器开关。

3.6.3 电子除霜加热器电路分析

图3-65所示为一种典型的电子除霜加热器电路,它主要由电热线、传感器、继电器、控制电路、除霜开关以及指示灯等组成。

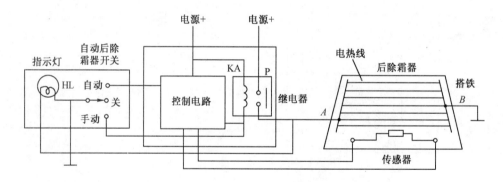

图3-65 典型的电子除霜加热器电路

1. 电热线

当在电热涂料两端加上12 V电压时,即会产生25~30℃的微温,将玻璃加热以消除霜层。

2. 传感器

传感器是一种热敏电阻,一般安装在后窗玻璃下方,用以检测有无积霜。如果有积霜,则传感器电阻减小,控制器就使继电器线圈通电,吸合触点P,使电热线通电。当除霜结束时,玻璃上温度上升,传感器阻值变大,控制电路将继电器断电,使除霜自动停止。

3. 控制电路

控制电路一般主要由分立元件电路或单片集成电路构成。其输入信号有两个:一个是手动/自动除霜开关信号,另一个是传感器信号。传感器信号主要是控制其内的一只电子开关,使电子开关在传感器电阻值减小(也即结霜)时导通,使继电器KA线圈内的电流通路形成,吸合触点P接通,于是给电热线通电加热。

当传感器电阻值增大(即除霜后玻璃温度上升)后,上述电子开关截止,这就切断了 KA 线圈电流,电热线加热停止。

4. 除霜指示灯

除霜指示灯实际上是并联在电热线的两端,受继电器 KA 的控制。当电热线加温时,该指示灯也同时点亮,以示除霜电路处于除霜工作状态。当除霜停止时,该指示灯熄灭。

5. 除霜电路工作原理

(1) 手动除霜。当采用手动除霜时,除霜开关接通到"手动"挡,继电器 KA 线圈内有电流通过,其触点 P 吸合接通,从而形成以下电流回路:蓄电池正极→继电器 KA 的 P 触点(闭合)→电热线 A、B 端→搭铁→蓄电池负极。

此时,除霜指示灯 HL 也点亮,以示除霜状态。除霜器的功率一般在 100 W 左右。

(2) 自动除霜。当采用自动除霜时,控制电路的工作状态受传感器输入信号的控制。当结霜、传感器电阻变小时,起动电热线工作,即开始加热。当温度上升到除完霜后,即传感器的电阻值增大到一定值时,断开电热线电流回路。如此循环,就达到了自动除霜的目的。

3.6.4 电动车窗电路分析

1. 电动车窗玻璃升降系统的基本电路

电动车窗玻璃升降系统一般由电动机、主控开关、分控开关(门窗开关)和门窗升降器组成。其中电动机广泛采用永磁式直流电动机,也有采用双磁场式电动机,如图 3-66 所示。电动机内有两组绕向不同的磁场线圈,分别和开关的升、降接点相连,两个磁场线圈分别工作,使电动机能输出正、反两个方向的转动力矩,从而控制车窗玻璃的升或降。

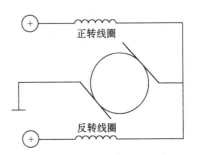

图 3-66 双磁场式电动机结构原理简图

电动车窗玻璃升降系统的基本电路如图 3-67 所示,在电动机上还装有一个断路开关,控制电动机的搭铁线,当车窗玻璃上升或下降到终点时,断路开关把电路切断 40 s 左右,然后再恢复到接通状态。

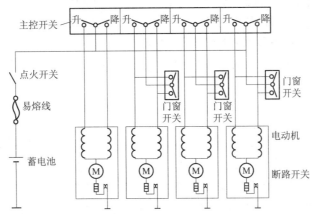

图 3-67 电动车窗玻璃升降系统的基本电路

2. 常见的电动车窗玻璃升降器的工作过程

图 3-68 所示为一种具有 4 个车门的玻璃升降器控制电路,除具有驾驶席主开关外,它还由各个车门开关、乘客车窗玻璃升降的驱动电动机,以及前驱动器(包括开关、电动机)等组成。

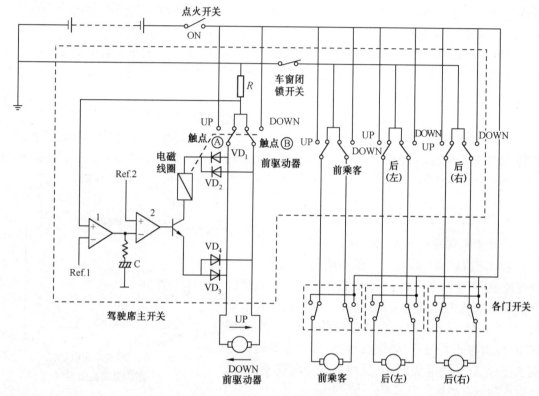

图 3-68 电动车窗玻璃升降器控制电路

(1) 手动操作控制玻璃升降。当把手动推向车辆前方时,车窗玻璃即上升。此时,触点Ⓐ与"UP"(向上)接点相连,触点Ⓑ处于原来状态,电动机按"UP"箭头方向通过电流,车窗玻璃上升且关闭;当把手离开调节柄时,利用其开关自身的回复力,此时开关回到中立位置。若把手动调节柄推向车辆后方,触点Ⓐ保持原位不动;而触点Ⓑ则与"DOWN"(向下)侧相接,电动机所通过的电流按"DOWN"箭头所示的方向流动,电动机反转,以实现车窗玻璃向下移动,直至下降到底。

(2) 自动控制玻璃升降。当把自动旋钮压向车辆前方时,触点Ⓐ与"UP"侧相接,电动机按"UP"箭头方向通过电流,门窗玻璃上升且关闭;与此同时,电阻 R 上电压降低,此电压加于比较器 1 的一端,它与参考电压 Ref.1 进行比较。Ref.1 的电压值设定为相当于电动机锁止电流值约 15 A,通常为比较器 1 的低电位端("-"端);而比较器 2 的参考电压 Ref.2 通常设定为小于比较器 1 的输出,且为高电位端("+"端)。所以,比较器 2 的输出为高电位,使三极管正偏而导通,电磁线圈通过较大的电流,其路径为:蓄电池正极→点火开关→"UP"→触点Ⓐ→二极管 D_1→电磁线圈→三极管→二极管 D_4、触点Ⓑ→电阻 R→搭铁(蓄电池负极)。此电流产生较大的电磁力,吸引驱动器开关的柱塞,使棘爪板向上升,越过棘爪板凸缘的滑锁,在原来位置被锁定,这样即使把手离开自动调节柄,开关仍会保持原来的状态。

当门窗玻璃上升至终点位置时,在电动机上有锁止电流流动,电阻 R 上的电压降增大,当此电压超过参考电压 Ref.1 时,比较器 1 的输出由低电位转变为高电位,此时,电容器 C 开始充电,当电容器 C 两端电压上升至超过比较器 2 的参考电压 Ref.2 时,比较器 2 则输出低电位,三极管立即截止,电磁线圈中的电流被切断,棘爪板在滑锁内由弹簧的反力被压下,自动调节柄自动回复到中立位置,触点Ⓐ搭铁,电动机停转。

门窗玻璃自动下降的工作情况与上述情况相反,操作时只需将自动调节柄压向车辆后方即可。

3.6.5 电动后视镜电路分析

后视镜角度的调整一般比较麻烦,采用电动后视镜,驾驶员坐在座椅上通过电动机就可以方便快捷地对后视镜的后视角度进行任意调节。

电动后视镜主要由调整开关、电动机、传动和执行机构等组成。图 3-69 为一种较典型后视镜控制电路示意图,其控制原理如下。

(1) 后视镜向上摆动。以右侧后视镜为例,其向上摆动时的原理如下。将滑动开关从中央位置拨至右边,按下控制按钮的上端,此时形成了如下的电流通路:蓄电池正极→点火开关 SA→熔断器 FU→按钮开关接线端子 B→接线端子 V2→电动机M3→接线端子 C→搭铁端子 E→蓄电池负极。这一电路使电动机 M3 中有电流流过,电动机产生的转矩带动右侧后视镜向上摆动。

(2) 后视镜向下摆动。将滑动开关从中央位置拨至右边,按下控制按钮的下端。此时形成了如下的电流通路:蓄电池正极电流→点火开关 SA→熔断器 FU→按钮开关接线端子 B→接线端子 C→M3 的下端接线柱→V2 接线柱端→E 搭铁端→蓄电池负极。这一电路使电动机 M3 中有与上述电流流向相反的电流流过,M3 以改变转动方向的转矩,带动右侧后视镜向下摆动。

有些汽车的后视镜控制电路中具有存储功能,它由驱动位置存储器、回复开关和位置传感器等组成。用以将上述操作功能的数据自动存储在存储器中。如果需要,可直接将存储器中

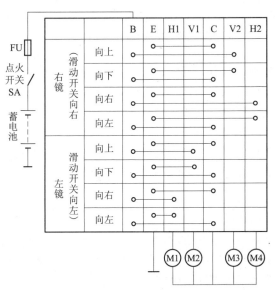

图 3-69 丰田皇冠后视镜控制电路示意图

存储的数据调出使用。

3.6.6 中控门锁电路分析

1. 普通中央控制门锁电路

桑塔纳2000系列轿车装备了中央控制门锁装置。门锁的锁定与开启有两种方式可供选择。一种方式是独立地按下或提起位于右前门、右后门和左后车门上的门锁按钮,可分别锁定或开启这三个车门锁;另一种方式是通过设在左前门上的门锁按钮或门锁钥匙对4个车门门锁的锁闭和开启进行集中控制。为此右前门、左后门和右后门各自采用手动和电动机驱动同步联动的门锁锁定与开启装置。左前门的门锁只有通过钥匙(车外钥匙)和按钮(车内锁门)手动进行锁定和开启操作。但门锁操纵机构通过一个联动的连杆同步带动一个集控开关,通过该开关可以同时控制其他车门的锁定与开启机构,对各自的车门门锁进行集中的操纵。

中央集控门锁电路图如图3-70所示。将左前门的门锁按钮压下,集控开关的触点1与4接通,触点2与6接通。在按钮压下过程中,集控开关附带的控制触点K闭合,使门锁继电器J_{53}的触点闭合。这时A路电源经熔断器、门锁继电器J_{53}的闭合触点、集控开关触点6、触点2加至集控门锁内部电源线P_2;与此同时电源的负极经集控开关触点4、触点1加至集控门锁内部电源线P_1。电动机V_{30}、V_{31}和V_{32}反转,锁闭各自门锁。1~2 s后,J_{53}控制其已闭合的触点断开,从而切断了为电动机供电的A路电源,电动机停转,并一直保持此状态。

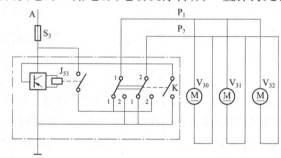

J_{53}—门锁继电器;K—门锁集控开关;V_{30}、V_{31}、V_{32}—门锁电动机。

图3-70 中央集控门锁电路图

若将左前门门锁操纵提钮拔起,集控开关触点1与4、2与6被断开,触点1与3、2与5闭合。在这一过程中,集控开关附带的控制触点K又被短暂闭合,从而使J_{53}的触点再次闭合1~2 s。这时A路电源经J_{53}的闭合触点和集控开关触点3、1加至内部电源线P_1;而电源的负极经集控开关触点5、2加至内部电源线P_2。内部电源的供电电压极性改变,电动机V_{30}、V_{31}和V_{32}正转,带动各自的门锁开启。1~2 s后,J_{53}控制其已闭合的触点断开,电动机停转。

由于图3-70中A路为电源线,与蓄电池直接相连,所以中央集控门锁装置对门锁的控制功能与点火开关的钥匙位置无关。

2. 遥控中央控制门锁电路

遥控中央控制门锁根据发射信号的形式不同又可分为:无线电遥控方式、红外线遥控方式、超声波遥控方式等。在此以雷克萨斯LS400车门锁遥控系统为例,讲述其电路分析方法。

1)雷克萨斯LS400车门锁遥控系统的组成

LS400车门锁遥控系统的电路如图3-71所示。LS400车门锁遥控系统的遥控器安装在

第3章 汽车主要电气系统的电路分析

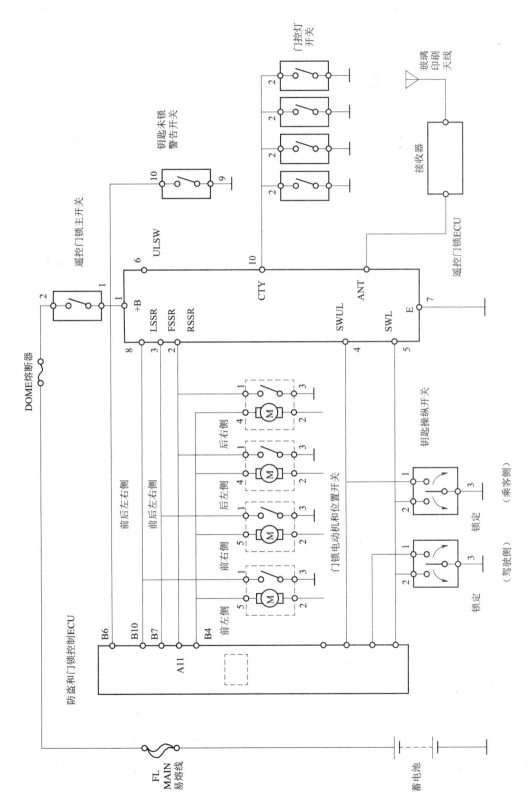

图3-71 LS400车门锁遥控系统的电路

主点火钥匙内,在一定距离范围内,通过微弱无线电波(每把钥匙代码不同)借助于后窗除雾电热丝进入接收器,然后使信号进入防盗 ECU。

2) 电路分析

(1) 遥控门锁 ECU 电源电路。如图 3-71 所示,遥控门锁 ECU 的接线端子+B(1)通过遥控门锁主开关、熔断器(DOME)、易熔线(FL MAIN)与蓄电池正极连接;遥控门锁 ECU 的接线端子 E(7)搭铁。当遥控门锁主开关接通时,遥控门锁 ECU 的电源电路便导通。

(2) 遥控天线电路。当操纵点火钥匙上的发送器时,发送器即发射电磁波,该电磁波以汽车后窗玻璃上的除雾电热丝为天线,然后通过接收器,将其送至遥控门锁 ECU 的端子 ANT。当 ECU 的端子 ANT 接收到该遥控电波信号时,即控制 4 个车门锁自动进行打开或锁住操作。

(3) 门锁位置开关电路。门锁位置开关设在门锁电动机总成内。当门锁处于锁住位置时,开关断开,当门锁处于打开位置时,开关接通。遥控门锁 ECU 的端子 LSSR(8)、FSSR(3)、RSSR(2)分别为左前门、右前门和两后门的门锁位置开关端子。当 4 个车门的任一门锁处于锁住位置时,相对应的 ECU 端子的电压为蓄电池电压 12 V,相反,当门锁处于打开位置时,端子的电压为搭铁电压 0 V。

(4) 钥匙操纵开关电路。钥匙操纵开关设在车门锁芯内。钥匙操纵开关有 3 个接线端子,其中 3 号端子搭铁,1 号、2 号端子分别与遥控门锁 ECU、防盗 ECU 的相应端子连接。

当点火开关接通时,蓄电池电压通过防盗 ECU 加到遥控门锁 ECU 的锁住端子 SWL 和打开端子 SWUL 上,即锁住端子 SWL 和打开端子 SWUL 的电压为 12 V。当钥匙操纵开关锁住端子搭铁时,遥控门锁 ECU 的锁住端子 SWL 的电压为 0 V。当钥匙操纵开关打开端子搭铁时,遥控门锁 ECU 的打开端子 SWUL 的电压为 0 V。

当遥控门锁 ECU 的端子 ANT 接收到点火钥匙发送器发出的遥控电波信号时,根据端子 SWL 和 SWUL 的电压信号,输出打开或锁住所有车门的信号,该信号通过两个 ECU 之间的通信线路 B10-LSSR、B7-FSSR、A11-RSSR 给防盗 ECU,防盗 ECU 即控制门锁锁住或打开。

(5) 钥匙未锁警告开关电路。当钥匙插入点火开关锁芯时,钥匙未锁警告开关接通,遥控门锁 ECU 的端子 ULSW 的电压为 0 V;钥匙未插入时,开关断开,端子 ULSW 的电压为蓄电池电压 12 V。

(6) 门控灯开关电路。控灯开关在车门打开时接通,车门关闭时断开。当任一车门打开时,遥控门锁 ECU 的端子 CTY 的电压为 0 V;当所有车门均关闭时,端子 CTY 的电压为蓄电池电压 12 V。

3.7 发动机电子控制系统

3.7.1 发动机电子控制系统的组成

发动机电子控制系统的核心是 ECU,ECU 根据发动机各种传感器送来的信号,进行燃油喷射控制、点火控制、燃油蒸发回收控制、发动机怠速控制、空调压缩机控制等。

电子控制系统简称电控系统,主要由各种传感器、ECU 和各种执行器组成,如图 3-72

所示。

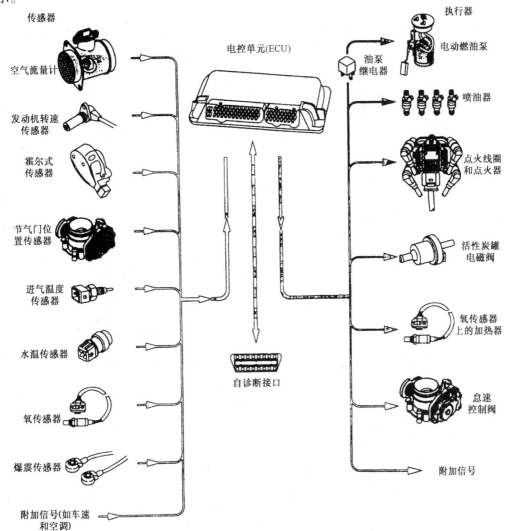

图 3-72 捷达 GT、GTX 轿车发动机电控系统的组成

3.7.2 发动机电子控制系统电路图的组成

不论何种电控发电机,按电路的功能,发动机电控系统电路主要由电源电路、传感器电路和执行器电路组成。富康轿车采用的 TU5JPK 发动机电控系统电路如图 3-73 所示,下面将以此为例加以说明,以达到举一反三的目的。

3.7.3 电源电路

从图 3-73 可以检索到:ECU 的端子 18 直接与电源盒连接,端子 37 通过主继电器与电源盒连接,端子 3 通过惯性开关和主继电器与电源盒连接,端子 14 搭铁。据此,TU5JPK 发动机电控系统的电源电路如图 3-74 所示。

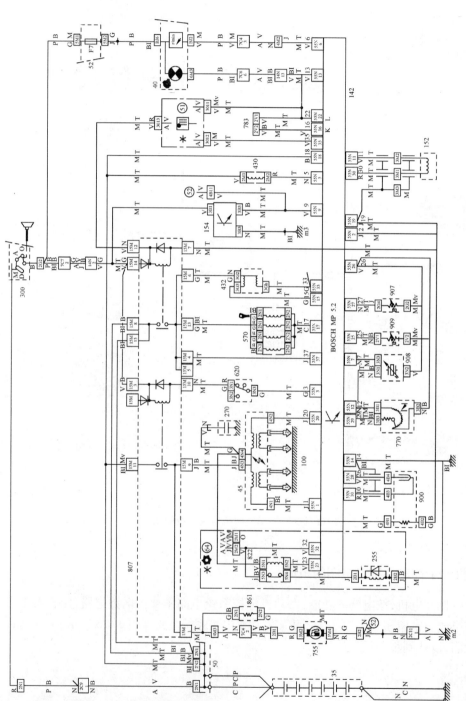

图 3-73　TU5JPK 发动机电控系统电路

35—蓄电池；40—仪表盘；45—点火线圈；50—电喷盒；52—内接熔断器盒；142—发动机电控单元；152—曲轴位置传感器；154—车速传感器；
176—防盗密码控制盒（选装）；255—空调压缩机离合器；270—点火线圈上的电容器；300—点火开关；430—碳罐控制阀；432—怠速控制阀；570—喷油器；
620—惯性开关；755—燃油泵；770—节气门位置传感器；783—故障自诊断插座；807—主继电器；900—氧传感器；
907—进气温度传感器；908—进气压力传感器；909—水温传感器。

3.7.4 传感器电路

1. 进气压力传感器电路

进气压力传感器的电路如图3-75所示。进气压力传感器上有3个接线端子,其中接线端子1与发动机ECU的接线端子12连通;接线端子2与ECU的接线端子26连通,并给该传感器提供5 V电源电压;接线端子3与ECU的接线端子7连通,并将该传感器的产生信号送给ECU。

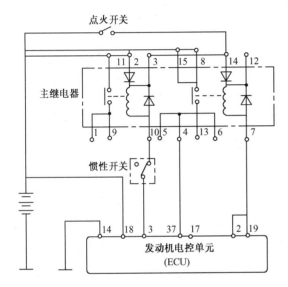

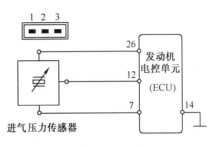

图3-75 进气压力传感器的电路

2. 曲轴位置传感器电路

曲轴位置传感器的电路如图3-76所示。曲轴位置传感器上有3个接线端子,其中接线端子1与发动机ECU的接线端子30连通;接线端子2与ECU的接线端子11连通;接线端子3与ECU的接线端子19连通,为屏蔽线。

图3-74 TU5JPK发动机电控系统的电源电路

3. 节气门位置传感器电路

节气门位置传感器的电路如图3-77所示。节气门位置传感器上有3个接线端子,其中接线端子1与发动机ECU的接线端子12连通;接线端子2与ECU的接线端子26连通,并给该传感器提供5 V电源电压;接线端子3与ECU的接线端子29连通,并将该传感器的产生信号送给ECU。

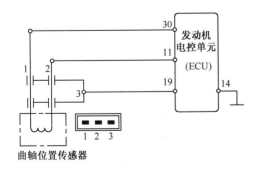

图3-76 曲轴位置传感器的电路

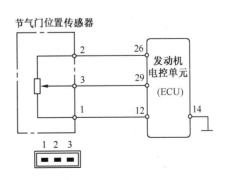

图3-77 节气门位置传感器的电路

4. 进气温度传感器电路

进气温度传感器的电路如图3-78所示。进气温度传感器上有2个接线端子,其中接线端子2与发动机ECU的接线端子26连通,并给该传感器提供5 V电源电压;接线端子4与发动机ECU的接线端子27连通。

5. 水温传感器电路

水温传感器的电路如图3-79所示。水温传感器上有2个接线端子,其中接线端子2与发动机ECU的接线端子26连通,并给该传感器提供5 V电源电压;接线端子1与发动机ECU的接线端子25连通。

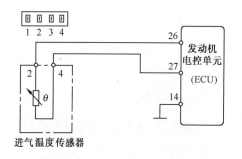

图3-78 进气温度传感器的电路

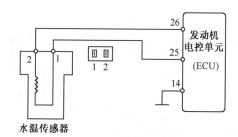

图3-79 水温传感器的电路

6. 氧传感器电路

氧传感器的电路如图3-80所示。氧传感器上有4个接线端子,其中接线端子1通过主继电器与蓄电池连通;接线端子2与发动机ECU的接线端子19或2连通;接线端子3与ECU的接线端子10连通;接线端子4与ECU的接线端子28连通。

7. 车速传感器电路

车速传感器的电路如图3-81所示。车速传感器上有3个接线端子,其中接线端子1通过点火开关与蓄电池连通;接线端子2搭铁;接线端子3是一信号输出线,它与发动机ECU的接线端子9连通。

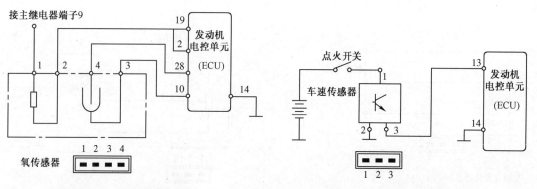

图3-80 氧传感器的电路　　　　图3-81 车速传感器的电路

3.7.5 执行器电路

1. 怠速控制阀电路

怠速控制阀的电路如图3-82所示。怠速控制阀上有3个接线端子,其中接线端子2通过主继电器与蓄电池连通;接线端子1与发动机ECU的接线端子33连通,接线端子3与发动机ECU的接线端子15连通。接线端子1、3接收ECU发出的控制信号。

2. 燃油泵电路

燃油泵的电路如图3-83所示。燃油泵上有2个接线端子,其中接线端子2通过主继电器与蓄电池连通;接线端子4搭铁。

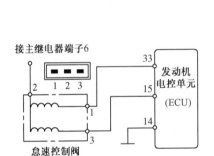

图3-82 怠速控制阀的电路

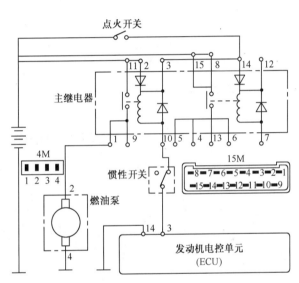

图3-83 燃油泵的电路

3. 喷油器控制电路

喷油器的控制电路如图3-84所示。喷油器上有2个接线端子,其中接线端子1通过主继电器与蓄电池连通;接线端子2与发动机ECU的接线端子17连通。

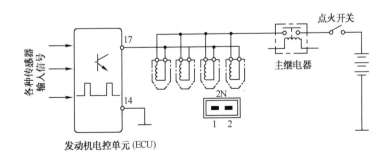

图3-84 喷油器的控制电路

4. 点火系统的电路

点火系统的电路如图3-85所示。点火线圈有4个高压线插孔，分别插接1、2、3、4缸的高压线；另外点火线圈上还有一个插座，插座内有4个接线端子，其中接线端子1与发动机ECU的接线端子1连通；接线端子2与发动机ECU的接线端子20连通；接线端子3、4通过主继电器与蓄电池连通。ECU通过控制接线端子1、20电路的通断来控制点火线圈低压电路的通断。

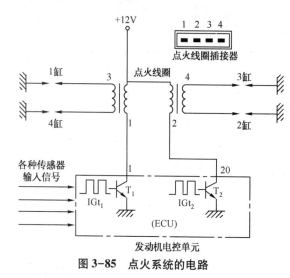

图3-85 点火系统的电路

发动机ECU电源电路的检查

BJ2020VJ汽车发动机ECU电源电路如图3-86所示。接线端子32通过红色导线与蓄电池正极直接连接，ECU根据32号端子获知电源电压信号；接线端子24通过点火开关和黄色导线与蓄电池正极连接，ECU根据24号端子获知点火开关信号；接线端子52通过主继电器触点和浅绿色(带有橙色线条)导线与蓄电池正极连接，ECU根据52号端子获知主继电器工作信号；接线端子2、3、31为ECU的搭铁线。

当点火开关接通时，ECU控制接线端子48搭铁，主继电器电磁线圈电路接通2 s(如果发动机处于运转状态，则主继电器电磁线圈电路一直通电)。此时由于主继电器触点闭合，蓄电池通过主继电器给ECU端子52、油泵、喷油器、怠速控制阀、碳罐电磁阀、氧传感器提供12~14 V的电源电压。

用万用表检测以上ECU各接线端子的电源电压，若不正常，检查相关线路和熔断器。

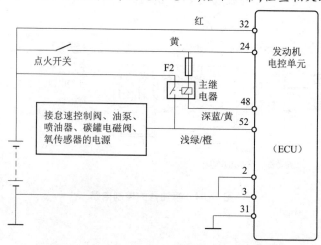

图3-86 BJ2020VJ汽车发动机ECU电源电路

3.8 自动变速系统

3.8.1 自动变速器电子控制系统的组成

如图3-87所示,自动变速器的电控系统由各种传感器、变速器ECU和电磁阀等执行机构组成。ECU采集各种传感器的信号,如:各种转速、负荷、换挡杆的位置、油温、油压、制动等,经过运算后输出信号控制压力调节、流量调节、变矩器锁止、换挡规律的选择和自动升降挡等。

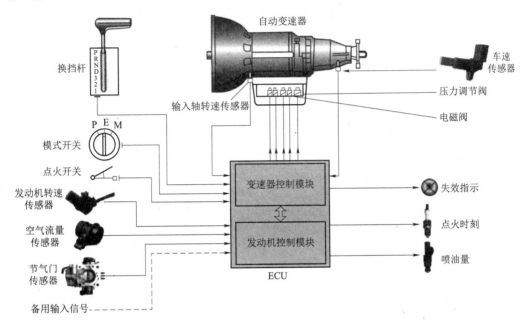

图3-87 自动变速器电控系统的组成

3.8.2 大众01M自动变速器的电路分析

大众宝来轿车01M自动变速器的电路如图3-88所示,主要由自动变速器ECU J217的电源电路、传感器电路、执行器电路组成。

1. ECU J217的电源电路

1)常电源电路

电源正极→常电源"30"线→熔断器S15→插接器的端子T10/5→ECU J217的端子45→ECU J217。

2)条件电源电路

点火开关接通时,自动空调ECU条件电源电路导通供电,其电路为:电源正极→点火开关→"15"线→熔断器S11→插接器的端子T10/1→ECU J217的端子23→ECU J217。

3)搭铁电路

ECU J217→ECU J217的端子1→"31"线→搭铁。

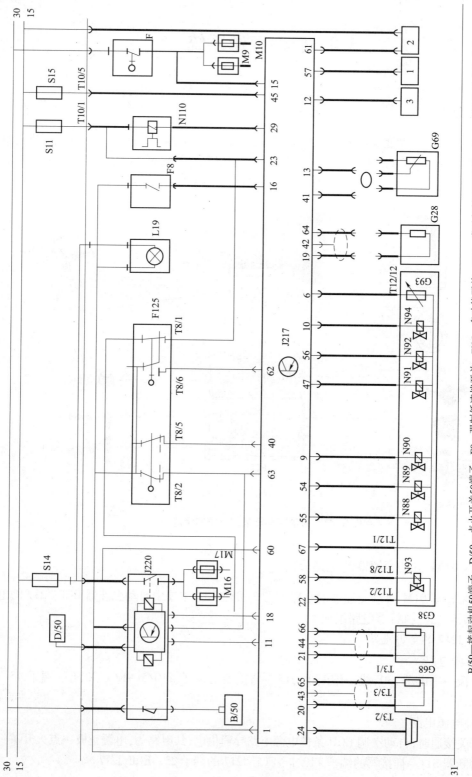

图3-88 宝来轿车01M自动变速器的电路

B/50—接起动机50端子;D/50—点火开关50端子;F8—强制低速挡开关;F125—多功能开关;G28—发动机转速传感器;G38—变速器转速传感器;G68—车速传感器;G69—节气门位置传感器;G93—变速器油温传感器;J217—变速器ECU;J220—发动机ECU;L19—变速器挡位指示灯;M9—左制动灯;M10—右制动灯;M16、M17—左右制动灯;N88—1号电磁阀;N89—2号电磁阀;N90—3号电磁阀;N91—4号电磁阀;N92—5号电磁阀;N93—6号电磁阀(油压调节电磁阀);N110—锁止电磁阀。

2. 传感器电路

1）车速传感器 G68 电路

车速传感器 G68 有 3 个接线端子：T3/1 与 ECU J217 的端子 65 连接，T3/2 与 ECU J217 的端子 20 连接，通过上述电路，车速传感器的电压信号输给 J217，作为换挡和锁止离合器锁止控制的依据；T3/3 与 ECU J217 的端子 43 连接的为屏蔽线。

2）转速传感器 G38 电路

转速传感器 G38 的工作原理与车速传感器 G68 相同，属于电磁式传感器，安装在行星齿轮变速器的输入轴或与输入轴连接的离合器鼓附近的壳体上。传感器的线圈通过传感器插接器、导线与 J217 的端子 21、66 连接。J217 将此信号与发动机转速信号进行比较，计算出变矩器的传动比，优化油路压力控制和锁止离合器控制。

3）油温传感器 G93

油温传感器 G93 属于热敏电阻（负温度系数）式传感器，它通过插接器的端子 T12/12 和 T12/1、导线与 J217 的端子 67 和端子 6 连接。

4）多功能开关 F125 电路

多功能开关 F125 的端子 T8/1、T8/2、T8/5、T8/6 分别与 J217 的端子 23、63、40、62 连接，向 J217 提供排挡杆（自动变速器操纵手柄）位置信号。

5）强制低挡开关 F8 电路

强制低挡开关 F8 有 2 个接线端子，一个搭铁，另一个与 J217 的端子 16 连接。当开关闭合时，J217 收到强制低挡信号后仪表盘上的"OD OFF"指示灯点亮，表示限制超速挡的使用，此时自动变速器不能升入超速挡。

6）制动灯开关 F 电路

当驾驶员踏下制动踏板时，制动灯开关 F 接通。一方面 F 接通制动灯电路；另一方面，电源→制动灯开关→导线→J217 的端子 15，向自动变速器 ECU J217 发送制动信号。

3. 执行器电路

1）电磁阀电路

N88、N89、N90、N91、N92、N94 电磁阀通过 J217 的端子 67→导线→插接器的端子 T12/1 提供电压。J217 分别对电磁阀的搭铁回路进行控制，相应的控制端子分别是：电磁阀 N88→J217 的端子 55、电磁阀 N89→J217 的端子 54、电磁阀 N90→J217 的端子 9、电磁阀 N91→J217 的端子 47、电磁阀 N92→J217 的端子 56、电磁阀 N94→J217 的端子 10。

2）油压调节电磁阀 N93 电路

J217 的端子 58→导线→插接器的端子 T12/8→电磁阀 N93→插接器的端子 T12/2→导线→J217 的端子 22。

3）排挡杆锁止电磁阀 N110 电路

电磁阀 N110 位于排挡杆上，起到挡位锁止作用。电磁阀 N110 电路为：点火开关的端子 15→"15"线→熔断器 S11→插接器端子 T10/1→导线→电磁阀 N110→导线→J217 的端子 29。踏下制动踏板时，自动变速器 ECU J217 使电进阀 N110 搭铁，自动变速器排挡杆锁止解除。

3.8.3 丰田 A140E 自动变速器的电路分析

图 3-89 所示为丰田 A140E 自动变速器的电路，其主要部件的电路分析方法如下。

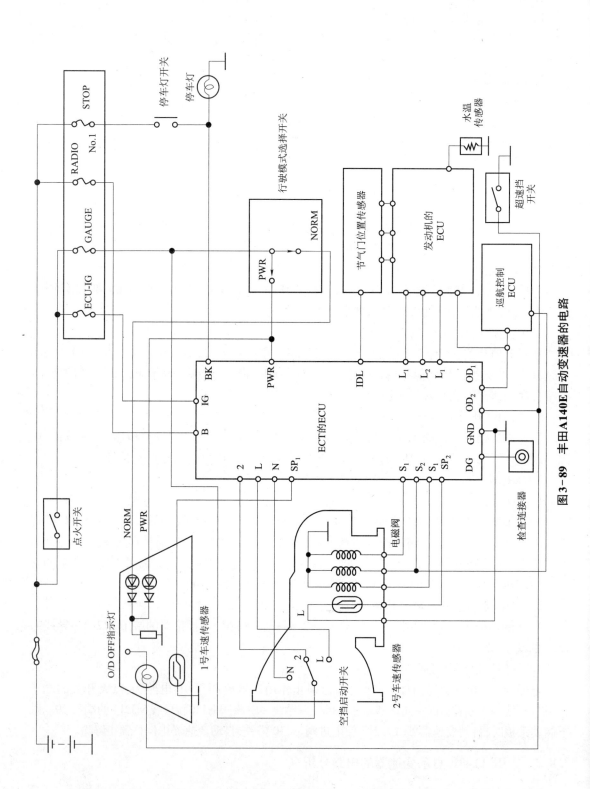

图3-89 丰田A140E自动变速器的电路

1. 行驶模式选择开关电路

行驶模式选择开关的电路如图 3-90 所示。选择动力模式时,ECU 的 PWR 端子有 12 V 电压输入。同时还使仪表盘上的指示灯点亮,提示驾驶员已对驾驶模式进行了选择。

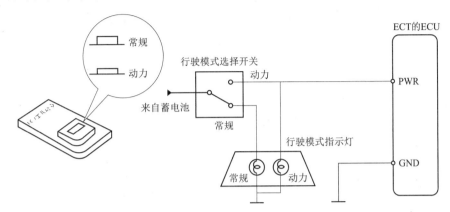

图 3-90　行驶模式选择开关的电路

2. 挡位开关电路

挡位开关安装在自动变速器外部,用于通知 ECU 变速器所处的挡位,以便执行相应的换挡动作,挡位开关的电路如图 3-91 所示。ECU 接收到来自端子 L、2、N 的输入信号,表明变速器相应地处于 L、2、N 位。若端子 L、2、N 无输入信号给 ECU,则 ECU 判断变速器处于 D 位。

当点火开关处于起动位置,空挡起动开关只在 N 或 P 挡时,起动机的控制线路才能接通,发动机才能起动。ECU 通过各端子是否有信号输入,决定了换挡的程序。

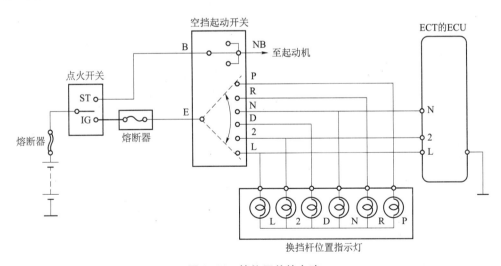

图 3-91　挡位开关的电路

3. 超速挡开关电路

超速挡开关由驾驶员自主操作,选择在车辆行驶过程中是否可以升入超速挡。超速挡开关的电路如图 3-92 所示。

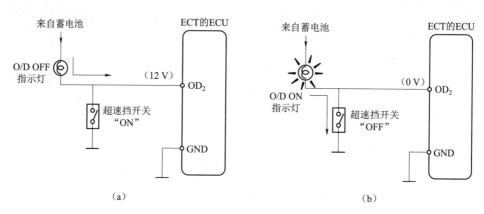

图 3-92 超速挡开关的电路
(a)处于"ON"位置；(b)"OFF"位置

4. 制动灯开关电路

制动灯开关安装在制动踏板正上方，判断制动踏板是否踩下。制动灯开关的电路如图 3-93 所示。当制动踏板被踩下时，该开关将信号输给 ECU，解除锁止离合器的结合，防止汽车突然制动而致使发动机熄火。

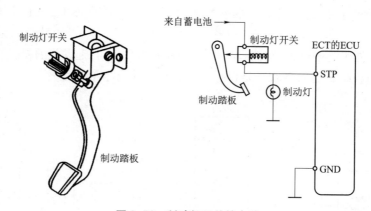

图 3-93 制动灯开关的电路

5. 车速传感器电路

ECT 的 ECU 获得的正确车速信息是由 2 个车速传感器输入的，为了进一步确保信息的精确性，ECT 的 ECU 会不断对这 2 个信号进行比较。1 号车速传感器（备用传感器）装在变速器的壳体上，当 2 号车速传感器有故障时，使用 1 号车速传感器的信号。

6. 执行器电路

执行器主要由电磁阀组成，电磁阀的电路如图 3-94 所示。1 号和 2 号电磁阀是开关电磁阀，根据 ECU 控制信号开启或关闭，以控制相关油路打开或关闭，因此这两个电磁阀又称为换挡电磁阀。3 号电磁阀是油压调节电磁阀，受控于 ECU 输出的占空比信号。

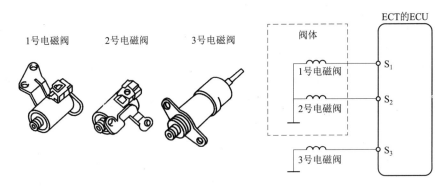

图 3-94 电磁阀的电路

雪铁龙 AL4 自动变速器电控系统的电路如图 3-95 所示。通过识图分别画出 ECU 的电源电路、传感器电路如下。

1. ECU 的电源电路

AL4 自动变速器 ECU 的电源电路如图 3-96 所示。

2. 变速器输入（输出）转速传感器电路

如图 3-97 所示，变速器输入转速传感器与 ECU 通过两根导线连接。

3. 油温传感器电路

如图 3-98 所示，油温传感器与变速器 ECU 通过两根导线连接。ECU 通过接线端子 54 给传感器提供 5 V 的电源电压；传感器通过接线端子 53 给 ECU 输送一个随变速器油温度变化而变化的电压信号。

4. 油压传感器电路

如图 3-99 所示，油压传感器与变速器 ECU 通过 3 根导线连接，其中一根是 ECU 给传感器提供一个 5 V 的电源电压；一根是传感器通过 ECU 搭铁，另外一根是传感器向 ECU 输送一个电压信号。随着主油道压力变化，传感器的接线端子 C2 向 ECU 反馈回一个 0.5~4.5 V 连续变化的电压。

5. 挡位开关电路

挡位开关的电路如图 3-100 所示，变速器 ECU 通过 7 根导线与挡位开关连接。其中，ECU 的接线端子 42 为挡位开关的搭铁端子；ECU 接线端子 31、32、33、34、37 正常情况为高电位（12 V），当某一挡位接通时，其相应接线端子变为低电位（0 V）。变速器 ECU 据此可知变速器当前所处的挡位。

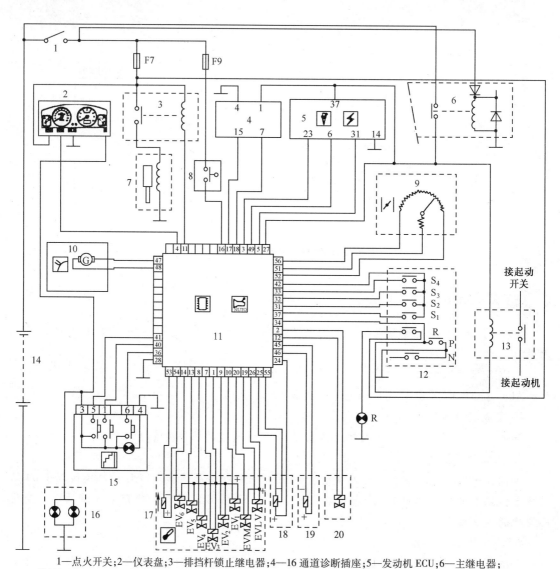

1—点火开关；2—仪表盘；3—排挡杆锁止继电器；4—16通道诊断插座；5—发动机ECU；6—主继电器；
7—排挡杆锁止机构；8—制动开关；9—双轨道节气门位置传感器；10—变速器输出转速传感器；11—自动变速器ECU；
12—挡位开关；13—禁止起动继电器；14—蓄电池；15—程序选择器；16—换挡板照明灯；17—油温传感器和各种电磁阀
（其中EV1~6为顺序电磁阀，EVM为油压调节电磁阀，EVLV为变矩器锁止电磁阀）；18—油压传感器；
19—变速器输入转速传感器；20—流量调节电磁阀。

图3-95 雪铁龙AL4自动变速器电控系统的电路

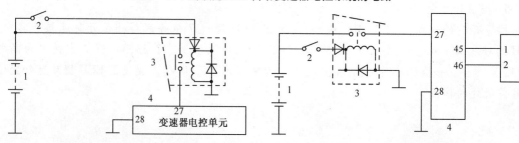

1—蓄电池；2—点火开关；3—主继电器；
4—变速器ECU。

图3-96 变速器ECU的电源电路

1—蓄电池；2—点火开关；3—主继电器；4—变速器ECU；
5—变速器输入转速传感器。

图3-97 变速器输入转速传感器的电路

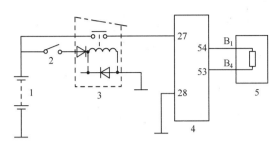

1—蓄电池;2—点火开关;3—主继电器;
4—变速器 ECU;5—油温传感器。

图 3-98 油温传感器的电路

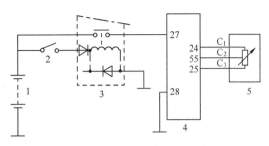

1—蓄电池;2—点火开关;3—主继电器;
4—变速器 ECU;5—油压传感器。

图 3-99 油压传感器的电路

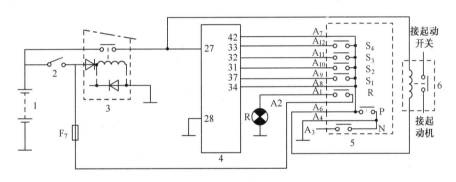

1—蓄电池;2—点火开关;3—主继电器;4—变速器 ECU;5—挡位开关;6—禁止起动继电器。

图 3-100 挡位开关的电路

3.9 防抱死制动系统

3.9.1 防抱死制动系统的组成

防抱死制动系统(ABS)由电子控制系统和液压控制系统两个子系统组成,其组成简图如图 3-101 所示。

电子控制系统由传感器、控制开关、防抱死制动系统电控单元(ABS ECU)、ABS 指示灯以及制动压力调节器等构成。制动压力调节器既是电子控制系统的执行元件,也是液压控制系统的始控元件。液压控制系统由常规制动装置和制动压力调节器组成。制动压力调节器主要由电磁阀、单向阀和回液泵电动机等组成。

ABS 采用的传感器有车轮速度传感器和减速度传感器两种。车轮速度传感器又称为车轮转速传感器或轮速传感器。车轮速度传感器是 ABS 必需的传感器,其功用是检测车轮的运动状态,将车轮转速变换为电信号输入 ABS ECU。

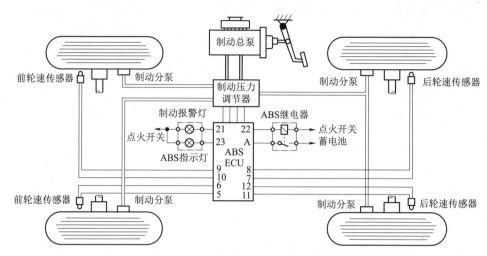

图 3-101　防抱死制动系统组成简图

减速度传感器又分为纵向减速度传感器和横向减速度传感器。减速度传感器仅在控制精度较高的 ABS 中采用,其功用是检测汽车车身的加减速度,以便 ABS ECU 判别路面状况。

ABS ECU 的主要功用是接收轮速传感器、减速度传感器和开关输入信号,计算汽车的轮速、车速、加减速度和滑移率,并输出控制指令控制制动压力调节器等执行元件工作。

制动压力调节器是 ABS 的主要执行元件,其功用是接受 ECU 的指令,驱动制动压力调节器中的电磁阀动作,同时驱动回液泵电动机转动等,使制动压力"升高""保持"或"降低",从而实现制动压力的自动调节。

3.9.2　大众 MK20-I 型 ABS 电路的识读

桑塔纳 2000 GSi 检测 MK20-I 型 ABS 的电路如图 3-102 所示。

1. ECU J104 的电源电路

1) 常电源电路

常电源电路有两路,一路是:电源正极→常电源"30"线→熔断器 S123→ECU J104 的端子 25→ECU J104;另一路是:电源正极→常电源"30"线→熔断器 S124→ECU J104 的端子 9→ECU J104。

2) 条件电源电路

点火开关接通时,ECU J104 条件电源电路导通供电,其电路为:电源正极→点火开关→"15"线→熔断器 S12→ECU J104 的端子 23→ECU J104。

3) 搭铁电路

ECU J104→ECU J104 的端子 8 和端子 24→"31"线→搭铁。

2. 轮速传感器电路

4 只轮速传感器连接在 J104 的端子 1 与端子 17(RR)、端子 18 与端子 3(FR)、端子 2 与端子 10(RL)、端子 11 与端子 4(FL)上,用于检测车轮转速。

3. 制动灯开关电路

制动灯开关安装在制动踏板旁边,当驾驶员踩下制动踏板时,制动灯开关接通,将制动信号从端子 12 输入到 ECU J104 内,同时也通过插接器 E16 去接通汽车尾部的制动灯电路。

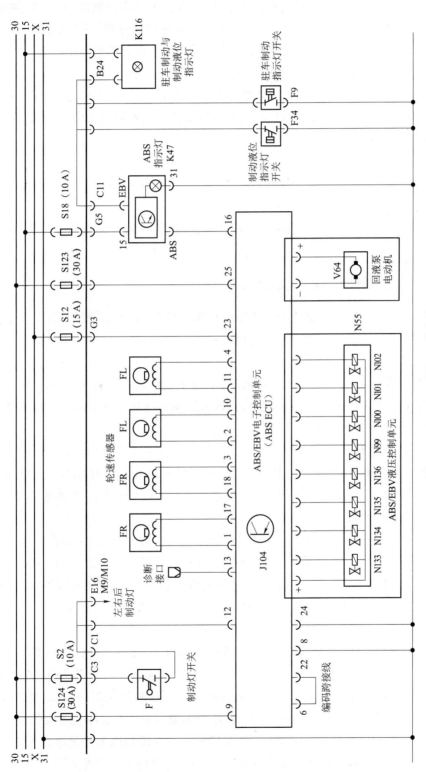

图3-102 MK20-I型ABS的电路

4. 制动压力调节器电路

制动压力调节器是电子控制系统的执行元件,由 8 只电磁阀及阀体、储能器、回液泵和直流电动机等组成。该系统设置在制动总泵(主缸)与车轮制动分泵(轮缸)之间,可根据 ABS ECU 的控制指令自动调节制动分泵的制动压力。制动压力调节器电路中的 8 只电磁阀直接与 J104 相连。这是一种两位两通电磁阀。在通向每一个车轮制动分泵的管路中,都设有一个进液电磁阀(简称进液阀)和一个回液电磁阀(简称回液阀),4 只进液阀为常开电磁阀,4 只回液阀为常闭电磁阀。由于回液阀打开时将使制动分泵内的制动液压力降低,因此回液阀又称为降压电磁阀(简称降压阀)。

5. 回液泵电动机控制电路

回液泵电动机有 2 个接线端子与 ECU J104 相连,受 J104 控制。

6. ABS 指示灯及故障检测控制电路

ABS 指示灯及故障检测控制电路由 ECU J104 的端子 16 内电路及其外接的 ABS 指示灯等组成。

3.9.3 丰田雷克萨斯轿车 ABS 电路的识读

图 3-103 所示为丰田雷克萨斯 LS400 型轿车 ABS 的电路。该系统与 TRC(牵引力控制)系统共用一个 ECU,故又称为 ABS 和 TRC ECU。

1. 电源电路

ABS ECU 的端子 IG 为供电输入及检测端,该端子电压来自点火开关,经熔断器后得到。当该端子电压低于 9.5 V 或高于 17 V 时,自诊断系统就进入电源欠压或过压保护状态,并产生故障码,同时也使 ABS 警告灯点亮。

ABS ECU 的端子 BAT 为备用电源输入端,该端子电压是经蓄电池正极、ALT FL 易熔线、ECU+B 熔断器后得到的,作为 ABS ECU 自诊断系统故障代码存储器信息保持的电源,只要不拔下 ECU+B 熔断器或拆下蓄电池的负极接线,端子 BAT 就保持通电状态。

2. 电磁阀继电器电路

液压控制单元中三位三通电磁阀继电器的电磁线圈一端与 ECU 的端子 R-相连,属于继电器接地(搭铁)端;另一端接端子 SR。当接通点火开关后,若系统自检结果正常,则 ABS ECU 控制 SR 端就有电流输出,这一电流流过电磁继电器线圈后,就会使其内的 2、3 触点闭合,向 3 个三位三通电磁阀的线圈 L1~L3 供电。同时也经电阻 R1 加至 ABS ECU 的端子 AST 作为检测信号。

ABS 工作时,ABS ECU 的自诊断系统经 AST 监测 ABS 液压单元电磁阀继电器的工作。当 ABS ECU 向液压单元电磁阀继电器 KA1 发送 ON(接通)信号时,若 ECU 监测端子 AST 的电压为 0 V,则就产生故障代码 11,说明电磁阀继电器有断路故障;若 ECU 监测端子 AST 的电压为蓄电池电压,则产生故障代码 12,说明 ABS 液压单元电磁继电器有短路现象。

若自检中发现 ABS 控制电路中有故障,则 ABS ECU 立即切断电磁继电器 KA1 线圈的电路,闭锁 ABS 的控制,使制动系统的工作情况与无 ABS 的系统工作情况相同。

第3章 汽车主要电气系统的电路分析

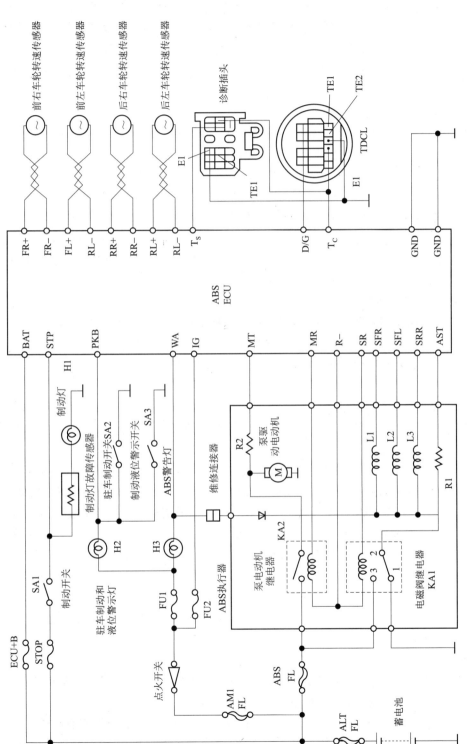

图3-103 丰田雷克萨斯LS400型轿车ABS的电路

3. 三位三通电磁阀电路

液压控制单元中有3个三位三通电磁阀,其电磁阀的线圈分别为L1、L2、L3。L1线圈受控于ABS ECU的端子SFR,L2线圈受控于ABS ECU的端子SFL,L3线圈受控于ABS ECU的端子SRR。ABS ECU输出不同信号,对电磁阀线圈的电流(0 A、2 A、5 A)进行控制,从而改变滑阀的位置和制动液的通道,实现对车轮制动器的增压、保压、降压的调节,防止车轮抱死。同时,自诊断系统还监视各电磁阀的工作。

4. 回液泵电动机及其继电器电路

回液泵电动机继电器KA2线圈的一端接ABS ECU的R-端;另一端接端子MR,用以控制回液泵电动机的电源。当制动压力调节进入降压阶段时,ECU经端子MR接通回液泵电动机继电器线圈电流的通路,使其内的触点闭合。这样,蓄电池正极输出的电流,经ABS FL易熔线、回液泵电动机继电器的触点后分成两路:一路加压回液泵驱动电动机上,使其运转;另一路经降压电阻R2,作为检测信号加至ABS ECU的端子MT(A17-8)。

当自诊断系统经MT端检测到回液泵电动机继电器电路出现故障时,ABS ECU内的安全保护功能起动工作,切断回液泵电动机继电器KA2线圈的电流通路,闭锁ABS控制系统,从而达到了自动保护的目的。

5. 车轮转速传感器电路

前后车轮转速传感器共有4路:前左车轮转速传感器分别与ABS ECU的端子FL+和FL-相连;前右车轮转速传感器分别与ABS ECU的端子FR+和FR-相连;后左车轮转速传感器分别与ABS ECU的端子RL+和RL-相连;后右车轮转速传感器分别与ABS ECU的端子RR+和RR-相连。

6. 制动灯开关电路

制动灯开关SA1一端通过STOP熔断器与蓄电池正极相连,另一端与ABS ECU的端子STP相连。

当踩下制动踏板时,制动开关SA1接通,蓄电池经过ALT FL易熔线、STOP熔断器、制动灯开关SA1后分成两路;一路经制动灯故障传感器、制动灯H1、搭铁至蓄电池负极,使制动灯H1点亮发光;另一路经STP端进入ABS ECU内,作为制动踏板是踩下还是放开的检测信号。

7. 驻车制动开关电路

驻车制动开关SA2连接在驻车警示灯与ABS ECU的端子PKB相接的连线上。

当手制动拉起时,驻车制动开关SA2闭合,点火开关输出的蓄电池电压经FU1熔断器、驻车制动和液位警示灯H2、驻车制动开关SA2、搭铁至蓄电池负极,使H2点亮。

同时,驻车制动开关接通的信号也经PKB端进入ABS ECU内,作为手制动拉起(或放开)的检测信号。

8. ABS警告灯

ABS警告灯H3一端通过熔断器FU1、点火开关、AM1 PL易熔线、ALT FL易熔线与蓄电池正极相连,H3的另一端与ABS ECU的端子WA相连。

ABS工作时,其自诊断系统监视各传感器和执行器的工作情况,若发现有故障,一方面从其端子WA输出低电子,使ABS警告灯点亮,同时闭锁ABS控制作用,并将故障代码存入存储器中。当ABS维修连接器脱开,诊断插头或TDCL的相应端子被短接后,ABS警告灯立即闪烁,输出故障代码。完成上述操作后如果ABS警告灯不亮或持续亮,不输出故障代码,也不输出正常代码,则表明 ABS 警告灯电路有故障。

3.10 安全气囊系统

3.10.1 安全气囊系统基本电路

安全气囊系统(SRS)又称为辅助防护系统或辅助防护安全气囊系统。如图 3-104 所示,安全气囊系统基本工作电路由各种传感器、安全气囊系统电控单元(SRS ECU)、气囊组件、SRS 指示灯等组成。

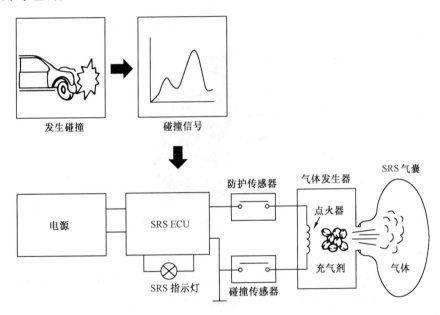

图 3-104 安全气囊系统基本工作电路

1. 传感器

传感器用于检测、判断汽车发生事故后的撞击信号,以便及时起动安全气囊。传感器按功能分为碰撞传感器和防护传感器两种。

在一般情况下,防护传感器动作所需的惯性力或减速度比前碰撞传感器动作所需的惯性力或减速度要小一些。防护传感器与碰撞传感器之间的点火判断逻辑回路如图 3-105 所示。由于防护传感器仅对车辆前方碰撞时的减速度产生响应,因此只要此传感器有输出信号,就可判定"实际上已发生正面碰撞",并发出点火信号。当由碰撞以外的原因引起中心碰撞传感器或者前碰撞传感器输出信号,但没有安全加速度传感器的信号同时输出时,就可判定没有碰撞发生,不发出点火信号,从而能够防止安全气囊误爆现象发生。

2. 安全气囊系统电控单元(SRS ECU)

SRS ECU 是 SRS 的控制中心,其功用是接受传感器输入信号,判断是否点火引爆气囊组件而使气囊充气,并对系统故障进行自诊断。

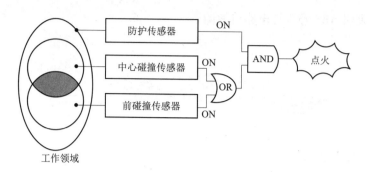

图 3-105　点火判断逻辑回路

如图 3-106 所示，SRS ECU 由内部碰撞传感器（包括中央气囊传感器和保护传感器）、CPU 诊断电路、点火控制和驱动电路、后备电源、记忆电路和安全电路等组成。

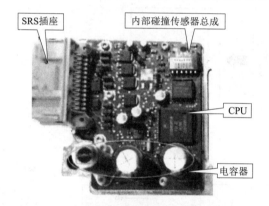

图 3-106　安全气囊系统电控单元（SRS ECU）

SRS 有两个电源：一个是汽车电源（蓄电池和交流发电机）；另一个是备用电源，由电源控制电路和若干个电容器组成。备用电源的功用是：当汽车电源与 SRS ECU 之间的电路切断后，在一定时间（一般为 6 s）内，维持 SRS 供电，保持 SRS 的正常功能。

3. 气囊组件

气囊组件由气囊、点火器和气体发生器等组成，驾驶席与乘员席气囊组件一般都用同一个 SRS ECU 控制。驾驶席气囊组件安装在转向盘的中央，前排乘员席气囊组件安装在座椅下前方的仪表台下。

4. 安全气囊指示灯

安全气囊指示灯安装在仪表盘上，用图形或 SRS、AIR BAG 等字样表示。

3.10.2　SRS 导线插接器及其保险机构

SRS 的插接器与汽车其他电气系统的插接器有所不同。过去曾采用过深蓝色插接器，目前 SRS 采用的插接器绝大多数都为黄色插接器，欧洲汽车有的采用橘红色插接器，奔驰汽车采用红色插接器。SRS 的插接器采用了导电性能和耐久性能良好的镀金端子，并设计有防止气囊误爆机构、端子双重锁定机构、插接器双重锁定机构和电路连接诊断机构等保险机构，用以保证气囊系统可靠工作。

1. 防止气囊误爆机构

从 SRS ECU 至点火器之间的插接器均采用了防止气囊误爆的短路片(铜质弹簧片)机构。其作用是:当插接器拔开(插头拔下或插头与插座未完全结合)时,短路片自动将靠近气囊点火器一侧插头或插座的两个引线端子短接,如图 3-107 所示,防止静电或误通电将电热丝电路接通而造成气囊误膨开。

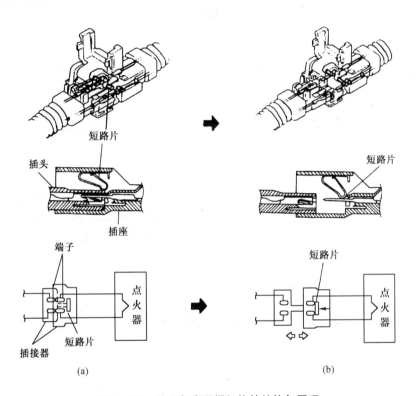

图 3-107　防止气囊误爆机构的结构与原理
(a)插接器正常连接时,短路片与端子脱开;(b)插接器拔开时,短路片端子短接

2. 电路连接诊断机构

电路连接诊断机构的作用是:监测插接器的插头与插座是否可靠连接。电路连接诊断机构的结构与原理如图 3-108 所示。在插接器插头(或插座)上,设有一个诊断销。在插接器插座(或插头)上,设有两个诊断端子,端子上有弹簧片。其中一个诊断端子与碰撞传感器触点的一端相连,另一个诊断端子经过一个电阻与碰撞传感器触点的一端相连。

前碰撞传感器触点为常开触点,当传感器插头与插座半连接(未可靠连接)时,诊断端子与诊断销尚未接触,如图 3-108(a)所示,此时电阻尚未与传感器触点构成并联电路,插接器引线之间的电阻值为无穷大。因为引线与 SRS ECU 连接,所以当 SRS ECU 监测到碰撞传感器的电阻值为无穷大时,即诊断为插接器连接不可靠,自诊断电路便控制 SRS 指示灯闪亮报警,同时将故障编成代码储存在存储器中。当传感器插头与插座可靠连接时,诊断端子与诊断销可靠接触,如图 3-108(b)所示,此时电阻与碰撞传感器触点构成并联电路。因为传感器触点为常开触点,所以,当 SRS ECU 检测到的电阻值为该并联电阻的电阻值(丰田车系为 755~885 Ω)时,即诊断为插接器连接可靠。

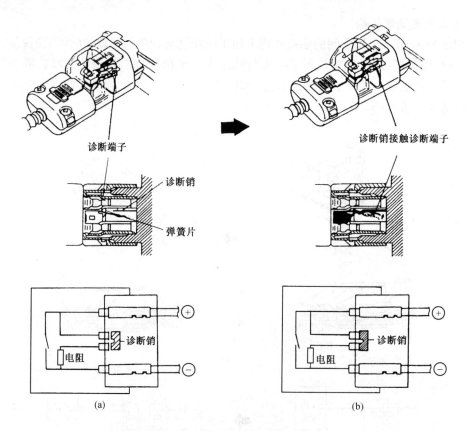

图 3-108 电路连接诊断机构的结构与原理
(a)半连接时;(b)可靠连接时

3. 插接器双重锁定机构

SRS(包括座椅安全带收紧器)在线束的重要连接部位,其插接器采用了双重锁定机构。插接器双重锁定机构的作用是:锁定插接器插头与插座,防止插接器脱开。

插接器双重锁定机构的结构如图 3-109 所示。其工作原理是:当主锁未锁定时,插头上的两个凸台就会妨碍和阻止副锁锁定,当主锁完全锁定时,副锁锁柄方能转动并锁定。

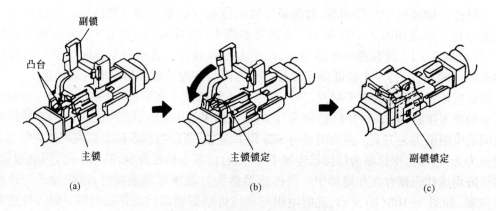

图 3-109 插接器双重锁定机构
(a)主锁打开,副锁被挡住;(b)主锁锁定,副锁可以合上;(c)双重锁定

4. SRS 线束

目前,SRS 的所有线束都套装在黄色波纹管内,并与整车线束总成连成一体,以便于区别。为了保证转向盘具有足够的转动角度而又不致损伤驾驶席气囊组件的连接线束,在转向盘与转向柱管之间采用了螺旋线束,即将线束安装在螺旋形弹簧内,再安放到弹簧壳体内,如图 3-110 所示。通常情况下,电喇叭线束也安装在螺旋形弹簧内。安装螺旋弹簧时,应注意其安装位置和方向,否则将会导致转向盘转动角度不足或转向沉重。

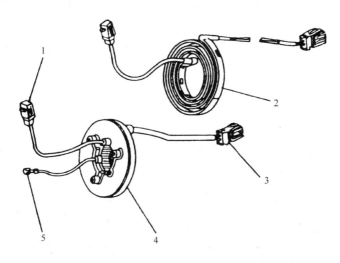

1、3—线束插头或插座;2—螺旋形弹簧;4—弹簧壳体;5—搭铁插头。

图 3-110 螺旋形弹簧与螺旋线束

3.10.3 典型 SRS 电路分析

图 3-111 所示为本田车系 DE 型 SRS 的电路。

1. SRS ECU 与电源的连接电路

(1) 电源电路。

① 蓄电池正极→熔断器 15→熔断器 19→点火开关"IG"挡→熔断器 2→SRS ECU 接线端子 VA。

② 蓄电池正极→熔断器 15→熔断器 19→点火开关"IG"挡→熔断器 3→SRS ECU 接线端子 VB。

(2) 搭铁电路。通过 SRS ECU 接线端子 GNDA、GNDB 搭铁。此外,SRS ECU 内有备用电路,作为后备电源。

2. 信号输入电路

(1) 左、右碰撞传感器。SRS ECU 的接线端子 4、11 给传感器提供搭铁,传感器经 SRS ECU 的接线端子 15、5 将信号送至检测回路,同时,在左、右碰撞传感器有一个闭合时,就给安全气囊提供了搭铁。

(2) 内部的保护传感器。可以看出,当保护传感器闭合后,电源经熔断器接至安全气囊,若左、右碰撞传感器有一个闭合,则安全气囊电路被接通,安全气囊被引爆。

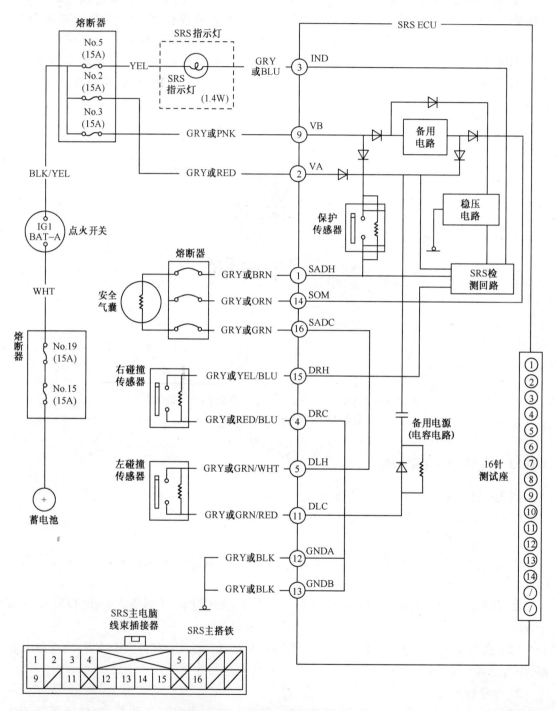

图 3-111 本田车系 DE 型 SRS 的电路

3.11 汽车空调系统

汽车空调的作用是对车内空气的温度、湿度等进行调节。汽车空调系统按操纵和控制方式可划分为手动空调和自动空调。

3.11.1 汽车空调系统电路特点

汽车空调系统基本控制电路可以分成鼓风机电动机控制、压缩机控制、冷凝器风扇电动机控制、发动机负荷控制、安全保护控制和通风系统控制等。

1. 鼓风机电动机控制

为使车内获得舒适的环境,除控制送风温度外,还应根据环境变化和乘员的不同需要,控制鼓风电动机(简称鼓风机)的转速,以控制送风速度。鼓风机转速的控制主要有3种方式:手动鼓风机挡位开关和调速电阻控制方式、ECU通过晶体管自动控制方式、晶体管和调速电阻组合控制方式。

2. 压缩机控制

压缩机控制即控制压缩机电磁离合器电路,其控制方式主要有:应用于手动空调系统的开关控制、空调控制器控制及应用于自动空调系统的ECU控制。

3. 冷凝器风扇电动机控制

空调的冷凝器一般都装在水箱前,并将水箱冷却风扇和冷凝器风扇组装在一起,利用一个或两个风扇对水箱和冷凝器进行散热。若冷凝器不装在水箱前,冷凝器风扇须单独设置。车型不同,则配置风扇的数量不同,控制线路差异也很大,但其控制方式主要有3种方式:空调开关直接控制、空调开关与水温开关联合控制、制冷剂压力开关与水温开关联合控制。

4. 发动机负荷控制

非独立式空调由发动机驱动,空调的运行会影响发动机负荷的变化,进而影响汽车的行驶性能。发动机负荷控制一般通过怠速提升装置和加速切断装置完成。

怠速提升装置有两种不同的结构形式。一种是增大节气门开度(化油器式发动机)或油门开度(柴油发动机);另一种是通过怠速控制阀调整发动机(电喷式发动机)怠速时转速。

加速切断装置的功用是汽车加速或超车时暂时切断压缩机离合器电路,提高汽车的加速性能,同时保护压缩机。加速切断装置分为机械式和微机控制式两种形式。

5. 安全保护控制

当制冷系统由于某种原因出现压力、温度异常时,如果没有安全措施,就会发生运行故障,因此,在汽车空调系统中都设有安全控制电路。安全控制电路很简单,就是通过压力开关、温度开关等,当系统出现压力过高、过低或温度过高现象时,切断压缩机电磁离合器电路,使制冷压缩机停止运转,对制冷系统起到保护和自动控制的作用。

6. 通风系统控制

通风系统控制就是通过控制混合门、模式门的位置,改变送风方向和送风温度,以满足空气调节的需要。风门的控制方式有机械拉索控制、真空控制和电动机控制3种方式,其中手动空调一般采用机械拉索控制方式;自动空调一般采用电动机控制,其控制方式又分为直流电动机驱动型和步进电动机驱动型两种形式。

3.11.2 手动空调系统的电路

手动空调系统是依靠驾驶员拨动控制板上的各种功能键实现对温度、通风机构和风向、风速的控制。

1. 手动空调控制开关

空调控制板上设有3个控制开关,分别是风机开关、空调方式选择开关和温度选择开关。

(1) 风机开关。风机开关设有不同的挡位,以控制风机不同的转速。风机为一直流电动机,其转速的改变是通过调整串入风机电路的电阻值来实现的。风机除在停用状态不工作外,在制冷、取暖及通风状态下均可工作。

(2) 空调方式选择开关。空调方式选择开关用于确定空调系统的功能,驾驶员通过拨动开关可要求空调是制冷、取暖、通风还是除霜。

(3) 温度选择开关。温度选择开关是控制温度门的开关,用钢丝和温度门连接。当开关处于左半区时,温度门关死通向加热器的风道,出来的空气是未经加热的空气,称为冷风区。当开关处于右半区时,温度门打开通向加热器的风道,送入车内的空气是经过除湿后的暖空气,称为热风区。开关可在左右两半区无级连续调节,可停在任意位置,对应温度门也有确定的位置。

2. 手动空调系统的基本电路

汽车手动空调系统的基本电路如图3-112所示,其工作过程如下。

(1) 接通点火开关,点火开关继电器触点闭合。

点火开关继电器线圈电路为:蓄电池正极→熔断器Br→点火开关→点火开关继电器线圈→搭铁→蓄电池负极。

(2) 接通空调开关(A/C),将鼓风机开关(图中为风速开关)置于1挡(或其他挡),此时,空调继电器线圈电路导通,鼓风机开始工作。

空调继电器线圈电路为:蓄电池正极→熔断器B→点火开关继电器触点→15 A熔断器→空调开关(A/C)→温控开关→低压开关→空调继电器线圈→鼓风机开关1挡(或其他挡)→搭铁→蓄电池负极。

鼓风机电路为:蓄电池正极→熔断器B→点火开关继电器触点→20 A熔断器→鼓风电动机→电阻器→鼓风机开关1挡→搭铁→蓄电池负极。

(3) 空调继电器触点闭合,压缩机电磁离合器、怠速提升电磁阀、冷却风扇继电器线圈电路导通。

压缩机电磁离合器电路为:蓄电池正极→熔断器B→点火开关继电器触点→15 A熔断器→空调继电器触点→压缩机电磁离合器→搭铁→蓄电池负极。

怠速提升电磁阀电路为:蓄电池正极→熔断器B→点火开关继电器触点→15 A熔断器→空调继电器触点→怠速提升电磁阀→搭铁→蓄电池负极。

冷却风扇继电器线圈电路为:蓄电池正极→熔断器B→点火开关继电器触点→15 A熔断器→空调继电器触点→冷却风扇继电器线圈→搭铁→蓄电池负极。

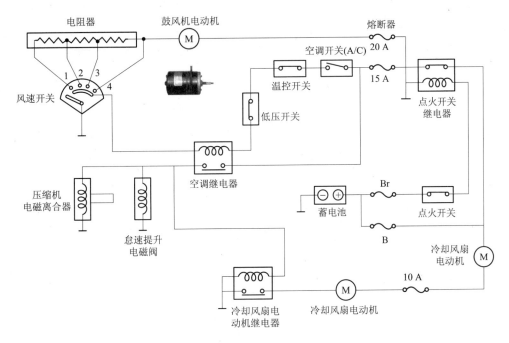

图 3-112 汽车手动空调系统的基本电路

(4) 冷却风扇继电器线圈触点闭合,冷却风扇电动机电路导通。

冷却风扇电动机电路为:蓄电池正极→熔断器 B→冷却风扇电动机→10 A 熔断器→冷却风扇电动机→冷却风扇继电器触点→搭铁→蓄电池负极。

3. 典型汽车空调系统电路分析

图 3-113 所示为桑塔纳轿车空调系统电路,它由电源电路、电磁离合器控制电路、鼓风机控制电路和冷凝器风扇电动机控制电路组成,其工作过程如下。

(1) 点火开关 1 处于断开(置 OFF)位置时,减荷继电器 2 的线圈电路切断,触点张开,空调系统不工作。

(2) 点火开关 1 处于起动(置 ST)位置时,减荷继电器 2 的线圈电路切断,触点张开,中断空调系统的工作,以保证发动机起动时,蓄电池维持足够的电能。

(3) 点火开关 1 处于接通(置 ON)位置时,减荷继电器 2 的线圈电路接通,触点闭合,空调继电器 10 中的线圈 J_2 通电,接通鼓风机电路,此时可由鼓风机开关 12 进行调速,使鼓风机按要求的转速运转,进行强制通风、换气或送出暖风。

(4) 当外界气温高于 10 ℃时,才允许使用空调。当需要制冷系统工作时,接通空调开关 11,空调开关的指示灯 19 亮,表示空调开关已经接通。此时电源经空调开关 11、环境温度开关 14 可接通下列电路。

① 新鲜空气翻板电磁阀 18 电路接通,该阀动作接通新鲜空气翻板控制电磁阀的真空通路,使新鲜空气进口关闭,制冷系统进入车内空气内循环。

② 经蒸发器温控开关 13、低压保护开关 15 对电磁离合器 17 线圈供电,同时电源还经蒸发器温控开关接通化油器的怠速提升真空转换阀,提高发动机的转速,以满足空调动力源的需要。

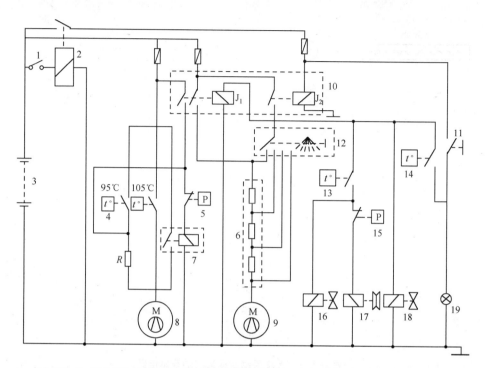

1—点火开关；2—减荷继电器；3—蓄电池；4—冷却液温控开关；5—高压保护开关；6—鼓风机调速电阻；7—冷却风扇继电器；8—冷却风扇电动机；9—鼓风机；10—空调继电器；11—空调开关；12—鼓风机开关；13—蒸发器温控开关；14—环境温度开关；15—低压保护开关；16—怠速提升真空转换阀；17—电磁离合器；18—新鲜空气翻板电磁阀；19—空调开关指示灯。

图 3-113　桑塔纳轿车空调系统电路

③ 对空调继电器中的线圈 J_1 供电，使两对触点同时闭合，其中一对触点接通冷凝器冷却风扇继电器 7 线圈电路；另一对触点接通鼓风机电路。

低压保护开关串联在蒸发器温控开关和电磁离合器之间，当制冷系统因缺少制冷剂使制冷系统压力过低时，开关断开，压缩机停止工作。

高压保护开关 5 串联在冷却风扇继电器和空调继电器 J_1 的一对触点之间，当制冷系统高压值正常时，触点张开，将电阻 R 串接入冷却风扇电动机电路中，使风扇电动机低速运转。

当制冷系统高压超过规定值时，高压保护开关触点闭合，接通冷却风扇继电器线圈电路，冷却风扇继电器的触点闭合，将电阻 R 短路，使风扇电动机高速运转，以增强冷凝器的冷却能力。同时，冷却风扇电动机还直接受发动机冷却液温控开关 4 的控制，当不开空调开关时，若发动机冷却液温度低于 95 ℃，风扇电动机不转动；若高于 95 ℃，冷却风扇电动机低速转动；当冷却液温度达到 105 ℃时，则风扇电动机将高速转动。

空调继电器中的 J_1 触点在空调开关一接通时即可闭合，使鼓风机低速运转，以防止蒸发器因表面温度过低而结霜。

3.11.3　自动空调系统的电路

自动空调系统由 ECU 根据传感器监测到的信号或驾驶员设定的信号，通过对执行元件的控制，对车内温度、鼓风机转速、配风方式等进行调节。

1. 空调控制面板

如图3-114所示,自动空调的控制面板上有多个按键,以便驾驶员进行车内温度的设定、空调工作模式的选择等操作。

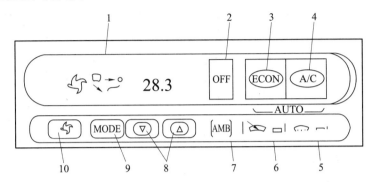

1—显示屏;2—停止键;3—经济模式;4—空调开关;5—除霜开关;6—风门控制开关;
7—车外温度显示按键;8—车内温度设定;9—鼓风机模式转换;10—鼓风机开关。

图3-114 自动空调的控制面板

2. 自动汽车空调系统的基本电路

自动空调系统的组成及控制示意图如图3-115所示,其电路主要由传感器及开关信号输入电路和执行器控制电路组成。

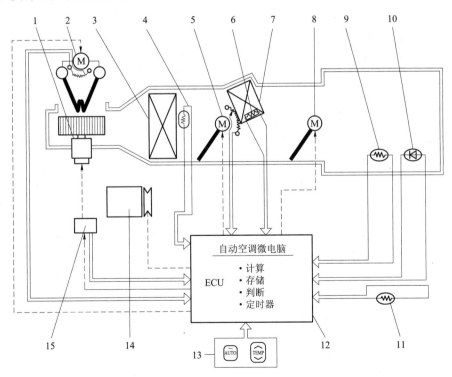

1—鼓风机;2—进气风门伺服电动机;3—蒸发器;4—蒸发器温度传感器;5—冷暖空气混合风门伺服电动机;
6—水温传感器;7—热交换器;8—出风风门伺服电动机;9—车内温度传感器;10—阳光传感器;
11—车外温度传感器;12—空调ECU;13—空调控制面板;14—压缩机;15—功率晶体管。

图3-115 自动空调系统的组成及控制示意图

（1）传感器及开关信号输入电路。传感器主要有车内温度传感器、车外温度传感器、水温传感器、蒸发器温度传感器和阳光(光照)传感器；有部分汽车还安装有制冷剂流量传感器、空气质量传感器。开关信号包括制冷系统的压力开关、控制面板各种按键开关等。

（2）执行器控制电路。执行器主要包括压缩机电磁离合器、鼓风机和各种风门伺服电动机。各种风门伺服电动机主要包括进气风门伺服电动机、出风口风门伺服电动机和冷暖空气混合风门伺服电动机。

① 风门伺服电动机电路。各种风门伺服电动机的电路原理基本相同。进气风门伺服电动机结构简图如图3-116所示，其电路如图3-117所示。

电动机的电枢轴经连杆与进气风门连接，当空调ECU输出"车内空气循环"或"车外空气导入"控制信号时，电动机带动连杆顺时针或逆时针转动，使进气风门转至相应的位置，以实现改变进风方式的控制。

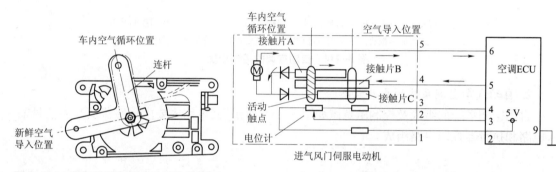

图3-116　进气风门伺服电动机结构简图　　图3-117　进气风门伺服电动机的电路

当按下"车外空气导入"按键时，伺服电动机电路为：空调ECU 5号端子→伺服电动机4号端子→接触片B→活动触点→接触片A→电动机→伺服电动机5号端子→空调ECU 6号端子→空调ECU 9号端子到搭铁。此时，电动机通电转动，带动进气风门转动及活动触点移动。当进气风门转至"车外空气导入"位置时，活动触点与接触片A脱离，电动机停转，进气风门停在车外进气通道开启、车内进气通道关闭的位置。

当按下"车内空气循环"时，伺服电动机电路为：空调ECU 6号端子→伺服电动机5号端子→电动机→接触片C→活动触点→接触片B→伺服电动机4号端子→空调ECU 5号端子→空调ECU 9号端子到搭铁。此时，电动机通电反向转动，带动进气风门转动及活动触点反向移动。当进气风门转至"车内空气循环"位置时，活动触点与接触片C脱离，电动机停转，进气风门停在车内进气通道开启、车外进气通道关闭的位置。

当按下"自动控制"按键时，空调ECU则根据各相关传感器的信号计算所需的出风温度，并根据计算结果自动控制进气风门伺服电动机的转动方向，实现进气方式的自动控制。

进气风门伺服电动机内部的电位计活动触点随电动机转动而移动，用于向空调ECU反馈进气风门的位置信号。注意：当采用步进电动机时，由于步进电动机具有自身定位功能，则不需此电位计。

② 鼓风机风扇转速控制电路。鼓风机风扇转速控制电路用于控制空调的风量，典型鼓风机的风扇转速控制电路如图3-118所示。

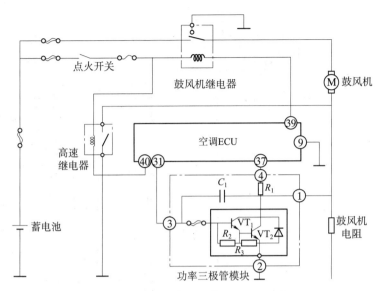

图 3-118　典型鼓风机的风扇转速控制电路

当按下高速按键时,空调 ECU 输出高速控制信号(ECU 的 40 号端子搭铁),使高速继电器线圈通电、触点闭合,鼓风机电流经高速继电器触点直接搭铁,电流最大而高速旋转。

当按下低速按键时,空调 ECU 输出低速控制信号(ECU 的 31 号端子无电流输出),风机控制模块大功率三极管 VT_2 截止,鼓风机电流经鼓风机电阻搭铁,电流最小而低速旋转。

当按下"自动控制"按键时,空调 ECU 根据计算结果输出相应的控制信号(ECU 的 31 号端子输出占空比脉冲电压)使风机控制模块大功率三极管 VT_2 间歇性导通。VT_2 导通时,鼓风机电流经 VT_2 搭铁,空调 ECU 使 VT_2 的导通时间增加,鼓风机风扇的转速就提高。空调 ECU 通过 31 号端子输出不同的占空比脉冲信号,实现对鼓风机风扇电动机转速(风量)的无级调节。

 应用案例

丰田雷克萨斯 LS400 型轿车自动空调系统电路如图 3-119 所示,系统除了有对空调的温度、出风温度及送风方式等自动控制功能外,还设置了冷气最足送风控制功能,用于使车内迅速凉爽。空调 ECU 可通过冷气最足伺服电动机控制冷气最足风门在全开、中间和关闭 3 个位置。

(1) 空调 ECU 电源电路。空调 ECU 通过端子 1/18 和熔断器与蓄电池正极连接,在任何时候都给 ECU 供电;通过端子 2/18 和点火开关间接向 ECU 供电,并提供点火开关信号;通过端子 9/18 搭铁。

(2) 传感器电路。

① 阳光传感器。阳光传感器有两个接线端子,分别与空调 ECU 的端子 1/16 和端子 9/16 连接。

② 车内温度传感器。车内温度传感器有两个接线端子,分别与空调 ECU 的端子 2/16 和端子 8/16 连接。

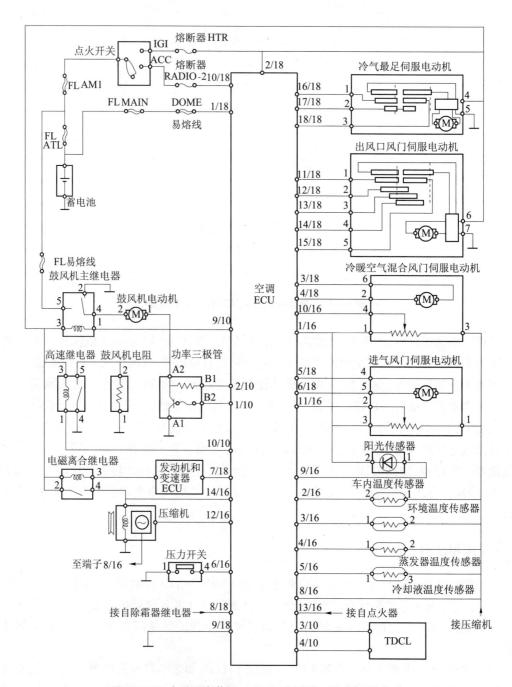

图 3-119　丰田雷克萨斯 LS400 型轿车自动空调系统电路

③ 环境温度传感器。环境温度传感器即车外传感器,它有两个接线端子,分别与空调 ECU 的端子 3/16 和端子 8/16 连接。

④ 冷却液温度传感器。冷却液温度传感器即水温传感器,它有两个接线端子,分别与空调 ECU 的端子 5/16 和端子 8/16 连接。

⑤ 蒸发器温度传感器。蒸发器温度传感器有两个接线端子,分别与空调 ECU 的端子

4/16 和端子 8/16 连接。

⑥ 压力开关。压力开关一个端子与空调 ECU 的端子 6/16 连接,另一个搭铁。

⑦ 压缩机转速传感器。压缩机转速传感器有两个接线端子,分别与空调 ECU 的端子 12/16 和端子 8/16 连接。当汽车在转向和爬坡需要最大动力,且压缩机转速较低时,空调 ECU 将切断压缩机电路,因此压缩机转速传感器又称为锁止传感器。

(3) 执行器电路。

① 压缩机电磁离合器。空调 ECU 通过发动机和变速器 ECU、电磁离合器继电器控制压缩机电磁离合器电路。

② 鼓风机电路。空调 ECU 通过高速继电器、鼓风机电阻、功率三极管控制鼓风机电路,使鼓风机风扇具有高速、低速及两者期间的无级变速状态。

③ 冷气最足送风伺服电动机。冷气最足送风伺服电动机有 5 个接线端子,其中有 3 个与空调 ECU 相应端子连接,端子 4 与点火开关连接,端子 5 搭铁。

④ 出风口风门伺服电动机。出风口风门伺服电动机有 7 个接线端子,其中有 5 个与空调 ECU 相应端子连接,端子 6 与点火开关连接,端子 7 搭铁。

⑤ 冷暖空气混合风门伺服电动机。冷暖空气混合风门伺服电动机有 5 个接线端子与空调 ECU 相应端子连接,其中端子 2、6 为电动机控制端子,端子 1、3、4 为进气风门电位计端子。

⑥ 进气风门伺服电动机。进气风门伺服电动机有 5 个接线端子与空调 ECU 相应端子连接,其中端子 4、5 为电动机控制端子,端子 1、2、3 为进气风门电位计端子。

3.12 车载网络系统

3.12.1 车载网络系统的类型

车载网络系统属于局域网,借助双绞线、同轴电缆或光纤等通信介质,将车内众多的控制模块(或节点)连接起来,使若干的传感器、执行机构和 ECU 共用一个公共的数据通道,通过某种通信协议,在网络控制器的管理下共享传输通道和数据。

目前车载网络 CAN、LIN、MOST、VAN 等系统已广泛应用于现代汽车。车载网络系统按照应用系统可分为车身系统、动力传动系统、安全系统、信息系统。为了方便研究和设计应用,美国汽车工程师协会(SAE)按照系统的复杂程度、信息量、响应速度、可靠性的要求等,将汽车网络根据速率划分为 A、B、C、D、E 等 5 类。

3.12.2 车载网络的组成

车载网络采取基于串行数据通信的体系结构,主要由 ECU、数据总线、网络、通信协议、网关等组成。

1. ECU

现代汽车除了有发动机 ECU,还有自动变速器电控单元、ABS ECU、空调 ECU 等,高档轿车甚至有几十个ECU,必须用网络把它们连接起来,才能资源共享。

2. 数据总线

数据总线是ECU间运行数据传递的通道,简称总线,即所谓的信息高速公路。如果一个ECU可以通过总线发送数据,又可以从总线接收数据,则这样的数据总线就称之为双向数据总线。汽车上的数据总线的传输介质常用单线、双绞线或光纤。

3. 网络

在汽车行业里,习惯将几条总线连接一起的车载局域网称为车载网络。为了满足汽车上不同的ECU对总线性能不同的要求,同时考虑经济成本,一辆汽车上往往采用不同的总线组成车载网络。汽车车载网络系统一般由动力CAN总线、舒适CAN总线、辅助LIN总线和信息MOST总线联网组成。

4. 通信协议

通信协议犹如交通规则,包括"交通标志"的制定方法。通信协议的标准包含"唤醒访问"和"握手"。唤醒访问就是一个给模块(ECU)的信号,这个模块为了节电而处于休眠状态。握手就是模块间的相互确认兼容并处于工作状态。作为维修人员,并不关心通信协议本身,而关心它对汽车维修诊断的影响。大多数的通信协议都是专用的,因此维修诊断时需要专门的软件。

5. 网关

由于车载网络是由不同的总线组成的,因此需要一个连接不同总线的特殊网络节点,这个节点称为网关(Gateway),如图3-120所示。根据车辆的不同,网关可能安装在组合仪表内、车上供电控制单元内或在自己的网关控制单元内。网关主要有如下功能。

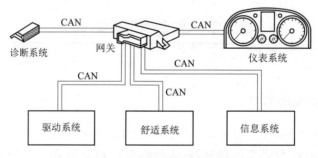

图3-120 大众车系网关连接的系统

(1)识别和改变不同总线网络的信号和速率。由于不同区域车载网络的速率和识别代号不同,因此一个信号要从一个总线进入到另一个总线区域,必须把它的识别信号和速率进行改变,能够让另一个数据总线系统接受,这个任务由网关来完成。

(2)改变信息优先级。如车辆发生相撞事故,SRS ECU会发出碰撞传感器的信号,这个信号的优先级在动力系统总线中是非常高的,但转到舒适系统车载网络后,网关调低了它的优先级,因为在舒适系统中其功能只是打开车门和灯。

(3)作为诊断接口。由于通过数据总线的所有信息都供网关使用,所以网关也用作诊断接口。

3.12.3 大众车系CAN总线

1. 大众车系CAN总线的特点

(1) 动力CAN总线受控于15号导线(点火开关接通时通电)。舒适CAN总线由30号导线(直接与蓄电池连接)供电,保持随时可用状态。

(2) 为了尽可能降低对供电电网产生的负荷,在15号导线断电后,若总线系统不再需要舒适数据总线,那么舒适数据总线就进入所谓"休眠模式"。

(3) 舒适/信息CAN数据总线在一条数据线短路或一条CAN线断路时,可以用另一条线继续工作,这时会自动切换到"单线工作模式"。

2. 双绞线的节点

(1) 绞线铰接式节点。对于设备配置相对比较低端的车型,舒适CAN数据总线和动力CAN数据总线连接的ECU相对较少,CAN双绞线一般采用铰接式连接,即所有相同系统的CAN-High线集中铰接为一个中心接点,所有相同系统的CAN-Low线集中铰接为一个中心接点即"节点",其在线束中的实物连接如图3-121所示。

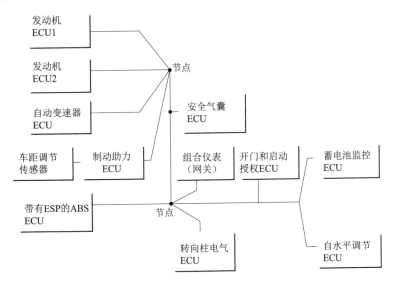

图3-121 CAN总线的连接节点

(2) 双绞线的插座式连接。对于设备配置相对比较高端的车型,舒适CAN数据总线和动力CAN数据总线连接的ECU比较多,CAN双绞线一般采用插座式连接。连接插头分别构成了舒适系统CAN总线及驱动系统CAN总线的中央节点,各总线系统下的所有ECU的CAN线均被连接到连接插座上,如图3-122所示。

连接插头的功能可以集中在检测盒1598/38上,可以通过VAS5051诊断仪上的数字存储式示波器来检查驱动CAN总线和舒适CAN总线上ECU的各条导线,同时还可以在进行总线系统故障查询时区分出各个ECU。该检测盒用来确定CAN总线上的短路点,也可以将各个ECU连接触桥插到检测盒上对ECU进行检查。检测盒1598/38的电路如图3-123所示,图中J197~J527均为ECU。

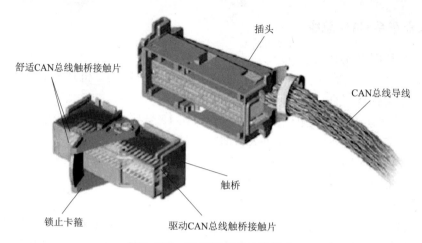

图 3-122 CAN 总线的连接插座

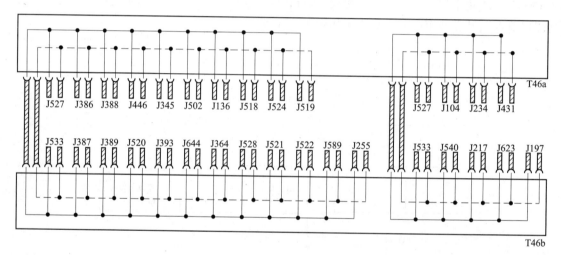

T46a—左侧 CAN 插头；T46b—右侧 CAN 插头。

图 3-123 检测盒 1598/38 电路

3. CAN 总线上的终端电阻

数据传输终端是一个终端电阻，防止数据在导线终端产生反射波，反射波会破坏数据。断开点火开关（断开 15 号线），可以测量 CAN-High 和 CAN-Low 之间的电阻。舒适系统和信息系统 CAN 总线的特点是，ECU 的负载电阻不是在 CAN-High 和 CAN-Low 线之间，而是在导线与搭铁之间。电源电压断开时，CAN-Low 线（舒适系统和信息系统）上的电阻也断开，因此不能测量电阻。如图 3-124 所示，大众车型中设置有两种终端电阻，分别为 66 kΩ 和 2.6 kΩ。

3.12.4 奥迪轿车充电系统的 LIN 总线

奥迪 A7 SPorthack 轿车上使用的是空气冷却式发电机，其工作电流为 150~180 A。这种发电机上装备有一个 LIN 调节器。如图 3-125 所示，发电机上有两个接线端子：一个是螺栓式接线端子 B+；另一个是两针插接器，其中端子 1 与 LIN 线连接，端子 2 未使用。

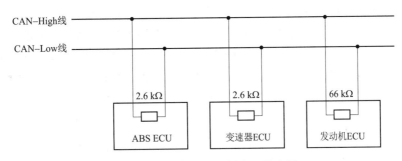

图 3-124 大众车型终端电阻的布置

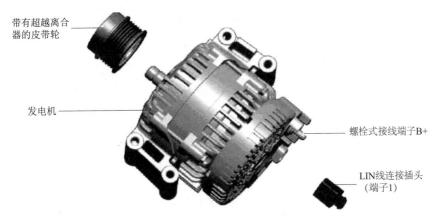

图 3-125 奥迪 A7 SPorthack 轿车上的发电机

奥迪 A7 SPorthack 轿车充电系统的 LIN 总线如图 3-126 所示。数据总线诊断接口 J533 将 LIN 总线信息发到 LIN 调节器上。这个信息预先确定了 12.2~15 V 这个电压规定值（根据车载电网的工作状态），这个值随后由调节器来调节。如果没有能形成这个电压规定值（如 LIN 线断路），调节器会识别这个情况，在经过了预定的时间后，会设置发电机的输出电压为恒定 14.3 V。

图 3-126 奥迪 A7 SPorthack 轿车充电系统的 LIN 总线

在"15 号线接通"的情况下来检测指示灯时，组合仪表上的充电指示灯不会点亮。只有当发电机有故障时，这个指示灯才会亮起。借助于诊断仪，可读取故障记录以及发电机的历史数据。

3.12.5 丰田车系车载网络系统

丰田车系车载网络系统被称为多路传输通信系统 MPX（Multiplex Communication System），

主要包括 CAN、BEAN(Body Electronic Area Network，车身电子局域网络)、AVC-LAN(Audio Visual Communication-Local Area Network，音响视听局域网络)。BEAN 是丰田汽车专利的双向通信网络，AVC-LAN 主要用于音频和视频设备中的通信网络。CAN、BEAN、AVC-LAN 通信协议不同。如图 3-127 所示，网关内置 CPU 从各总线接收数据，然后按照各通信协议把该数据变换后通过不同的总线发送出去。

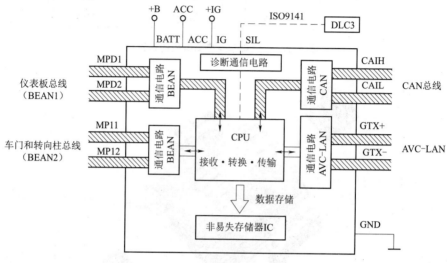

图 3-127　网关的结构示意图

1. 电动车窗电路分析

丰田锐志轿车电动车窗的电路如图 3-128 所示，主要由 MPX 车身 ECU、MPX 总开关、各车窗开关和车窗电动机等组成。其中 MPX 车身 ECU 与 MPX 总开关之间通过 MPX1 和 MPX2 两条导线采用多路传输通信系统，MPX 车身 ECU 与各车窗开关采用只有一条导线单向多路传输通信系统。下面以前排乘员侧车窗为例分析工作电路。

(1) 前排乘员侧车窗开关控制。接通点火开关后，当前排乘员侧车窗开关置于"上升"位时，前排乘员侧车窗开关总成内的微处理器 CPU 接通上升继电器的线圈，使上升继电器的触点闭合，前排乘员侧车窗电动机电路导通，车窗电动机工作，车窗玻璃上升。此时电动机电路为：熔断器 P/W FL→前排乘员侧车窗开关总成的端子 BDR→上升继电器触点(闭合)→前排乘员侧车窗开关总成的端子 U→前排乘员侧车窗电动机→前排乘员侧车窗开关总成的端子 D→下降继电器常闭触点→搭铁。

(2) MPX 总开关控制。接通点火开关后，将 MPX 总开关上的前排乘员侧车窗开关置于"上升"位，内置 MPX 总开关内的 CPU 将此信号通过 MPX1、MPX2 双向多路车身通信发送到 MPX 车身 ECU，MPX 车身 ECU 把接收的双向车身多路通信数据转换为单向多路通信数据，通过单向多路传输通信传送到前排乘员侧车窗开关总成，前排乘员侧车窗开关总成接收"上升"通信数据后，接通上升继电器的线圈，使上升继电器的触点闭合，前排乘员侧车窗电动机电路导通，电动机工作车窗玻璃上升。

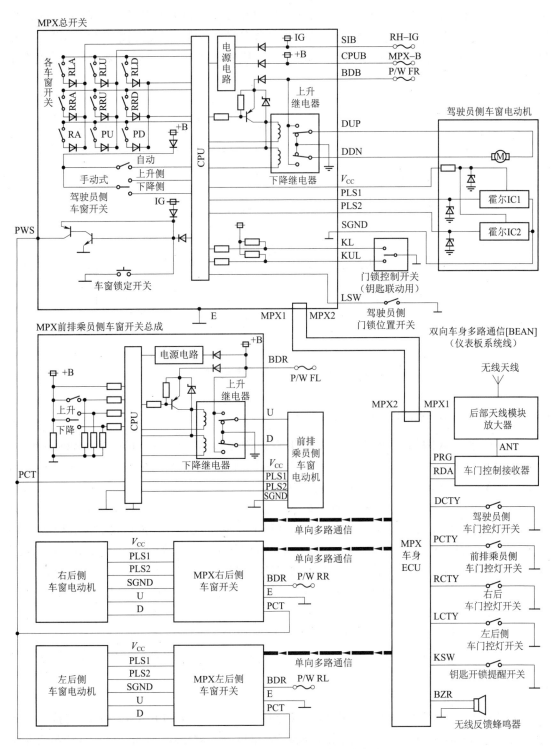

图 3-128 丰田锐志轿车电动车窗的电路

2. 仪表电路分析

丰田锐志轿车水温表电路如图 3-129 所示,水温传感器首先将发动机水温信号传送给发动机 ECU，发动机 ECU 通过 CAN 总线传送给网关 ECU，网关 ECU 把接收的 CAN 总线通信数据转换为双向多路通信数据，通过 MPI1、MPI2 双向多路车身通信发送到组合仪表 ECU，组合仪表 ECU 接收发动机水温数据后，控制 LCD 上的 7 段显示器的点亮和熄灭来表示发动机冷却液温度。

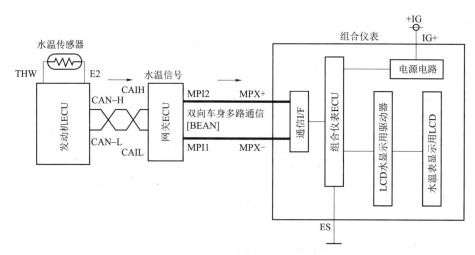

图 3-129　丰田锐志轿车水温表电路

3.12.6　本田车系车载网络系统

本田车系车载网络系统被称为多路集中控制系统 MICS（Multiplex Integrated Control System），由 B-CAN（Body Controller Area Network，车身控制器局域网）和 F-CAN（Fast Controller Area Network，快速控制器局域网）组成。

1. 本田车系多路集中控制系统的特点

如图 3-130 所示，F-CAN 通信速度为 500 kbit/s，使用双线方式进行仪表控制模块、SRS 装置、ECM/PCM、EPS 控制装置、ABS/VSA 调制器控制装置之间的通信。B-CAN 通信速度为 33.33 kbit/s，使用单线方式进行仪表控制模块、多路控制器（MICU）与防起动遥控控制装置之间的通信。F-CAN 与 B-CAN 之间的通信通过安装在仪表控制模块内的网关进行，网关原理如图 3-131 所示。

仪表控制模块与多路集中控制系统的连接电路如图 3-132 所示，其中 F-CAN 通过红色导线和白色导线与仪表控制模块的端子 A33、A34 连接，B-CAN 通过粉红色导线与仪表控制模块的端子 A20 连接。

2. 本田奥德赛多路集中控制系统的布置

如图 3-133 所示，本田奥德赛多路集中控制系统由 F-CAN 和 B-CAN 组成，连接车门多路控制装置、MICU、仪表控制模块、空调控制装置、继电器控制模块、ECM/PCM、自动照明控制装置、ABS 等多个设备。

第3章 汽车主要电气系统的电路分析

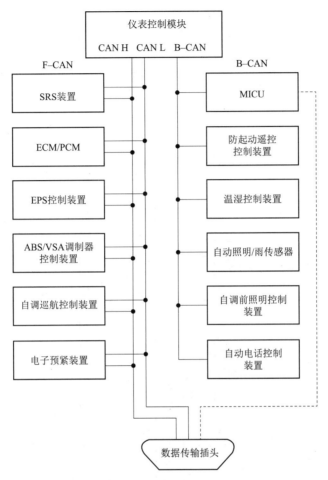

图 3-130　本田车系车载网络 F-CAN 和 B-CAN

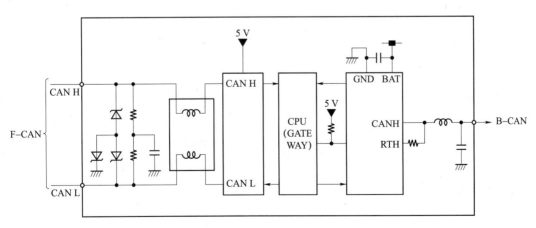

图 3-131　本田车系的网关原理

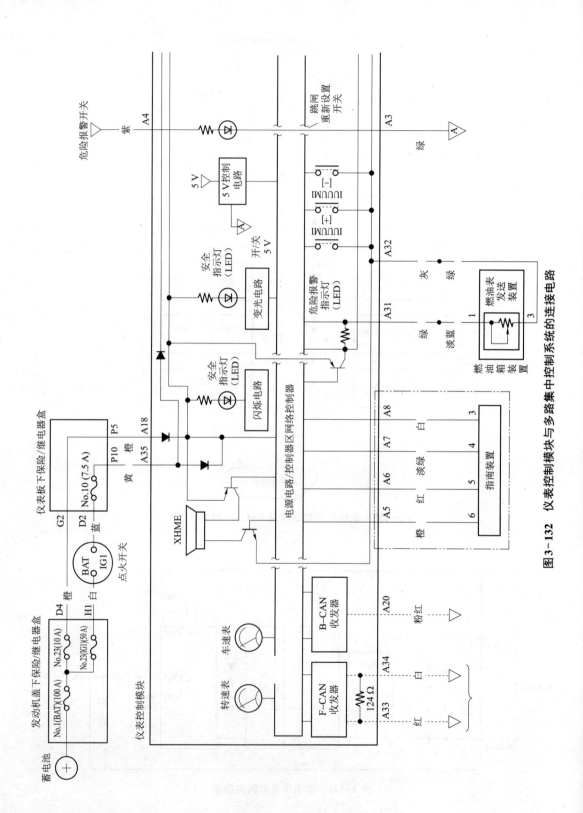

图3-132 仪表控制模块与多路集中控制系统的连接电路

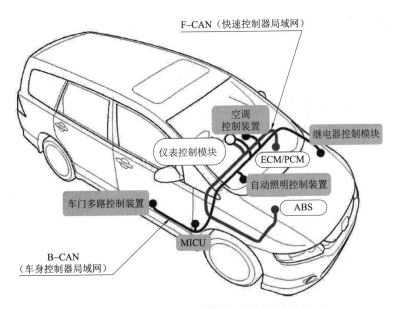

图 3-133 本田奥德赛多路集中控制系统的布置

3. 本田雅阁多路集中控制系统

本田雅阁轿车上共有 3 个多路控制装置，分别位于驾驶员侧熔断器/继电器盒内、前乘客侧熔断器/继电器盒内和驾驶员侧车门内。

本田雅阁轿车多路集中控制系统电路如图 3-134 所示，主要有两条通信线路，一条是车门多路控制装置至驾驶员侧多路控制装置之间的导线，其颜色为棕色；另一条是驾驶员侧多路控制装置至前乘员侧多路控制装置之间的导线，其颜色为粉红。当系统工作时，控制装置总是通过这些线路传送信号。而当系统关闭时，它们便停止传送信号。

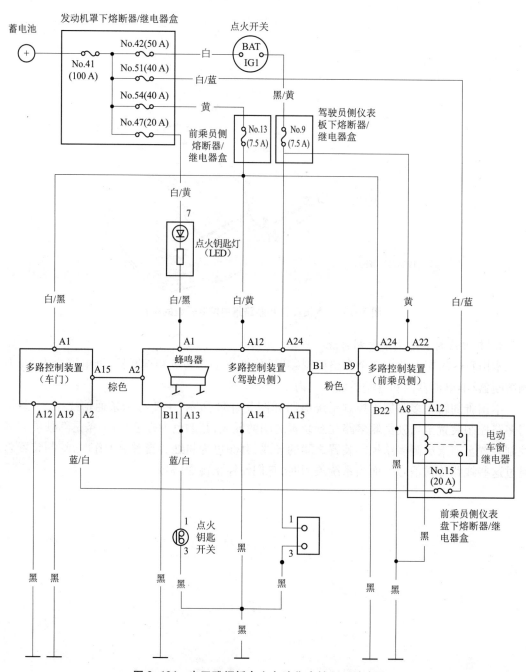

图 3-134 本田雅阁轿车上多路集中控制系统电路

知识链接

CAN 数据总线的检测

1. CAN 数据总线万用表检测

CAN 数据总线可以采用数字万用表进行电压信号测试,判断数据总线的信号传输是否存在故障,检测方法如图 3-135 所示。

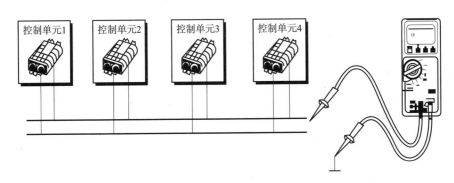

图 3-135　CAN 数据总线万用表检测

(1) 用万用表电阻挡测量 CAN-H 和 CAN-L 线之间的电阻值,正常情况下应为一个规定电阻值(电阻值大小随车型而异),不应直接导通。

(2) 用万用表检测动力 CAN 总线。大众车系动力 CAN 总线的 CAN-H 线上的电压应在 2.5~3.5 V 之间高频波动,CAN-L 线上的电压应在 1.5~2.5 V 之间高频波动。在隐形状态(静止状态)时,CAN-H 线与 CAN-L 线的电压差为 0 V;在显性状态时,CAN-H 线与 CAN-L 线的电压差为 2 V。

(3) 用万用表检测舒适 CAN 总线。大众车系 CAN 总线的 CAN-H 线上的电压在 0.0~3.6 V 之间高频波动,CAN-L 线上的电压在 5.0~1.4 V 之间高频波动。在隐形状态时,CAN-H 线与 CAN-L 线的电压差为-5 V;在显性状态时,CAN-H 线与 CAN-L 线的电压差为 2.2 V。

2. CAN 数据总线的波形检测

如图 3-136 所示,双通道模式 CAN 数据总线波形必须采用带有双通道的示波器或检测仪,例如用 VASSO51 进行检测,可根据故障波形判断出总线系统故障的类型。

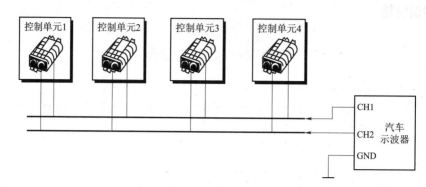

图 3-136　CAN 数据总线的波形检测

 本章小结

汽车电气系统主要包括电源系统、起动系统、点火系统、照明系统与信号系统、仪表系统、辅助电器系统、发动机电子控制系统、自动变速系统、防抱死制动系统、安全气囊系统、汽车空调系统、车载网络系统等。各个系统的电路具有自身特点和规律，根据其特点和规律可对不同电路进行分析识读和故障检测。

电子控制系统电路主要由 ECU 的电源电路、信号输入电路及执行器的工作电路等组成。

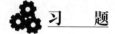 习　题

一、单选题

1. 电流表(　　)于蓄电池与发电机之间，电压表(　　)于蓄电池两端
A. 串联，串联　　B. 串联，并联　　C. 串联，并联　　D. 并联，串联

2. 一般情况下点火开关接通时，充电指示灯(　　)；发动机起动后，充电指示灯(　　)。否则，说明充电系统存在故障。
A. 点亮，熄灭　　B. 点亮，点亮　　C. 熄灭，熄灭　　D. 熄灭，点亮

3. 内搭铁型发电机电源系统的电路，电压调节器有(　　)根导线直接与发电机连接。
A. 3　　B. 2　　C. 1　　D. 4

4. 在起动系统中使用的电源为(　　)。
A. 蓄电池　　B. 发电机　　C. 蓄电池和发电机　　D. 蓄电池或发电机

5. 在汽车点火系统中没有高压导线，则该车一定采用的是(　　)配电方式电路。
A. 机械　　B. 双缸同时点火　　C. 各缸独立点火

6. 汽车仪表系统受(　　)控制。
A. 继电器　　B. 点火开关　　C. 调节器　　D. 线圈

7. LIN 总线系统需要(　　)根数据传输线。
A. 1　　B. 2　　C. 3　　D. 4

二、多选题

1. 在汽车上蓄电池由发动机进行充电，其充电系统工作状况的指示方式有(　　)等

形式。
　　A. 电流表指示　　　B. 充电指示灯指示　　C. 电压过高指示　　D. 电压表指示
　2. 电源系统常见故障有(　　)等。
　　A. 充电指示灯不亮　　　　　　　　　B. 充电系统不充电
　　C. 充电指示灯时亮时灭　　　　　　　D. 蓄电池充电不足
　　E. 发电机充电电流过大
　3. 在汽车上点火系统按结构形式不同,又可分为(　　)等类型。
　　A. 传统点火系统　　　　　　　　　　B. 电子点火系统
　　C. 微机控制点火系统　　　　　　　　D. 磁电机点火系统
　4. 点火系统的低压电路一般受(　　)等部件控制。
　　A. 点火开关　　　B. 点火控制器　　C. 电控单元(ECU)　　D. 蓄电池
　5. 转向信号电路一般由(　　)等组成。
　　A. 转向灯开关　　B. 闪光器　　　　C. 转向信号灯　　　　D. 转向指示灯
　6. 车载网络主要由(　　)等组成。
　　A. 电控单元　　　B. 数据总线　　　C. 网络　　　　　　　D. 通信协议
　　E. 网关
　7. 目前车载网络(　　)等系统已广泛应用于现代汽车。
　　A. CAN　　　　　B. LIN　　　　　 C. MOST　　　　　　D. VAN

三、简答题
1. 简述外装调节器式电源系统发电机与调节器之间的连接关系。
2. 以桑塔纳轿车整体式交流发动机为例,简述其充电指示灯和发电机磁场线圈工作电路。
3. 如何排除充电指示灯不亮故障?
4. 如何排除电源系统不充电故障?
5. 简述普通起动控制电路的工作过程。
6. 起动保护电路有几种形式,各有何特点?
7. 如何排除接通起动开关后起动机不转故障?
8. 传统点火系统工作时,分析初级绕组和次级绕组电路中电流走向。
9. 霍尔式(或磁感应式)电子点火系统工作时,分析初级绕组和次级绕组电路中电流走向。
10. 如何排除传统点火系发动机不能起动故障?
11. 照明系统电路有哪些特点?
12. 根据图 3-37 画出其仪表照明电路。
13. 仪表系统电路有哪些特点?
14. 根据图 3-60 分析 SX2190 货车进气预热系统电路。
15. 简述双速刮水电动机的控制电路的工作过程。
16. 按照电路的功能,发动机电子控制系统电路主要由哪些电路组成?
17. 分析图 3-73 后,绘制出节气门位置传感器的电路。
18. 分析图 3-95 后,绘制出流量调节电磁阀的电路。

19. SRS 导线插接器和保险机构有何特点？
20. 汽车空调电路有哪些特点？
21. 根据图 3-112 简述汽车手动空调系统的工作过程。
22. 根据图 3-119 分析雷克萨斯 LS400 型轿车自动空调系统的鼓风机电路。
23. 简述 CAN 总线系统主要由哪些部件组成。

第 4 章 国外各大汽车公司电路图的分析

🚗 **学习目标**

1. 了解国外各大汽车公司电路图中的图形符号含义,并熟识它们各自电路图的特点、规律。
2. 熟识国外各大汽车公司电路图的识图分析方法。

🚗 **学习要求**

由于各国各汽车厂商电路图绘制的技术标准、文字标注上的差异,使得各国各大汽车厂家在电路图的绘制、连接关系的表达、表示符号和文字标注等方面不尽相同。虽然不同汽车电路图的绘制风格各不相同,但只要抓住了它们各自的特点、规律,就比较容易识读这些电路图。本章所涉及的汽车电路图大都采用原图,有些电气元器件图形符号和文字符号与国家标准有所不同,请识图时注意。

4.1 丰田汽车电路图的分析

4.1.1 丰田汽车电路图的特点

(1) 电路图中的电气元件通常用文字直接标注。
(2) 把整个电路图作为一个总图,各系统电路按横轴方向逐个布置,并在电路图上方标出各系统电路的区域和代表该电路系统的符号及文字说明。
(3) 电路图中绘出了搭铁点,并标注代号与文字说明,可以从电路图了解电路搭铁点,直观明了。
(4) 有的电路图还直接标出电路插接器的端子排列和各端子的使用情况,给识图和电路故障查寻提供了方便。

4.1.2 丰田汽车电路图中符号的含义

丰田汽车电路图中各种符号的含义见表4-1。

表4-1 丰田汽车电路图中各种符号的含义

符 号	含 义	符 号	含 义
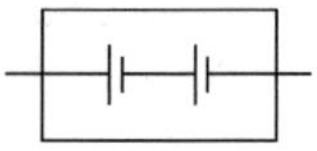	蓄电池	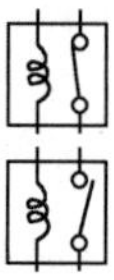	继电器 1. 常闭 2. 常开
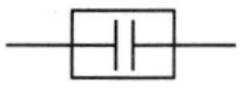	电容器	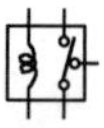	切换式继电器
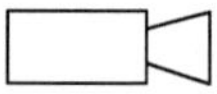	点烟器	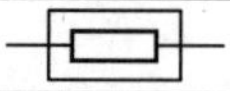	电阻
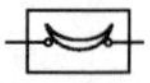	电路断电器	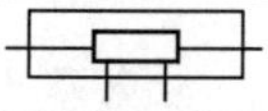	按键式变阻器
	二极管	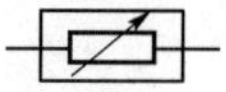	可变电阻器
	稳压二极管		热敏电阻传感器
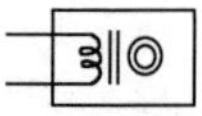	分电器、集成点火装置	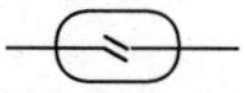	模拟速度传感器
	熔断器	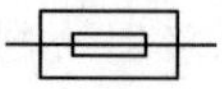	短路插销
	易熔线		电磁阀或电磁线圈
	搭铁		扬声器
单灯丝 双灯丝	前照灯		手动开关 1. 常开 2. 常闭
	喇叭		双投掷开关
	点火线圈		点火开关
	小灯		刮水器停放位置开关
	发光二极管		三极管
	模拟式仪表		配线 1. 不连接 2. 铰接
FUEL	数字式仪表		
	电动机		

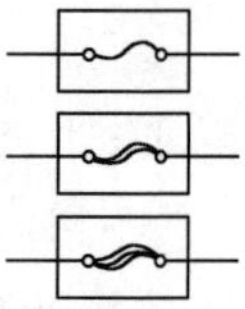

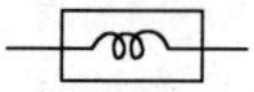

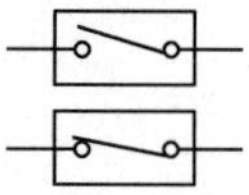

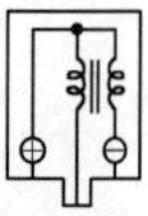

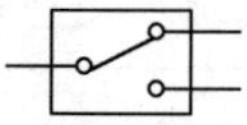

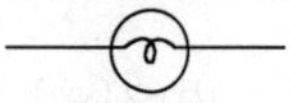

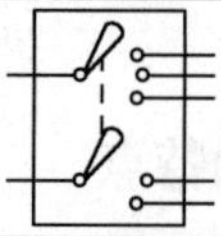

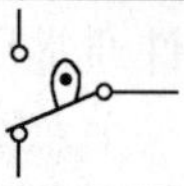

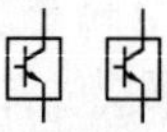

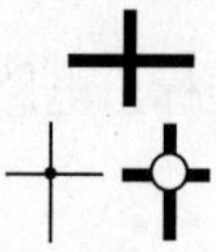

4.1.3 丰田汽车的电路保护装置

丰田汽车的电路保护装置的类型和符号见表4-2。

表4-2 丰田汽车的电路保护装置的类型和符号

附 图	符 号	类 型	缩略语
BE5594	IN0365	熔断器	FUSE
BE5595	IN0366	中等电流熔断器	M-FUSE
BE5596	IN0367	大电流熔断器	H-FUSE
BE5597	IN0367	易熔线	FL
BE5598	IN0368	电路断电器	CB

4.1.4 丰田汽车的导线

在丰田汽车电路图中,导线颜色用字母代号表示,见表4-3。导线颜色的表示方法如图4-1所示。

例如,线路图中导线颜色编号为R,则说明在实际电路中,导线颜色为红色。如果导线为双色,则用第一个字母表示配线基本颜色,第二个字母表示配线的条纹颜色。例如导线颜色编号为L-Y,则在实际电路中,导线的基本颜色为蓝色,条纹颜色为黄色。

表4-3 导线颜色

代号	颜色	代号	颜色	代号	颜色
B	黑	L	蓝	R	红
BR	棕	LG	浅绿	V	紫
G	绿	O	橙	W	白
GR	灰	P	粉红	Y	黄

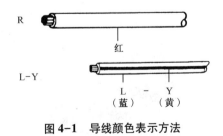

图4-1 导线颜色表示方法

4.1.5 丰田汽车的接线器和插接器

1. 接线器

接线器又称为线路分配器,其功能是将一根导线与多根导线连接。如图4-2所示,"J2"

表示接线器的代码,接线器由同色的多股配线和与之连接的短接端子构成。

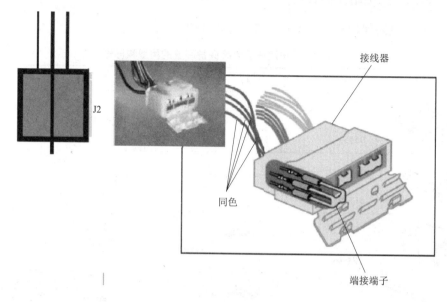

图 4-2　接线器

2. 插接器

（1）插接器接线端子的编号。

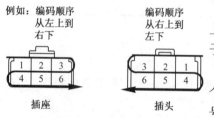

图 4-3　插接器接线端子的编号

如图 4-3 所示,插接器的插座接线端子的编号为从上排左至下排右的次序进行编号;插接器的插头接线端子的编号为从上排右至下排左的次序进行编号。

备注:具有相同端子数目的不同插接器用于同一个零件时,各插接器的名称(英文字母)和接线端子编号都有规定,如图 4-4 所示。

（2）插接器的插头和插座的区别。

如图 4-5 所示,根据接线端子的形状可识别插接器的插头和插座。

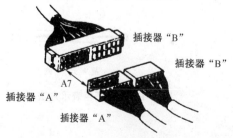

图 4-4　同一零件的不同插接器

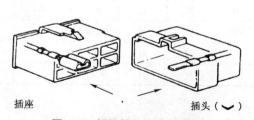

图 4-5　插接器的插头和插座

4.1.6 丰田汽车电路图识图范例

丰田汽车电路图的标示方法如图 4-6 所示。其说明如下。

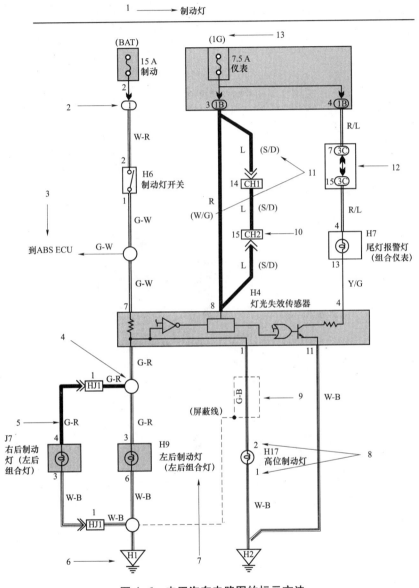

图 4-6 丰田汽车电路图的标示方法

1——系统标题,用文字和图形符号表示下方电路图的名称。

2——表示继电器盒,不使用阴影仅用继电器编号来区别于接线盒,图中所示椭圆中的 1 表示 1 号继电器盒。例如图 4-7 中所示的 P/W 继电器,椭圆中 2 表示接线盒号码,字母 G 表示插接器代码;图 4-8 中 2、9 表示插接器 G 的端子号;图 4-9 中 1、2、3、5 表示 P/W 继电器的插孔号。

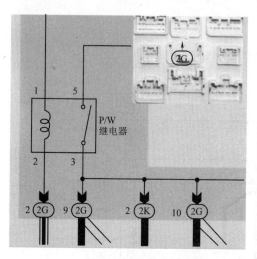

图 4-7 接线盒号码和插接器代码

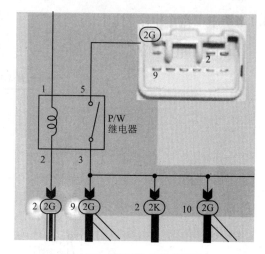

图 4-8 插接器 G 的端子号

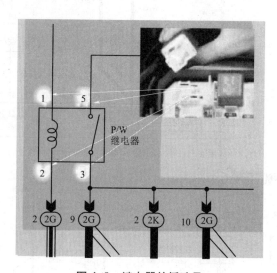

图 4-9 继电器的插孔号

3——表示相关联的系统。

4——表示配线接点。如图 4-10 所示,B7 和 E1 是接合点代码,配线接点不通过插接器或接线器直接与线路相连。

5——表示配线颜色。图中 G-R 表示底色是绿色,带有红色条纹。

6——表示搭铁(接地)点位置。搭铁(接地)点在电路图中用"▽"符号表示,如图 4-10 所示。

7——表示电气元件名称和代码,元件的代码与元件位置图使用的代码相同。每个元件的代码通常以这个元件名字的第一个字母开头,结合电路图后边的元件插接器位置图,可以找到其位置,如图 4-11 所示。

8——数字表示电气元件接线端子的编号。

9——表示屏蔽线。

10——表示配线与配线之间的插接器,长方形符号中的字母和数字显示线束插接器的代

第4章　国外各大汽车公司电路图的分析

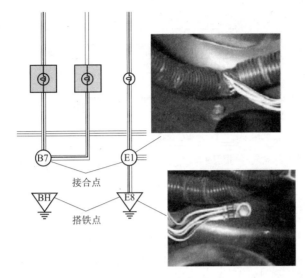

图4-10　配线接点和搭铁点

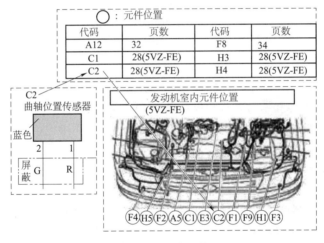

图4-11　元件位置图

码,带插头的配线用符号"⌒"表示,外侧数字15表示接线端子的号码。如图4-12所示,通过代码可以找到插接器,并可以查到它的所有信息,如端子、符号及形状等。其中插座和插头编号的方法不同。在插座编号中,顺序为从左至右,从上至下;插头则从右至左,从上至下。

11——当车辆型号、发动机型号或规格不同时,用括号中的内容来表示不同的配线和插接器等。

12——接线盒上一般印上阴影,使其与其他元件区分。不同的接线盒,用不同的阴影标出,以便区分。例如图中的3C表示它在3号接线盒内;数字7和15表示两条配线分别在插接器C的7号和15号接线端子上。

13——IG表示熔断器通电时,点火开关所处的挡位。

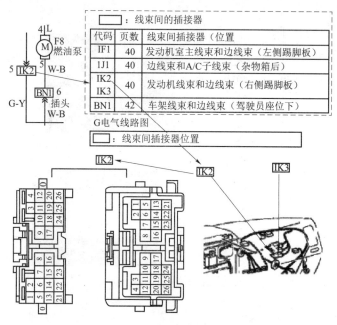

图 4-12 线束与线束的插接器示意图

 应用案例

丰田发动机散热器冷却风扇电路如图 4-13 所示,发动机 ECU 通过端子 FANH 和 FANL,控制散热器冷却风扇电动机处于高速或低速运转状态。

1. 散热器冷却风扇电动机处于低速运转

发动机 ECU 控制内部电路使端子 FANL 搭铁,3 号风扇继电器工作,常开触点闭合。此时,冷凝器风扇电动机与散热器冷却风扇电动机串联,两个电动机低速运转。

(1) 3 号风扇继电器线圈电路:点火开关→1 号 ECU IG 熔断器→3 号风扇继电器线圈→ECU 的端子 FANL→发动机 ECU。

(2) 散热器冷却风扇电动机电路:蓄电池→CDS FAN 熔断器→3 号风扇继电器常开触点(闭合 3→5)→冷凝器风扇电动机→2 号风扇继电器常闭触点(3→4)→散热器冷却风扇电动机→搭铁。

2. 散热器冷却风扇电动机处于高速运转

发动机 ECU 控制内部电路使端子 FANL 和 FANH 都搭铁,1 号、2 号、3 号风扇继电器同时工作。此时,冷凝器风扇电动机与散热器冷却风扇电动机并联,两个电动机高速运转。

(1) 1 号风扇继电器线圈电路:点火开关→1 号 ECU IG 熔断器→1 号风扇继电器线圈→ECU 的端子 FANH→发动机 ECU。

(2) 2 号风扇继电器线圈电路:点火开关→1 号 ECU IG 熔断器→2 号风扇继电器线圈→ECU 的端子 FANH→发动机 ECU。

(3) 3 号风扇继电器线圈电路:点火开关→1 号 ECU IG 熔断器→3 号风扇继电器线圈→ECU 的端子 FANL→发动机 ECU。

(4) 散热器冷却风扇电动机电路:蓄电池→RDI FAN 熔断器→1 号风扇继电器常开触点

(闭合 3→5)→散热器冷却风扇电动机→搭铁。

(5) 散热器冷却风扇电动机电路：蓄电池→CDS FAN 熔断器→3 号风扇继电器常开触点(闭合 3→5)→冷凝器风扇电动机→2 号风扇继电器常开触点(闭合 3→5)→搭铁。

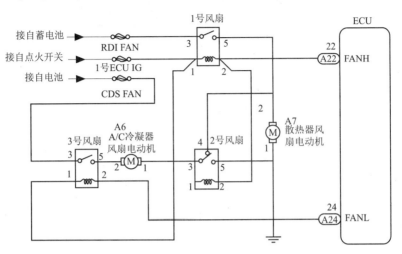

图 4-13　丰田发动机散热器冷却风扇电路

4.2　本田汽车电路图的分析

4.2.1　本田汽车电路图中符号的含义

本田汽车电路图中各种符号的含义见表 4-4。

表 4-4　本田汽车电路图中各种符号的含义

符　　号	含　　义	符　　号	含　　义
	蓄电池		搭铁点
	元件外壳搭铁		熔断器
	电磁线圈		点烟器

续表

符 号	含 义	符 号	含 义
	电阻	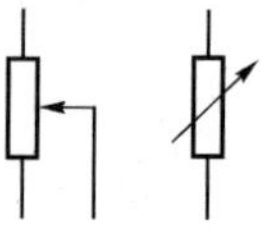	可变电阻
	热敏电阻器	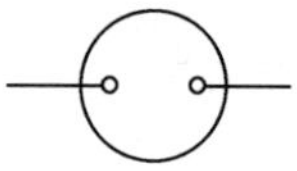	点火开关
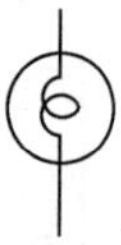	灯泡		加热器
	电动机		泵
	断电器	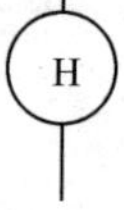	喇叭
	二极管	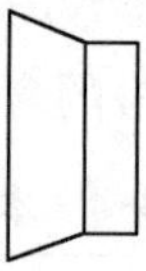	扬声器
	桅杆式天线	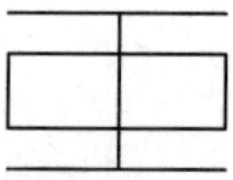	窗式天线
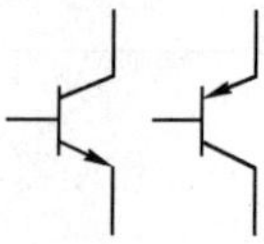	三极管	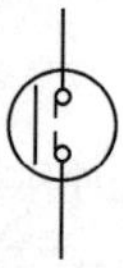	常开式开关
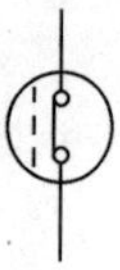	常闭式开关	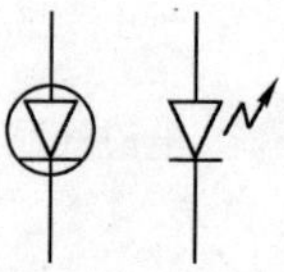	发光二极管

续表

符　号	含　义	符　号	含　义
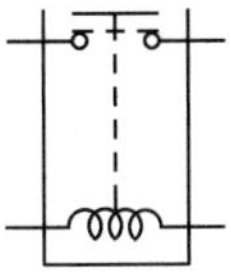	常开式继电器	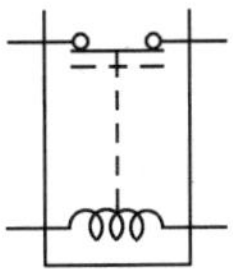	常闭式继电器
	电容器		输入
	输出	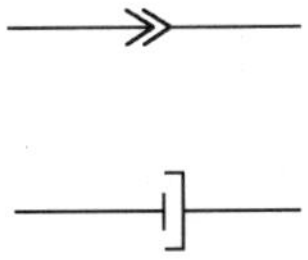	插接器
	舌簧开关		

4.2.2　本田汽车的导线

在本田汽车电路图中，线路部分都是以粗实线画出，集中在图的中间部分。每条导线上都有颜色，其颜色是指导线绝缘层的颜色，有单色线和双色线，以英文缩写来表示，对应关系见表4-5。

表4-5　导线的颜色

代号	颜色	代号	颜色	代号	颜色
BLK	黑色	GRN	绿色	PUR	紫色
WHT	白色	ORN	橙色	LT BLU	淡蓝色
RED	红色	PNK	粉红色	LT GRN	淡绿色
YEL	黄色	BRN	棕色		
BLU	蓝色	GRY	灰色		

如果导线是双色的，则以两种颜色英文缩写共同组成，例如"WHT/BLK"，斜杠"/"前面的"WHT"指导线颜色的本色或底色为白色，而斜杠"/"后面"BLK"指条纹部分为黑色，为了方便起见，把它叫作白黑线。

同一电气系统中颜色相同但不同的导线加用上角标以示区别，如BLU^2与BLU^3是不同的导线。

本田轿车的电路图导线并没有标出导线的截面积，只是根据和导线相连接的熔断器的通电电流的大小来判断导线的截面积大小。

4.2.3 本田汽车电路图的特点

1. 本田汽车电路图中线路符号的特点

本田汽车电路图中线路符号的特点如图 4-14 所示，其图注说明如下：

1——虚线表示图中只显示了部分电路（完整的电路参见箭头所指的系统或元件的电路）；

2——根据不同的车型或选装件来选择不同的线路（左边或右边）；

3——在导线的连接处只标出了线接头，接线的详情参见箭头所指的系统或元件的电路；

4——虚线表示蓝/红和红/蓝导线端子均在 C124 插接器的接线端子上；

5——线端的波浪表示该导线在下页继续；

6——电线的绝缘皮可为单色或一种颜色配上不同颜色的条纹；

7——表示导线接至另一侧（箭头表示电流方向）；

8——表示导线与另一电路相接。

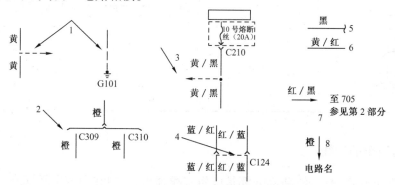

图 4-14 本田汽车电路图中线路符号的特点

2. 本田汽车电路图中接线端子、搭铁线连接符号的特点

本田汽车电路图中接线端子、搭铁线连接符号的特点如图 4-15 所示。其中图注说明如下：

1——插接器"C"。

2——插孔。

3——插头。

4——每个插接器都有标号（以字母"C"开头）以备在元件位置索引中查找。其插头的接线端子的编号从左上开始，对每个接线端子的插孔和插头进行编号，使对应的插孔和插头号相同。

5——表示接线端子直接与元件连接。

6——表示接线端子与元件的引线连接。

7——导线连接，"S"线路图上的圆点表示线接头。

8——实线表示显示了整个元件。

9——虚线表示只显示了元件的一部分。

10——元件名称出现在符号的右上角，下面是有关元件功能的说明。

11——该符号表示接线端子与汽车的车身连接（每根导线的搭铁都标有以字母"G"开头的搭铁符号，以备在元件位置索引中查找）。

12——表示元件外壳直接与汽车的车身连接搭铁。

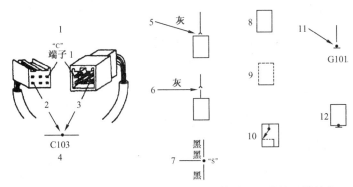

图4-15　本田汽车电路图中接线端子、搭铁线连接符号的特点

3. 本田汽车电路图中开关、熔断器符号的特点

本田汽车电路图中开关、熔断器符号的特点如图4-16所示。其中图注说明如下。

1——螺纹连接(每个端子都标有以字母"T"开头的端子号,以备在元件位置索引中查找,端子"T"是一种采用螺钉或螺栓进行连接的接头而不是采用一种推拉型的插接接头)。

2——屏蔽(代表电线周围的无线电频率干涉屏蔽,该屏蔽总是搭铁)。

3——联动开关(虚线表示开关之间的机械连接)。

4——表示点火开关处在接通位置。

5——熔断器编号。

6——熔断器的额定电流。

7,8——二极管。

9——线圈(这是一个继电器,其线圈内无电流通过)。

10——常闭触点。

11——常开触点。

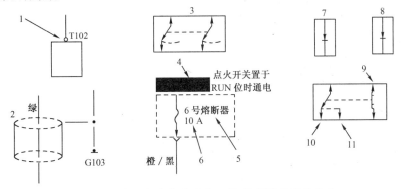

图4-16　本田汽车电路图中开关、熔断器符号的特点

4.2.4　本田汽车电路图识图范例

本田汽车电路图的范例如图4-17所示。

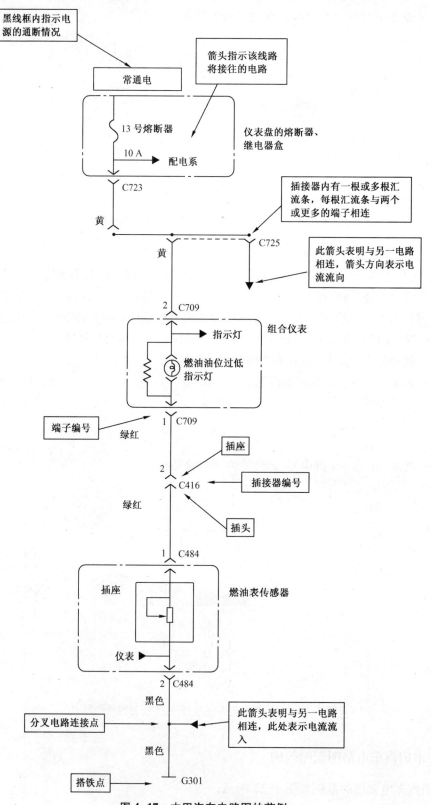

图 4-17 本田汽车电路图的范例

第4章 国外各大汽车公司电路图的分析

 应用案例

图4-18所示为广州本田雅阁轿车的电动天窗的电路,下面以此为例介绍本田汽车电路图的识读方法。

1. 电动天窗继电器电路

当打开点火开关时,电动天窗继电器的电路为:蓄电池正极→多路控制装置(前乘客席侧)→电动车窗继电器(前乘客席侧仪表盘下熔断器/继电器盒)→黑线→G581→蓄电池负极。电动车窗继电器接通。

2. 天窗开启电路

当电动天窗开关打到开启位置时,天窗开启电路为:蓄电池正极→黑线→(发动机盖下熔断器/继电器盒)No.41(100 A)、No.51(40 A)→白/蓝线→电动车窗继电器触点→(前乘客席侧仪表盘下熔断器/继电器盒)熔断器No.7(20 A)→白/黄线→天窗开启继电器线圈→灰/黄线→天窗开关接线端子6→天窗开启开关→天窗开关接线端子2→黑线→G501搭铁→蓄电池负极。此时天窗继电器将触点吸到图4-18中左边位置。

此时,天窗电动机开始工作,天窗开启。其电路为:蓄电池正极→黑线→(发动机盖下熔断器/继电器盒)No.41(100 A)、No.51(40 A)→白/蓝线→(前乘客席侧仪表盘下熔断器/继电器盒)熔断器No.1(30 A)→绿线→天窗开启继电器触点→绿/黄线→天窗电动机接线端子1→天窗电动机→天窗电动机接线端子2→绿/红线→天窗关闭继电器触点→黑线G501搭铁→蓄电池负极。

3. 天窗关闭电路

当电动天窗开关打到关闭位置时,天窗关闭电路为:蓄电池正极→黑线→(发动机盖下熔断器/继电器盒)No.41(100 A)、No.51(40 A)→白/蓝线→电动车窗继电器触点→(前乘客席侧仪表盘下熔断器/继电器盒)熔断器No.7(20 A)→白/黄线→天窗关闭继电器线圈→绿/红线→天窗倾斜开关关闭触点接线端子1→天窗倾斜开关关闭触点接线端子3→灰/红线→天窗开关接线端子4→天窗开关→天窗开关接线端子2→黑线→G501搭铁→蓄电池负极。此时,天窗关闭继电器接通,将触点吸到图4-18中右边位置。

此时,天窗电动机开始工作,天窗关闭。其电路为:蓄电池正极→黑线→(发动机盖下熔断器/继电器盒)No.41(100 A)、No.51(40 A)→白/蓝线→熔断器No.1(30 A)(前乘客席侧仪表盘下熔断器/继电器盒)→绿线→天窗关闭继电器触点→绿/红线→天窗电动机接线端子2→天窗电动机→天窗电动机接线端子1→绿/黄线→天窗开启继电器触点→黑线G501搭铁→蓄电池负极。

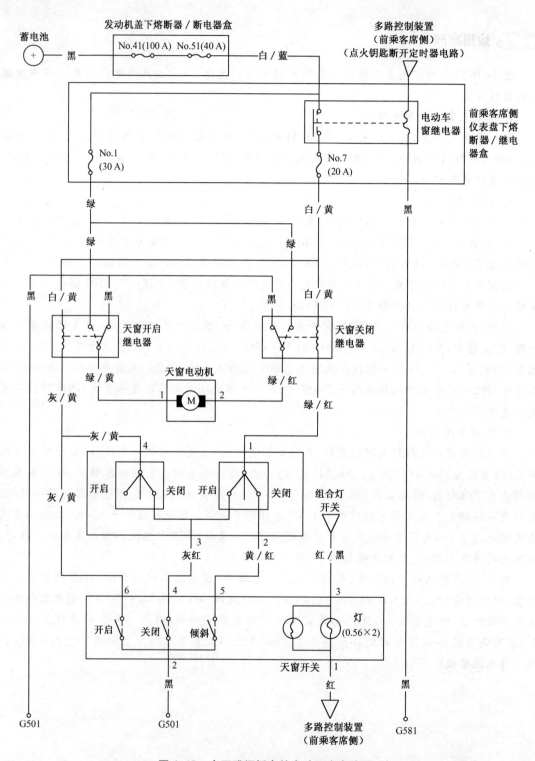

图 4-18 本田雅阁轿车的电动天窗电路图

4.3 三菱汽车电路图的分析

4.3.1 三菱汽车电路图中符号的含义

三菱汽车电路图中各种符号的含义见表4-6。

表4-6 三菱汽车电路图中各种符号的含义

符号	含义	符号	含义	符号	含义
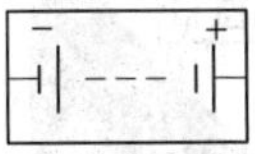 (电池符号)	蓄电池	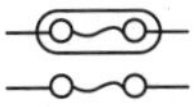 (熔断器符号)	熔断器	 (易熔线符号)	易熔线
 阴侧 阳侧	插接器	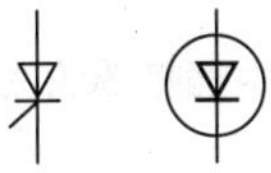 (晶闸管符号)	晶闸管整流器	 (搭铁符号)	线路经车身搭铁
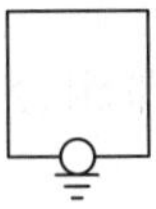 (电器壳体符号)	电器壳体本身搭铁	 (ECU搭铁符号)	ECU内部搭铁	 M	电动机
 (压电元件符号)	压电元件	 (单丝灯泡符号)	单丝灯泡	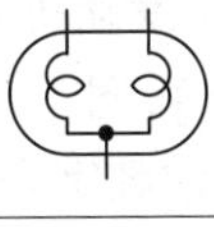 (双丝灯泡符号)	双丝灯泡
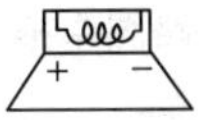 (扬声器符号)	扬声器	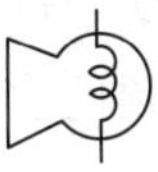 (喇叭符号)	喇叭	 (电阻器符号)	电阻器
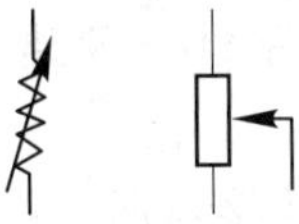 (可变电阻器符号)	可变电阻器	 (线圈符号)	线圈	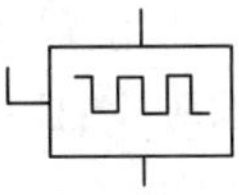 (脉冲发生器符号)	脉冲发生器
 (发光二极管符号)	发光二极管	 (二极管符号)	二极管	 (稳压二极管符号)	稳压二极管
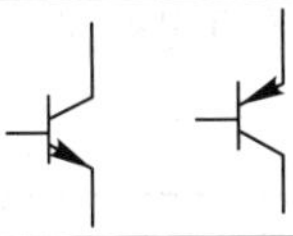 (三极管符号)	三极管	 (蜂鸣器符号)	蜂鸣器	 (光敏二极管符号)	光敏二极管
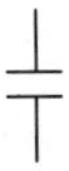 (电容器符号)	电容器	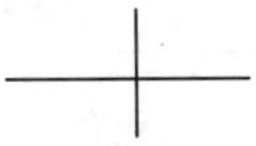 (交叉线符号)	无连接点的交叉线	 (绞接线符号)	绞接线
 (谐音警报器符号)	谐音警报器	 (光敏三极管符号)	光敏三极管		

4.3.2 三菱汽车的插接器

1. 插接器图形表示方法

三菱汽车电路图中插接器的图形表示方法如图 4-19 所示。

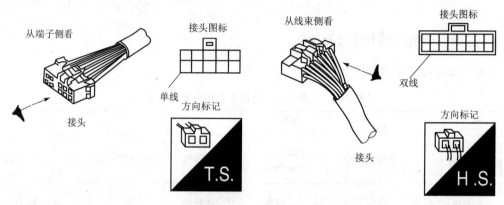

图 4-19 三菱汽车电路图中插接器的图形表示方法

2. 插接器的符号

如图 4-20 所示，三菱汽车电路图中插接器的符号采用阿拉伯数字和英文字母组合表示。第一个字母符号表示插接器的安装位置，图中字母 A 表示该插接器安装在发动机室；字母后面的阿拉伯数字表示顺序号（特殊号），图中 12 表示该插接器的顺序号是 12；括号内的阿拉伯数字表示插接器接线端子的数量，图中 6 表示该插接器有 6 个接线端子；括号内的英文字母表示插接器的颜色，图中字母 B 表示该插接器的颜色为黑色。

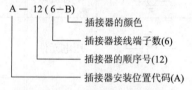

图 4-20 三菱汽车电路图中插接器的符号

（1）插接器安装位置代码。插接器安装位置代码的含义如下：A—发动机室；B—变速器；C—仪表盘；D—驾驶室；E—车门；F—车顶。

（2）插接器的顺序号。插接器顺序号在配线图中按顺时针方向排列，其插接器所连接的零部件可见具体车型的附表。

3. 插接器的颜色

当插接器符号内无表示颜色的字母时，表示插接器是乳白色，插接器其他颜色见表 4-7。

表 4-7 插接器的颜色

符号	颜色	符号	颜色	符号	颜色
B	黑色	Y	黄色	L	蓝色
G	绿色	R	红色	BR	棕色
V	紫罗兰	O	橙色	GR	灰色

4. 插接器的标记

三菱汽车电路图中插接器的标记见表4-8。

表4-8 三菱汽车电路图中插接器的标记

名称		图形	符号	内容
插接器	插头	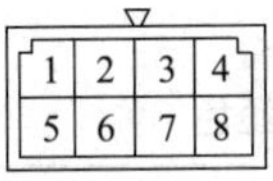	 ↓	双轮廓线表示插接器的插头
	插座	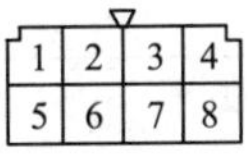	 Y	一根轮廓线表示插接器的插座
接线端子排列顺序	器件上的插接器及线束中的插接器	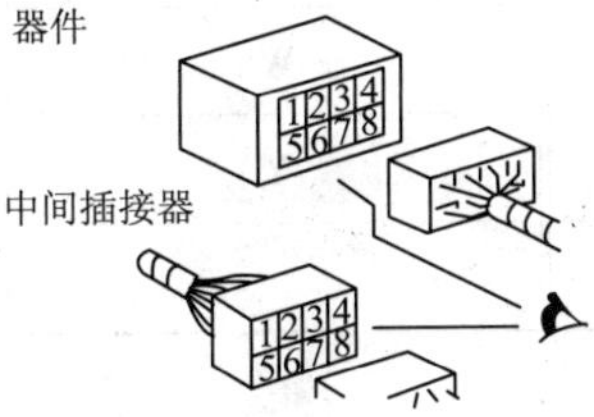	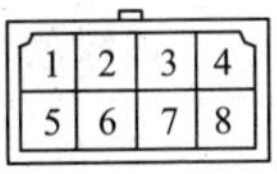	以图示方向看，在与器件连接时，表示器件侧的插接器符号，对于中间插接器表示插座符号
插接器的连接标记	直接连接形式	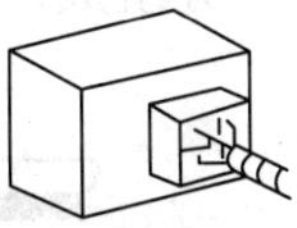	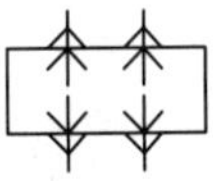	电气零部件与插接器直接连接
	配线连接形式	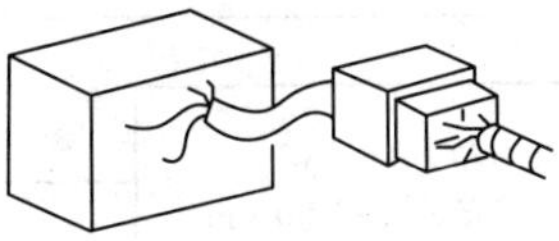	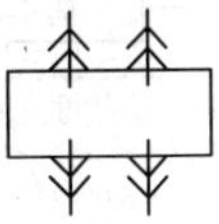	电气零部件通过导线与插接器连接
	中间连接形式	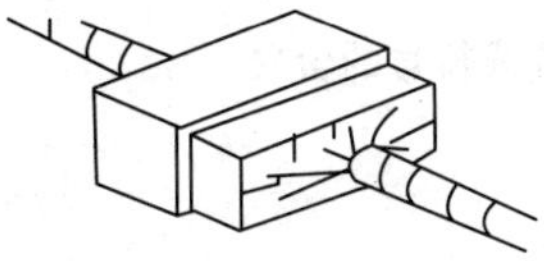		线束连接时采用的插接器

4.3.3 三菱汽车的导线

1. 导线的颜色

在三菱汽车电路图中,导线颜色用字母代号表示,见表4-9。例如,电路图中导线颜色代号为R,则说明在实际线路中,导线颜色为红色。如果导线为双色,则用第一个字母表示配线基本颜色,第二个字母表示配线的条纹颜色。例如导线颜色代号为B-W,则在实际线路中,导线的基本颜色为黑色,条纹颜色为白色。

表4-9 导线颜色

代 号	颜 色	代 号	颜 色
B	黑色	P	粉红色
BR	紫色	R	红色
G	绿色	SB	天蓝
GR	灰色	V	紫罗兰
L	蓝色	W	白色
LG	浅绿色	Y	黄色
O	橙色		

2. 导线的符号

电路图中采用符号表示导线的特点,只要掌握其识读方法,即可确定导线的截面积和导线的颜色。三菱汽车导线的符号一般由两部分或三部分组成,其导线符号的含义如图4-21所示。

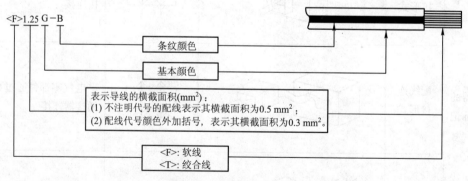

图4-21 导线符号的含义

4.3.4 三菱汽车电路图识图范例

三菱汽车电路图为便于了解电流的流动方向,电源部分画在电路图的顶部,搭铁(接地)部分画在电路图的底部。三菱汽车电路图的标示方法如图4-22、图4-23所示,电路图中各部分的含义如下:

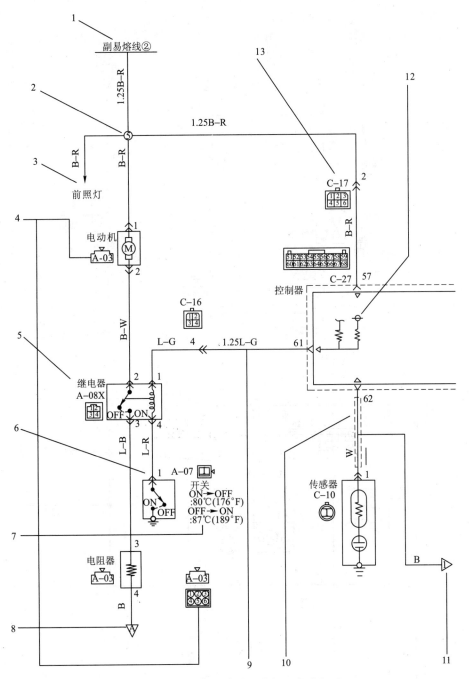

图 4-22 三菱汽车电路图的标示方法(一)

1——电源,一般位于图的顶部。
2——与其他系统用电器的电路接合点的编号,与该系统线路图上的接合点编号一致。
3——线路所接的其他系统用电器的名称。

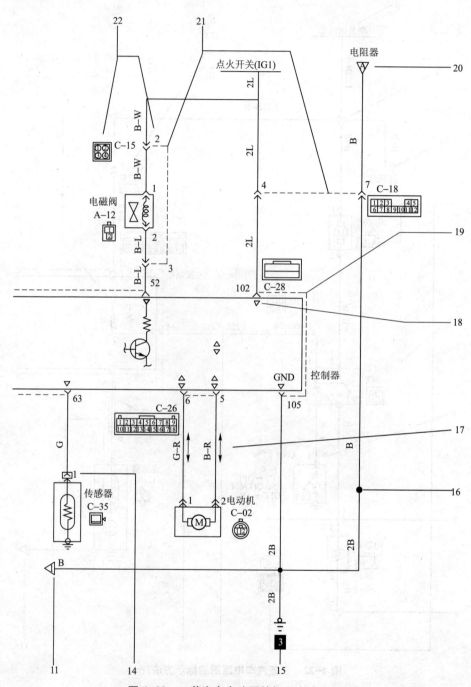

图4-23 三菱汽车电路图的标示方法(二)

4——如果无位置画出插接器,可将插接器的顺序号写在符号 ⌐⌐ 内的空白位置。

5——插接器顺序号后面的"X"表示该插接器被连接到组合接头上。

6——单极插接器的情况下,省略端子数和插接器的代号。

7——表示电器部件的工作状态,此处表示的是发动机冷却液温度控制开关的工作条件。

8——表示此图与另外一图中的同一线路在 △A 处连接。

9——导线的标注方法。"1.25"表示导线的截面积为 1.25 mm², 若没有标注尺寸则为 0.5 mm²; "L"表示导线绝缘基本底色为蓝色; "G"表示导线绝缘上的条纹色为绿色。

10——表示屏蔽线。

11——表示两页上的配线连接。

12——表示控制器的电源,如果没有标出电压数值的大小,即指系统电压。

13——表示插接器的顺序号,与电气配线图中所使用的顺序号相同。

14——表示此端子是备用端子,用于标准车型中不提供的元器件,本例子中是传感器。

15——表示车身搭铁(接地)点,编号与电气配线图及零部件安装位置图中的接地点相同,一般位于图的底部。

16——表示配线接头,在此接头处导线的截面积或颜色发生改变。

17——表示由控制器控制的电流可向下或向上流动。

18——表示输入控制器及从控制器输出的电流方向,具体表示方法如图 4-24 所示。

19——两个或两个以上的插接器接在同一器件上时,在同一插接器上的接头用虚线连接。

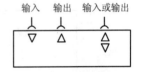

图 4-24 输入/输出控制器的电流方向

20——表示接自前一页电路 ▽A 点的图。

21——虚线表示这些插接器是相同的中间插接器。

22——表示插接器的接线端子号。

应用案例

下面以三菱帕杰罗轿车照明系统电路为例进行分析。

尾灯、车宽灯、车牌灯的电路如图 4-25 所示。当照明开关位于"TAIL"(小灯)挡时,照明开关内活动触点与"TAIL"触点连通,尾灯继电器的电磁线圈通电,其电路是:蓄电池正极→截面积 8 mm² 白色导线→发动机室配电盒 10 号 40 A 易熔线→截面积 0.5 mm² 红色导线→A-21 插接器接线端子 2→尾灯继电器的电磁线圈→A-21 插接器接线端子 4→截面积0.5 mm² 绿/白色导线→C-57 插接器接线端子 10→照明开关"TAIL"(小灯)挡→截面积0.5 mm² 黑色导线→搭铁→蓄电池的负极。此时,尾灯继电器触点闭合,车宽灯、尾灯、车牌灯点亮,其电路如下。

1. 车宽灯电路

蓄电池正极→截面积 8 mm² 白色导线→发动机室配电盒 10 号 40 A 易熔线→截面积 3 mm² 红色导线→A-21 插接器接线端子 1→尾灯继电器的触点→A-21 插接器接线端子 1→

截面积 2 mm² 红色导线→5 号专用熔断器→截面积 0.5 mm² 绿/白色导线→A-29 插接器接线端子 1→左车宽灯→A-29 插接器接线端子 2→截面积 0.5 mm² 黑色导线→搭铁→蓄电池的负极。

相同原理,右车宽灯的电路:5 号专用熔断器→截面积 0.5 mm² 绿/白色导线→A-48 插接器接线端子 1→左车宽灯→A-48 插接器接线端子 2→截面积 0.5 mm² 黑色导线→搭铁→蓄电池的负极。

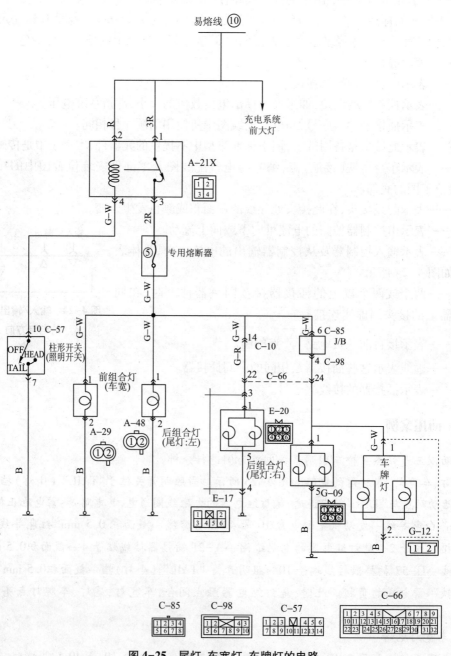

图 4-25　尾灯、车宽灯、车牌灯的电路

2. 尾灯电路

左尾灯电路：5号专用熔断器→截面积0.5 mm² 绿/白色导线→C-10插接器接线端子1→截面积0.5 mm² 绿/红色导线→C-66插接器接线端子22→E-17插接器接线端子3→E-20插接器接线端子1→左尾灯→E-20插接器接线端子5→E-17插接器接线端子4→搭铁→蓄电池的负极。

右尾灯电路：5号专用熔断器、截面积0.5 mm² 绿/白色导线→C-85插接器接线端子6→跨接C-98插接器接线端子4→C-66插接器接线端子24→截面积0.5 mm² 绿/白色导线→G-09插接器接线端子1→右尾灯→G-09插接器接线端子5→截面积0.5 mm² 黑色导线→搭铁→蓄电池的负极。

3. 车牌灯电路

5号专用熔断器→截面积0.5 mm² 绿/白色导线→C-85插接器接线端子6→跨接C-98插接器接线端子4→C-66插接器接线端子24→截面积0.5 mm² 绿/白色导线→G-12插接器接线端子1→车牌灯→G-12插接器接线端子2→截面积0.5 mm² 黑色导线→搭铁→蓄电池的负极。

4.4 马自达汽车电路图的分析

4.4.1 马自达汽车电路图中符号的含义

马自达汽车电路图中各种符号的含义见表4-10。

表4-10 马自达汽车电路图中各种符号的含义

符号	含义	符号	含义
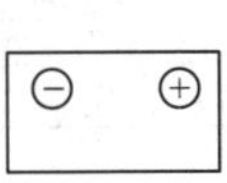	蓄电池		易熔线
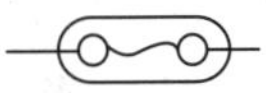	管状熔断器		片状熔断器
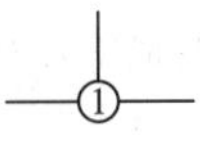	通过导线搭铁		通过电器部件外壳搭铁
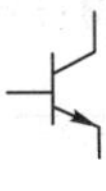	NPN型三极管	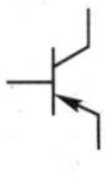	PNP型三极管

续表

符号	含义	符号	含义
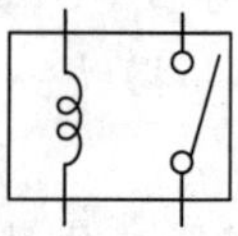	常开式继电器	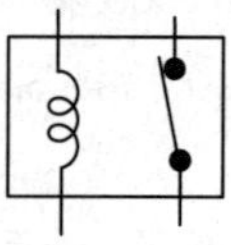	常闭式继电器
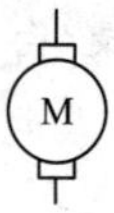	电动机	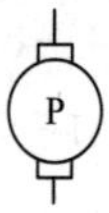	泵
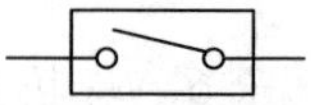	常开开关	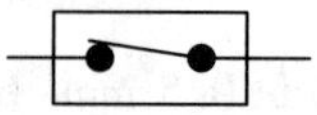	常闭开关
	不连接的交叉导线		有连接点的交叉导线
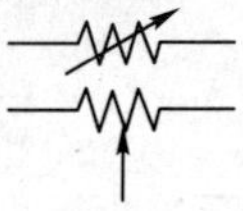	可变电阻式传感器	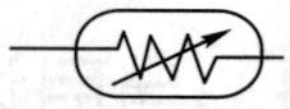	热敏电阻式传感器
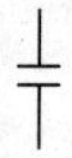	电容器		二极管
	点烟器	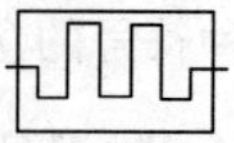	电加热器
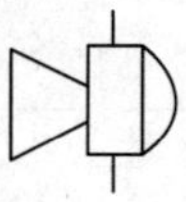	喇叭	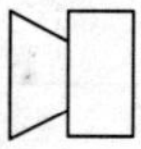	扬声器
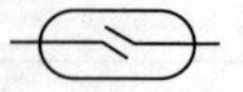	车速传感器	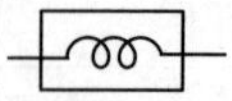	电磁线圈
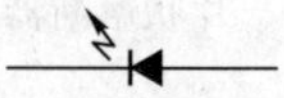	发光二极管		稳压二极管
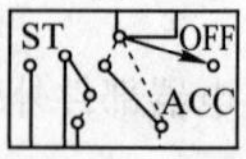	点火开关	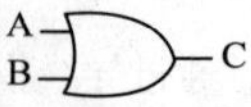	逻辑符号"或"
	逻辑符号"与"	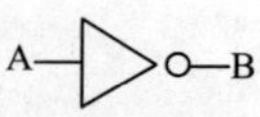	逻辑符号"非"
	灯泡	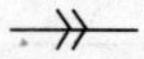	插接器

4.4.2 马自达汽车的插接器

1. 插接器图形表示方法

马自达汽车电路图中插接器的图形表示方法见表4-11。

表4-11 马自达汽车电路图中插接器的图形表示方法

名 称		图 形	电路图符号	内 容
插接器	插头（凸插头）	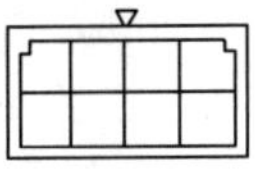	 ↓	双轮廓线表示插接器的插头
	插座（凹插头）	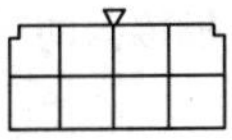	 Y	一根轮廓线表示插接器的插座
插接器		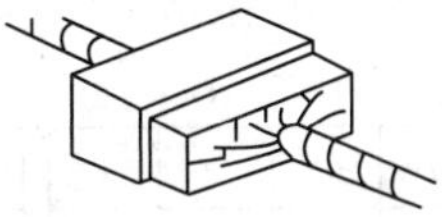	 ⇑	线束连接时采用的插接器

2. 插接器的代号

插接器的代号采用英文字母和阿拉伯数字组合表示。不同时期出厂的马自达汽车，插接器的英文字母代表的含义不尽相同，近几年插接器代号中前缀英文字母表示插接器所连接的系统名称，其具体的含义见表4-12。

表4-12 插接器连接的系统

代 号	连接的系统	代 号	连接的系统
A	充电系统/起动系统的接线端子	K	电动车窗、电动门锁系统
B	发动机电控系统	L	遥控镜系统
C	仪表控制系统	M	滑动天窗
D	刮水器系统	Q	防抱死制动系统
E	照明系统	S	被动式安全带控制/安全气囊系统
F	信号系统	T	其他系统
G	空调系统	U	数据连接接口
I	内部照明系统	X	常用接线端子
J	音频/收音机	Y	搭铁（接地）

3. 插接器的识读方法

在识读插接器接线端子时,应选择正确方向。对于电器部件与线束连接的插接器,应从线束侧往部件侧方向观看;对于线束中间插接器,其观察方向如图 4-26 所示。

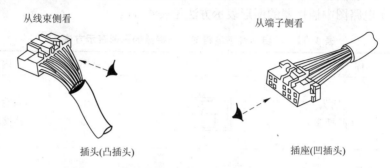

图 4-26 插接器的观察方向

插接器的表示方法如图 4-27 所示,每个插孔中的代号表示此插孔中接线端子所连接导线的颜色代码,插接器边框周围的代号表示接线端子的代号。

1U	1S	1Q	1O	1M	1K	1I	1G	1E	1C	1A
LG/W	L/O	G/B	W/G	G/R	R/W	B/Y	*	*	B/L	L/R
G/Y	*	L/B	L/Y	BR	V	G/W	LG	LG/R	W	R/B
1V	1T	1R	1P	1N	1L	1J	1H	1F	1D	1B

← 接线端子的代号
← 此接线端子所连接导线的颜色代码

图 4-27 插接器的表示方法

4.4.3 马自达汽车的导线

如图 4-28 所示,在马自达汽车电路图中,导线颜色用字母代号表示,见表 4-13。例如,线路图中导线颜色编号为 R,则说明在实际线路中,导线颜色为红色。如果导线为双色,则用第一个字母表示配线基本颜色,第二个字母表示配线的条纹颜色,中间用斜杠"/"隔开。例如导线颜色代号为 L/Y,则在实际线路中,导线的基本颜色为蓝色,条纹颜色为黄色。

表 4-13 导线颜色

代 号	导线的颜色	代 号	导线的颜色
B	黑色	P	粉红色
BR	棕色	R	红色
G	绿色	S	银色
GR	灰色	V	紫色

续表

代　号	导线的颜色	代　号	导线的颜色
L	蓝色	W	白色
LG	浅绿色	Y	黄色
O	橙色		

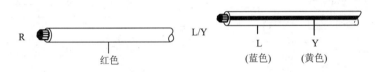

图 4-28　导线的颜色

4.4.4　马自达汽车电路图识图范例

为便于识读，在马自达汽车电路图上方标有各系统名称；为便于理解，电源部分画在电路图的顶部，搭铁（接地）部分画在电路图的底部。马自达汽车电路图的标示方法如图 4-29、图 4-30 所示，电路图中各部分的含义如下。

1——易熔线。图中主易熔线，额定容量 100 A，一般位于电路图的上部。

2——系统名称标题，一般位于电路图的顶部。

3——插接器接线端子的代号。图中 X-03 表示插接器的代号，D、C 表示该插接器接线端子的代号。

4——导线的颜色。"B"表示导线绝缘基本底色为黑色，"W"表示导线绝缘上的条纹色为白色，(F) 表示该导线的安装位置属于汽车前部线束的配线。

5——JB-01 表示配电盒插接器的代码，A 表示该插接器接线端子的代号。

6——线路所接的其他系统用电器的名称。图中表示该导线连接到发动机转速表。

7——表示屏蔽的配线。

8——表示电流按箭头方向流动。

9——搭铁（接地）符号。

10——线束通过导线搭铁（接地），该编号与搭铁（接地）图中编号一致，一般位于电路图的底部。

11——插接器的代号和名称接。图中插接器的代号是 B2-01，插接器所在电器部件的名称是发动机 ECU。

12——表示插接器端面示意图。

13——带外框线的平面图表示插头（又称为凸插头）。

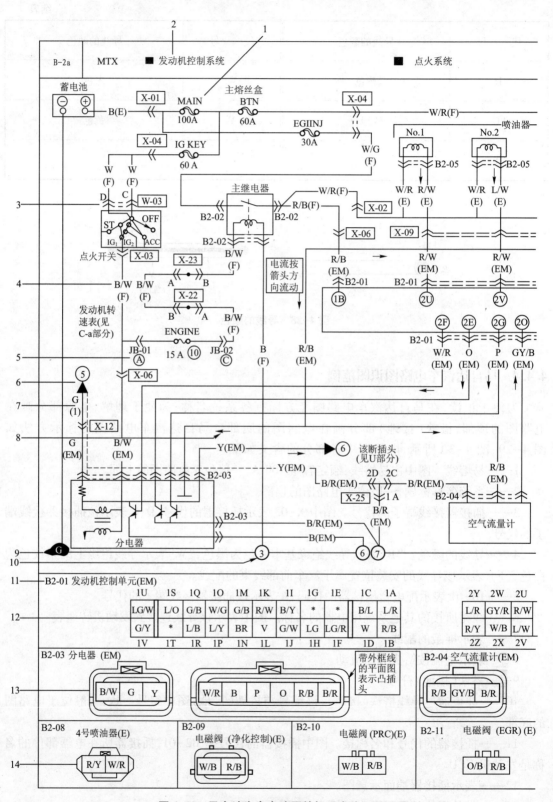

图4-29 马自达汽车电路图的标示方法(一)

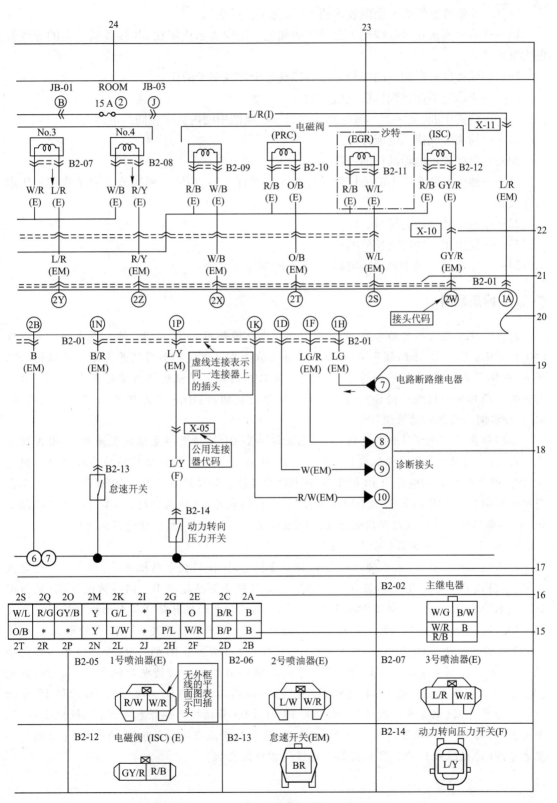

图 4-30 马自达汽车电路图的标示方法(二)

14——不带外框线的平面图表示插座(又称为凹插头)。

15——表示连接在该接线端子上导线的颜色。图中表示连接在 2B 接线端子上的导线颜色为黑色。

16——插接器边框周围的代号表示插接器各个接线端子的代号。

17——表示电器部件壳体搭铁(接地)。

18——线路中断,文字指示该电路接往另一电路图中圈内数字相同的电路上。

19——箭头尖端指示电流方向。

20——弧线表示电器部件的一部分。

21——两个或两个以上的插接器连接在同一器件上时,在同一插接器上的接线端子用虚线连接。

22——表示插接器的符号。

23——仅限用于沙特阿拉伯的车型。

24——熔断器。图中表示额定容量 15 A 的熔断器。

应用案例

马自达 929 型汽车电动车窗、电动车门锁的电路图如图 4-31 所示。车门锁电路由易熔线(40 A)、30 A 熔断器、车门锁开关、4 只车门锁电动机共同组成。车门锁开关是一种双掷三位开关,双掷开关联动,其符号如图 4-31 所示。4 只车门锁电动机组件用字母表示,其中:FL—前左侧车门锁电动机组件;FR—前右侧车门锁电动机组件;RL—后左侧车门锁电动机组件;RR—后右侧车门锁电动机组件。

车门锁电路首先经过如下电路:蓄电池正极→X-01 插接器→主熔断器座中的 40 A 熔断器→白/红色导线(汽车前部配线)→编号为 JB 的第 7(或 07)号插接器的接线端子 A→配电盒 2 号 30 A 熔断器→编号为 JB 的第 4(或 04)号插接器的接线端子 D→白/绿色导线(第 1 车门配线)→编号为 JB 的第 3(或 03)号插接器→白/绿色导线(地板配线)→车门锁开关插接器 JB-14→车门锁开关。依据车门锁开关 SA_1、SA_2 处于不同挡位,然后经过不同电路。

1. 车门锁开关触点 1 与触点 2 接通

当车门锁开关第一、第二掷的触点 1、触点 2 接通时,使门锁电动机正转,形成了下述电流通路:车门锁开关 SA_1 闭合的触点 1、触点 2→车门锁开关插接器 JB-14→蓝色导线(地板配线),之后分成 4 路:FL 电动机电路、FR 电动机电路、RL 电动机电路、RR 电动机电路。

(1) FL 电动机电路。FL 电动机这一路的电流通路:车门锁开关 SA_1 闭合的触点 1、触点 2→车门锁开关插接器 JB-14→蓝色导线(地板配线)→编号为 JB 的第 03 号插接器→蓝色导线(第 1 车门配线)→编号为 JB 的第 15 号插接器→前左侧车门锁电动机 M_1→车门锁开关 SA_3(当该开关拨至另一端时,电动机 M_1 反转)→隔离二极管 VD_1→编号为 JB 的第 15 号插接器→绿色导线(第 1 车门配线)→编号为 JB 的第 03 号插接器→绿色导线(地板配线)→编号为 JB 的第 14 号插接器→车门锁开关 SA_2 的触点 1、触点 2→编号为 JB 的第 01 号插接器→黑色导线(地板配线)→X-28 插接器→搭铁→蓄电池负极。

第4章 国外各大汽车公司电路图的分析

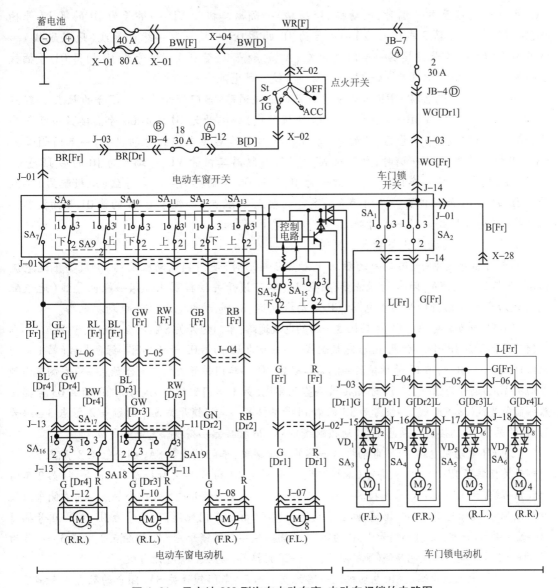

图4-31 马自达929型汽车电动车窗、电动车门锁的电路图

(2) FR电动机电路。FR电动机这一路的电流通路:车门锁开关SA_1闭合的触点1、触点2→车门锁开关插接器JB-14→蓝色导线(地板配线)→编号为JB的第04号插接器→蓝色导线(第2车门配线)→编号为JB的第16号插接器→前右侧车门锁电动机M_2→车门锁开关SA_4(当该开关拨至另一端时,电动机M_2反转)→隔离二极管VD_3→编号为JB的第16号插接器→绿色导线(第2车门配线)→编号为JB的第04号插接器→绿色导线(地板配线)→编号为JB的第14号插接器→车门锁开关SA_2的触点2、触点1→编号为JB的第01号插接器→黑色导线(地板配线)→X-28插接器→搭铁→蓄电池负极。

(3) RL电动机电路。RL电动机这一路的电流通路:车门锁开关SA_1闭合的触点1、触点2→车门锁开关插接器JB-14→蓝色导线(地板配线)→编号为JB的第05号插接器→蓝色导线(第3车门配线)→编号为JB的第17号插接器→后左侧车门锁电动机M_3→车门锁开关

SA$_5$（当该开关拨至另一端时，电动机 M$_3$ 反转）→隔离二极管 VD$_5$→编号为 JB 的第 17 号插接器→绿色导线（第 3 车门配线）→编号为 JB 的第 05 号插接器→绿色导线（地板配线）→编号为 JB 的第 14 号插接器→车门锁开关 SA$_2$ 的触点 2、触点 1→编号为 JB 的第 01 号插接器→黑色导线（地板配线）→X-28 插接器→搭铁→蓄电池负极。

（4）RR 电动机电路。RR 电动机这一路的电流通路：车门锁开关 SA$_1$ 闭合的触点 1、触点 2→车门锁开关插接器 JB-14→蓝色导线（地板配线）→编号为 JB 的第 06 号插接器→蓝色导线（第 4 车门配线）→编号为 JB 的第 18 号插接器→后右侧车门锁电动机 M$_4$→车门锁开关 SA6（当该开关拨至另一端时，电动机 M$_4$ 反转）→隔离二极管 VD$_7$→编号为 JB 的第 18 号插接器→绿色导线（第 4 车门配线）→编号为 JB 的第 06 号插接器→绿色导线（地板配线）→编号为 JB 的第 14 号插接器→车门锁开关 SA$_2$ 的触点 2、触点 1→编号为 JB 的第 01 号插接器→黑色导线（地板配线）→X-28 插接器→搭铁→蓄电池负极。

2. 车门锁开关触点 3 与触点 2 接通

当车门锁开关第一、第二挡的触点 3、触点 2 接通时，使门锁电动机反转，形成了下述电流通路：车门锁开关 SA$_2$ 闭合的触点 3、触点 2→车门锁开关插接器 JB-14→绿色导线（地板配线），之后分成 4 路：FL 电动机电路、FR 电动机电路、RL 电动机电路、RR 电动机电路。

（1）FL 电动机电路。FL 电动机这一路的电流通路：车门锁开关 SA$_2$ 闭合的触点 3、触点 2→车门锁开关插接器 JB-14→绿色导线（地板配线）→编号为 JB 的第 03 号插接器→绿色导线（第 1 车门配线）→编号为 JB 的第 15 号插接器→隔离二极管 VD$_2$→车门锁开关 SA$_3$ 闭合触点→前左侧车门锁电动机 M$_1$→编号为 JB 的第 15 号插接器→蓝色导线（第 1 车门配线）→编号为 JB 的第 03 号插接器→蓝色导线（地板配线）→编号为 JB 的第 14 号插接器→车门锁开关 SA$_1$ 的触点 2、触点 3→编号为 JB 的第 01 号插接器→黑色导线（地板配线）→X-28 插接器→搭铁→蓄电池负极。

（2）FR 电动机电路。FR 电动机这一路的电流通路：车门锁开关 SA$_2$ 闭合触点 3、触点 2→车门锁开关插接器 JB-14→绿色导线（地板配线）→编号为 JB 的第 04 号插接器→绿色导线（第 2 车门配线）→编号为 JB 的第 16 号插接器→隔离二极管 VD$_4$→车门锁开关 SA$_4$ 闭合触点→前右侧车门锁电动机 M$_2$→编号为 JB 的第 16 号插接器→蓝色导线（第 2 车门配线）→编号为 JB 的第 04 号插接器→蓝色导线（地板配线）→编号为 JB 的第 14 号插接器→车门锁开关 SA$_1$ 的触点 2、触点 3→编号为 JB 的第 01 号插接器→黑色导线（地板配线）→X-28 插接器→搭铁→蓄电池负极。

（3）RL 电动机电路。FR 电动机这一路的电流通路：车门锁开关 SA$_2$ 闭合的触点 3、触点 2→车门锁开关插接器 JB-14→绿色导线（地板配线）→编号为 JB 的第 05 号插接器→绿色导线（第 3 车门配线）→编号为 JB 的第 17 号插接器→隔离二极管 VD$_6$→车门锁 SA$_5$ 闭合触点→后左侧车门锁电动机 M$_3$→编号为 JB 的第 17 号插接器→蓝色导线（第 3 车门配线）→编号为 JB 的第 05 号插接器→蓝色导线（地板配线）→编号为 JB 的第 14 号插接器→车门锁开关 SA$_1$ 的触点 2、触点 3→编号为 JB 的第 01 号插接器→黑色导线（地板配线）→X-28 插接器→搭铁→蓄电池负极。

（4）RR 电动机电路。RR 电动机这一路的电流通路：车门锁开关 SA$_2$ 闭合的触点 3、触点 2→车门锁开关插接器 JB-14→绿色导线（地板配线）→编号为 JB 的第 06 号插接器→绿色导线（第 4 车门配线）→编号为 JB 的第 18 号插接器→隔离二极管 VD$_8$→车门锁开关 SA$_6$ 闭合触点→后右侧车门锁电动机 M$_4$→编号为 JB 的第 18 号插接器→蓝色导线（第 4 车门配线）→编号为 JB 的第 06 号插接器→蓝色导线（地板配线）→编号为 JB 的第 14 号插接器→车门锁开关 SA$_1$ 的触点 2、触点 3→编号为 JB 的第 01 号插接器→黑色导线（地板配线）→X-28 插接器→搭铁→蓄电池负极。

4.5 大众汽车电路图的分析

4.5.1 大众汽车电路图中符号的含义

大众汽车电路图中各种符号的含义见表4-14。

表4-14 大众车系电路图中各种符号的含义

符号	含义	符号	含义	符号	含义
	蓄电池	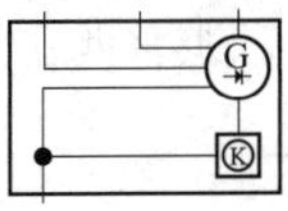	发电机	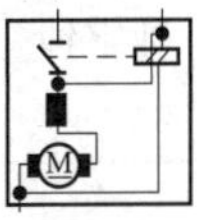	起动机
	线束插接器		部件与线束通过插接器连接		部件与线束通过螺钉或螺栓连接
	导线连接点		部件内部电路连接		手动开关
	按键开关		机械开关		压力开关
	温控开关	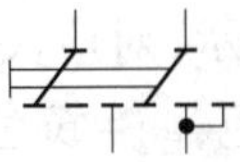	多挡手动开关		螺旋弹簧
	熔断器		电阻	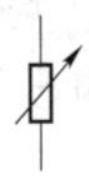	可变电阻
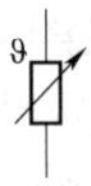	热变电阻	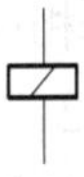	线圈		电容器
	二极管		发光二极管		显示仪表
	单丝灯泡	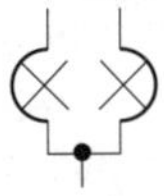	双丝灯泡		电动机
	电子控制器件	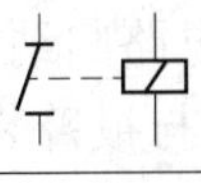	继电器	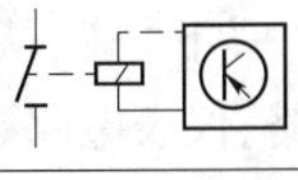	继电器（电子控制）

续表

符号	含义	符号	含义	符号	含义
	点烟器		火花塞或火花塞插头		导线屏蔽
	氧传感器		霍尔传感器		喇叭
	多功能显示		爆震传感器		点火线圈
	数字钟		收音机		后风窗玻璃加热装置
	天线		收音机喇叭		室内顶灯
	电磁阀		换挡杆锁电磁阀		线路分配器

4.5.2 大众汽车的导线

1. 导线的标注

大众汽车的导线在图上以粗实线画出，集中在图的中间部分。每条线上都有导线的颜色、导线的截面积的标注。导线的颜色标记以字母表示，对应关系为：ws=白色；sw=黑色；ro=红色；br=棕色；gn=绿色；bl=蓝色；gr=灰色；li=紫色；ge=黄色。如果导线是双色的，则以两种颜色的字母共同标记。例如 ro/sw、sw/ge 等。导线的截面积以数字标示在导线颜色下（上）方，单位是 mm^2。例如 4.0、6.0 表示 4.0 mm^2、6.0 mm^2。

2. 数据传输总线

CAN 导线的基色为橙色，在基色的基础加上各种相应颜色。动力 CAN 数据总线的 CAN-High 线是橙/黑色。舒适总线 CAN-High 线是橙/绿色。信息总线 CAN-High 线是橙/紫罗兰色。诊断总线 CAN-High 线是橙/红色。仪表总线 CAN-High 线是橙/蓝色。所有的 CAN-Low 线都是橙/棕色。

LIN 总线是紫/蓝色。

4.5.3 大众汽车电路图的特点

1. 电路采用纵向排列，垂直布置

电源线为上"+"下"-"，从左到右同一系统的电路归纳到一起，按电源电路、起动电路、发动机电控系统电路、仪表电路、灯光照明电路、信号与报警装置电路、刮水和洗涤装置电路、电动后视镜控制电路、电动车窗升降控制电路、集控门锁控制电路……顺序排列。

2. 采用断线代号法解决交叉问题

有些比较复杂的电气设备（如前照灯），工作时要涉及点火开关、灯光开关和变光开关等，而这 3 个开关不在同一条垂直线上，如按传统画法，要画一些横线把它们连接起来，使图面上出现较多的横线，增加读图难度。目前，在电路图中，采用"断线代号法"解决这个问题，即用导线连接端方框内的数字表明电路中与其连接导线的电路编号，如 $\boxed{98}$ 表示与电路编号 $\boxed{98}$ 处的导线连接。

3. 整车电气系统正极电源分为三路

整车电气系统正极电源分为三路：标有"30"字样的电源线为常火线。直接与蓄电池相连接，中间不经过任何开关，不论汽车处于停车或发动机处于熄火状态均有电，其电压都等于电源电压（12~14 V）。"30"号电源线的电源专门供给发动机熄火时也需要用电的电器，如停车灯、报警灯、制动灯、顶灯、冷却风扇电动机等。标有"15"字样的电源线为小容量用电设备的电源正极。"15"号电源线的电源受点火开关控制，只有在点火开关接通后，用电设备才能通电使用。标有"X"的为车辆起步运行中才接通的大容量电器用的火线，即只有在点火开关接通、卸荷继电器触点闭合时，标号"X"电源线才有电。

4. 全车电路图分为三部分

大众汽车电路图划分为 3 个区域：上部区域、中部区域、下部区域。

（1）上部区域。电路图最上面部分为中央配电盒电路，其中标明了熔断器的位置及容量和继电器位置编号及接线端子号。中央配电盒背面插接器的代号分别为 D、N、P、E 等，代号后面的数字表明了该插接器连接的导线在插接器中的插孔位置，如 E14 表示插接器 E 上第 14 号插孔，N 表示该插接器只有 1 个插孔。

（2）中间区域。电路图中部区域是各种用电设备，电器部件在图中用框图表示。每个电器部件都有一个代号，如"A"表示蓄电池，"B"表示起动机，"C"表示发电机，"D"表示点火开关。

（3）下部区域。电路图下部区域为搭铁点代号和电路接续号。

电路图底部横线表示搭铁线，导线搭铁点标注有带圈的数字代号。搭铁点代号，在电路图下方可查到该代号的搭铁（接地）点在汽车上的位置。不是所有用电器搭铁都直接与金属车体相连接的，有的通过搭铁插座，有的则通过其他电器或电子设备再搭铁。

电路接续号用以标志电路图中线路定位的位置号，以便查阅。

5. 电路图中连接部分可分为外线连接部分和内线连接部分

（1）外线连接部分在图中以粗实线画出，集中在图的中间部分。每条线上都标有导线的颜色和横截面积。线端有接线端子号或插口号，标示其连接关系。

（2）内线连接部分在电路图上以细线画出，该连接不用导线而是表示元件的内部电路，标示线路只是为了说明这种连接关系，便于进行原理和电路分析。

6. 线路中的插接器统一表示

线路中的插接器统一用字母 T 作代号，紧接的数字表示该插头的针数以及连接导线对应的接线端子的序号。例如 T4/2 表示该插头为 4 针，连接导线对应的接线端子号为 2；T80/71 表示该插头（T80 为电控单元上的连接插头）为 80 针，连接导线对应的接线端子号为 71。

4.5.4 大众汽车电路图识图范例

大众汽车电路图的范例如图 4-32 所示。其说明如下。

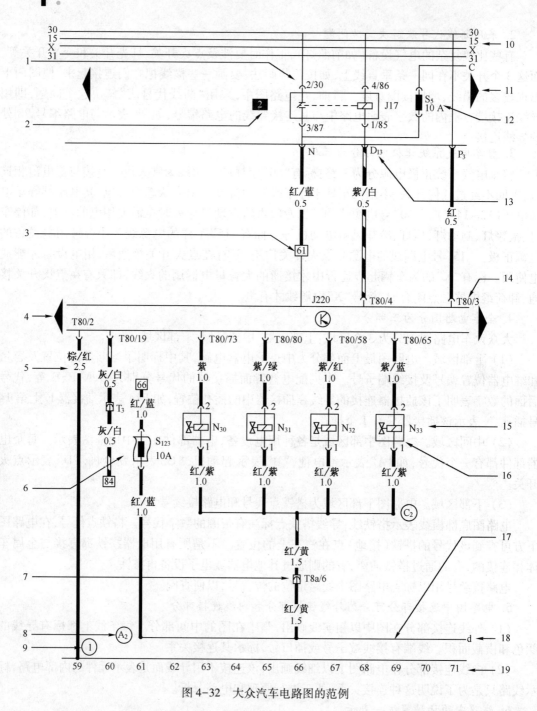

图 4-32 大众汽车电路图的范例

1——继电器或控制器与继电器板的接线端子代号。"2/30"表示继电器板上该继电器插座的 2 号插孔,"30"表示继电器上的 30 号接线端子。

2——继电器位置编号。"2"表示该继电器定位于主要配电盒上 2 号位置继电器。

3——指示线路中断点。方框内数字"61"表明该导线与电路代码 61 的导线是同一条导线(见电路代码 61 处导线的方框内数字是本线路的电路代码 66)。

4——箭头表示该电气元件续接上一页电路图。

5——导线的颜色。"棕/红"表示导线底色是棕色带有红色条纹,"2.5"表示导线截面积为 2.5 mm^2。

6——熔断器的代号。"S_{123}"表示在汽车配电盒上第 123 号熔断器,其允许通过的最大电流为 10 A。

7——插接器。插接器 T8a 用于发动机线束与发动机右线束的连接,"T8a/6"表示 8 针的插接器 a 插头上的第 6 针接线端子。

8——线束内铰接点代号,在电路图下方可查到该铰接点位于哪个线束内。图中 A2 表示正极接线,在发动机线束内。

9——搭铁点代号,在电路图下方可查到该代号的搭铁点在汽车上的位置。

10——线路代码。"30"为常火线,"15"为点火开关接通时的小容量火线,"X"为在点火开关接通、卸荷继电器触点闭合时的大容量火线;"31"为搭铁线;"C"为中央配电盒的内部接线。

11——箭头表示接下一页电路图。

12——熔断器代号。"S_5"表示在汽车配电盒熔断器座第 5 号位,额定电流为10 A。

13——导线在汽车配电盒上的连接位置代号。"D_{13}"表示该导线在汽车配电盒 D 插座 13 号位置的接线端子上。

14——接线端子代号。"80/3"表示电气元件上插接器的接线端子数为 80,"3"为接线端子的位置代码(可以插接器平面图上查得)。

15——电气元件代号,在电路图后可查到元件的名称。N_{30}:第一缸喷油器;N_{31}:第二缸喷油器;N_{32}:第三缸喷油器;N_{33}:第四缸喷油器。

16——元件符号参见电路图符号说明。

17——内部连接(细实线)。该连接不用导线而是表示元件的内部电路或线束铰接部分。

18——字母表示该内部连接与下一页电路图中标有相同字母的内部连接相连。

19——电路接续号,用以标志电路图中线路定位。

应用案例

宝来轿车的自动空调系统电路如图 4-33 所示。

1) 自动空调控制单元供电电路

(1) 条件电源电路。如图 4-33(a)所示,点火开关接通时,自动空调控制单元条件电源电路导通供电,其电路为:D/15(点火开关端子 15)→2.5 sw 导线→熔断器 S5(7.5 A)→0.5 sw/bl 导线→仪表盘线束内 A20 导线连接点→0.5 sw/bl 导线→插接器端子 T17a/5→0.5 sw/bl 导线→控制单元 J225 的端子 T16a/9。

(2) 常电源电路。如图 4-33(a)、(e)所示,常电源电路为:在继电器盒上正极螺栓(图中 501,与蓄电池正极连接)→6.0ro 导线→仪表盘线束内 A98 导线连接点→1.0ro 导线→熔断器 S16(10 A)→1.0ro/gr 导线(电路接续号 64→图 4-33e 接续号 1)→仪表盘线束内 A68 导线连接点→0.5ro/gr 导线→插接器端子 T17a/7→0.35br/sw 导线→控制单元 J225 的 T16a/7 端子。

(3) 搭铁电路。如图 4-33(e)所示,搭铁电路为:控制单元 J225 的端子 T16a/15→1.0br 导线→插接器端子 T17a/6→1.0br 导线→仪表盘线束内 135 导线连接点→4.0br 导线→仪表盘线束内 81 导线连接点→4.0br 导线→转向柱旁 42 搭铁点。

2) 传感器电路

传感器主要有:环境温度传感器 G17、仪表盘温度传感器 G56、新鲜空气进气温度传感器 G89、阳光强度传感器 G107、出风口温度传感度传感器 G192 等。

(1) 环境温度传感器 G17。如图 4-33(d)所示,环境温度传感器 G17 的 1 号端子与控制单元 J225 的端子 T12/8 连接;G17 的 2 号端子通过"a"线与控制单元 J225 的端子 T12/12、T12/9 连接并搭铁,如图 4-33(c)所示。

(2) 仪表盘温度传感器 G56。仪表盘温度传感器 G56 给空调控制和显示单元 E87 传递仪表盘处温度信号,如图 4-33(a)所示。

(3) 新鲜空气进气温度传感器 G89。如图 4-33(c)所示,新鲜空气进气温度传感器 G89 的 1 号端子与控制单元 J225 的端子 T12/7 连接,G89 的 2 号端子通过"a"线与控制单元 J225 的端子 T12/12、T12/9 连接。

(4) 阳光强度传感器 G107。如图 4-33(d)所示,阳光强度传感器 G107 的 3 号端子与控制单元 J225 的端子 T20/18 连接,G107 的 2 号端子通过"a"线与控制单元 J225 的端子 T12/12、T12/9 连接。

(5) 出风口温度传感器 G192。如图 4-33(c)所示,出风口温度传感器 G192 的 1 号端子与控制单元 J225 的端子 T20/5 连接,G192 的 2 号端子通过"a"线与控制单元 J225 的端子 T12/12、T12/9 连接。

3) 执行器电路

执行器主要有:鼓风机、各种风门伺服电动机和电磁离合器等。

(1) 新鲜空气鼓风机 V2。如图 4-33(d)所示,新鲜空气鼓风机 V2 的电路:在继电器盒上的螺栓(图中 503,电源正极)→10.0sw/ge 导线→熔断器 S225(25 A)→插接器端子 T17a/1→自动空调线束内 L67 导线连接点→2.5sw/ge 导线→鼓风机 V2 的 1 号端子→鼓风机 V2→鼓风机 V2 的 2 号端子→2.5br/ro 导线→鼓风机控制单元 J126 的 2 号端子→鼓风机控制单元 J126→鼓风机控制单元 J126 的 3 号端子→2.5br 导线→右侧 A 柱下部 43 搭铁点。此时鼓风机 V2 转速由鼓风机控制单元 J126 控制。另外,鼓风机 V2 两个端子分别与控制单元 J225 的端子 T16a/14、T16b/11 连接,以便控制单元 J225 对鼓风机 V2 的工作状况进行监测。

(2) 各种风门伺服电动机。各种风门伺服电动机总成组合有电动机和电动机位置传感器,下面以中央风门伺服电动机为例进行电路分析。如图 4-33(b),中央风门伺服电动机 V70 的 2 个端子分别与控制单元 J225 的端子 T16a/12、T16a/4 连接。中央风门伺服电动机位置传感器有 3 个端子:一个端子通过"b"线与控制单元 J225 的端子 T16b/8 连接,为其提供 5 V 电源;一个端子通过"a"线与控制单元 J225 的端子 T12/12、T12/9 连接搭铁;第三个端子与控制单元 J225 的端子 T20/9 连接,为控制单元 J225 提供传感器的位置信号。

(3) 电磁离合器。控制单元 J225 通过发动机电控单元控制电磁离合器电路(图中未画出)。

第4章 国外各大汽车公司电路图的分析

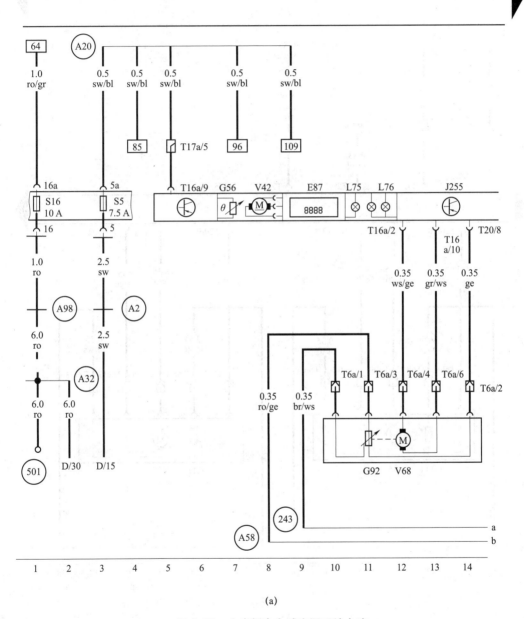

(a)

图4-33 宝来轿车自动空调系统电路

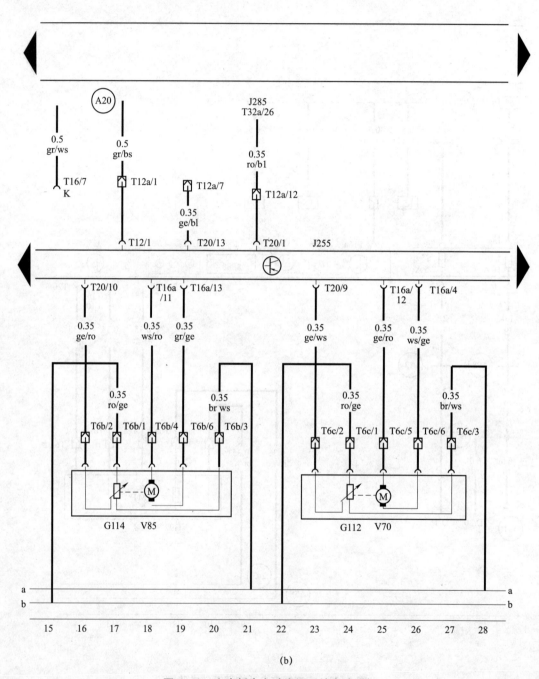

(b)

图 4-33 宝来轿车自动空调系统电路(续)

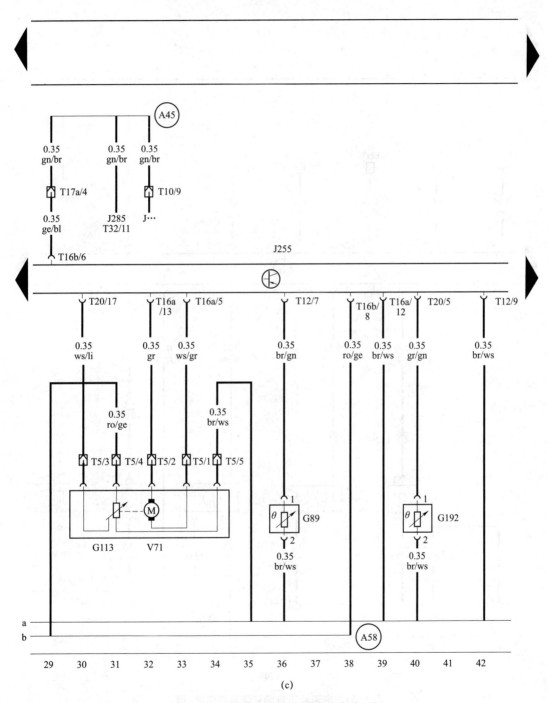

图 4-33 宝来轿车自动空调系统电路(续)

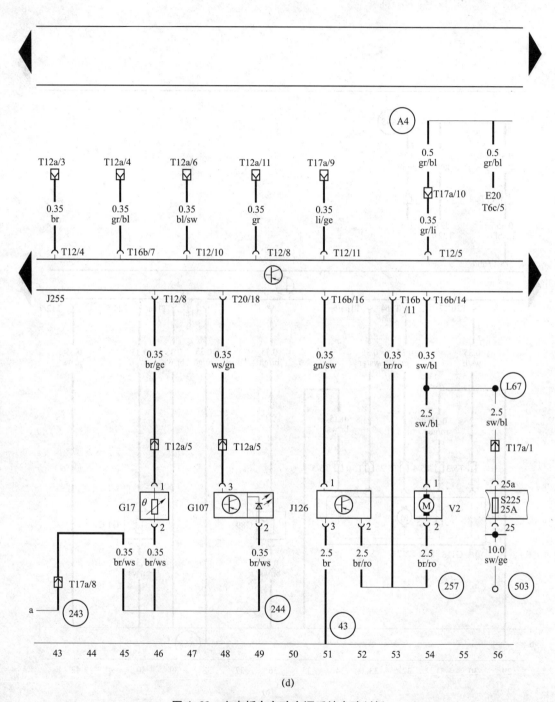

图 4-33 宝来轿车自动空调系统电路(续)

第4章 国外各大汽车公司电路图的分析

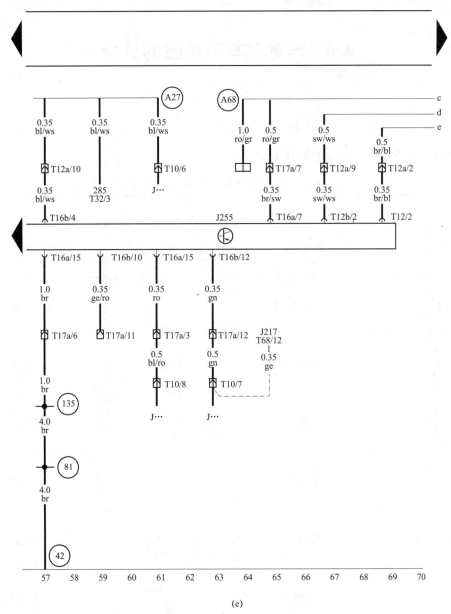

(e)

D—点火开关；E87—自动空调控制和显示单元；G56—仪表盘温度传感器；G92—冷暖空气混合风门伺服电动机位置传感器；J225—自动空调控制单元；V68—冷暖空气混合风门伺服电动机；243—搭铁连接点，在自动空调线束内；501—正极螺栓连接(30)，在继电器盒上；A20—正极连接(15a)，在仪表盘线束内；A32—正极连接(30)，在仪表盘线束内；A58—(5 V)电源连接，在仪表盘线束内；A98—导线连接点，在仪表盘线束内；G112—中央风门伺服电动机传感器；G114—脚坑/除霜风门伺服电动机传感器；J285—带显示器的控制单元；V70—中央风门伺服电动机；V85—脚坑/除霜风门伺服电动机；G89—新鲜空气温度传感器；G113—进气风门伺服电动机传感器；G192—出风口温度传感器；V71—进气风门伺服电动机；G17—环境温度传感器；G107—阳光强度传感器；J126—鼓风机控制单元；V2—鼓风机；43—搭铁点，右侧A柱下部；243—搭铁连接点，在自动空调线束内；244—搭铁连接点，在自动空调线束内；257—搭铁连接点，在自动空调线束内；503—螺栓连接(75X)，在继电器盒上；L67—导线连接点，在自动空调线束内；42—搭铁点，在转向柱旁；81—搭铁连接点，在仪表盘线束内；135—搭铁连接点，在仪表盘线束内；A68—导线连接点，在仪表盘线束内。

图4-33 宝来轿车自动空调系统电路(续)

4.6 奔驰汽车电路图的分析

4.6.1 奔驰汽车电路图中符号的含义

奔驰汽车电路图中各种符号的含义见表4-15。

表4-15 奔驰汽车电路图中各种符号的含义

符号	含义	符号	含义
	手动开关		压簧自动开关
	手动按键开关	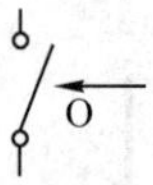	温度开关
	常开触点	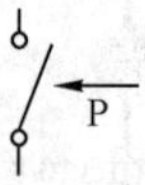	压力开关
	常闭触点	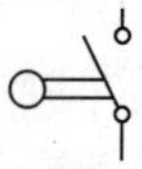	自动开关
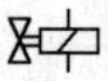	电磁阀	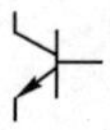	电子元件
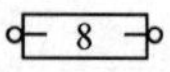	熔断器	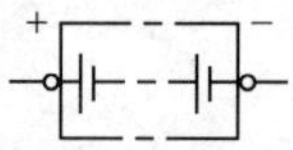	蓄电池
	指示仪表		直流电动机
	电磁线圈		螺钉连接
	磁极		焊接连接
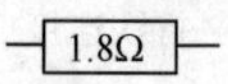	电阻		平插头

符号	含义	符号	含义
	电位计		圆接头
	可变电阻	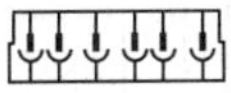	接线板
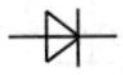	二极管		

4.6.2 奔驰汽车的导线

1. 导线的颜色

在早期的奔驰汽车电路图中,对于导线颜色符号大多采用两位大写的英文缩写。而近些年来,广泛采用的是小写的德文缩写。导线颜色代号的含义如表4-16所示。

表4-16 奔驰汽车导线颜色代号的含义

代号	颜色	代号	颜色
GN(gn)	绿色	BU(be)	蓝色
BK(sw)	黑色	VI(vio)	紫色
BR(br)	棕色	GR(gr)	灰色
RD(rd)	红色	WT(ws)	白色
YL(ge)	黄色	PK(rs)	粉色

除单色线外,奔驰汽车还采用了双色线及三色线,在电路图中,用 VI/YL、SW/WS、BK/YL/RD、br/gn/ws 等形式表示。

2. 导线的规格

导线的标识,不仅仅只有颜色,还有粗细。在奔驰车电路图中,导线的标称截面积以数字标示在导线颜色代号之前,单位是 mm^2。如 0.75RD 表示标称截面积为 0.75 mm^2 的红色导线。

4.6.3 奔驰汽车电路图识图范例

奔驰汽车电路图范例如图4-34、图4-35所示。该电路图用数字作横坐标,字母作纵坐标来确定电器在电路图中的位置。电器符号用代码及文字标注。代码前部是字母,表示电器种类,如:A为仪表,B为传感器,C为电容,E为灯,F为熔断器,G为蓄电池、发电机,H为喇叭扬声器,K为继电器,L为转速、速度传感器,M为电动机,N为控制单元,R为电阻、火花塞,S为开关,T为点火线圈,W为搭铁点,X为插接器,Y为电磁阀,Z为连接点。代码后部数字代表编号。一般电器代码之下注明电器名称。

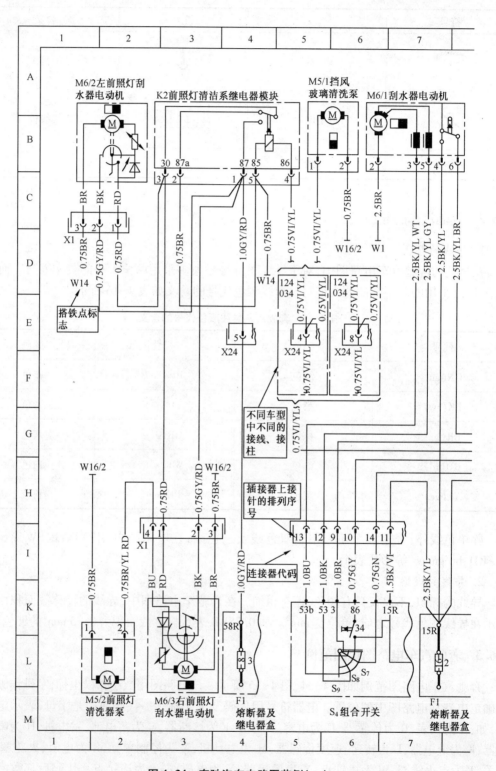

图 4-34　奔驰汽车电路图范例(一)

第4章 国外各大汽车公司电路图的分析

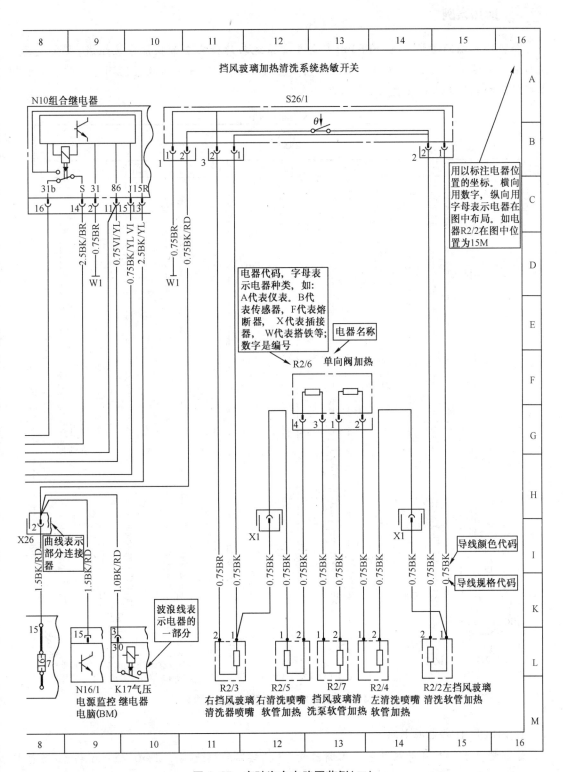

图4-35 奔驰汽车电路图范例（二）

 **应用案例**

奔驰轿车辅助防护系统(SRS)由安全气囊系统与座椅安全带收紧系统组成,安全气囊系统与安全带收紧系统由一个ECU控制。当安全气囊引爆时,安全带收紧器同时动作。奔驰轿车辅助防护系统的电路如图4-36所示。

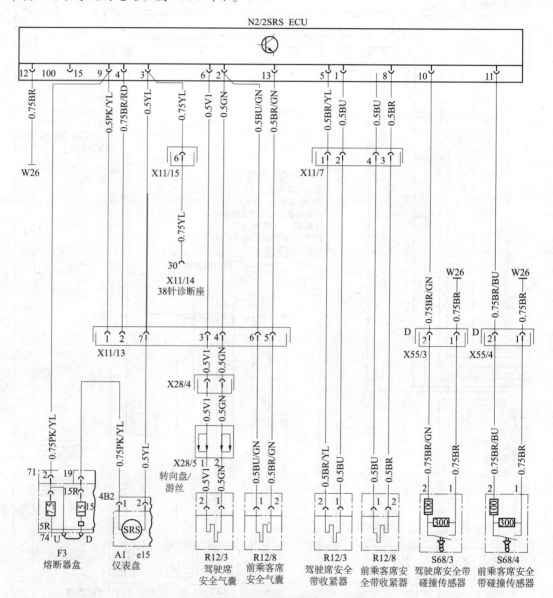

图4-36 奔驰轿车辅助防护系统的电路

1. SRS ECU 的电源电路

熔断器盒F3中34号熔断器→熔断器盒F3插接器的接线端子2→0.75 mm² 粉色/黄色导线→SRS ECU 插接器的接线端子9→SRS ECU N2/2→SRS ECU 插接器的接线端子12→0.75 mm² 棕色的导线→W26 搭铁点。

2. SRS 故障指示灯电路

熔断器盒 F3 中 34 号熔断器→熔断器盒 F3 中 15 号熔断器→熔断器盒 F3 插接器的接线端子 19→0.75 mm² 粉色/黄色导线→仪表盘上的 SRS 故障指示灯→0.5 mm² 黄色导线→插接器 X11/13 的接线端子 7→0.5 mm² 黄色导线→SRS ECU 插接器的接线端子 3→SRS ECU N2/2。

3. 驾驶席安全气囊电路

SRS ECU N2/2→SRS ECU 插接器的接线端子 2→0.5 mm² 绿色导线→插接器 X11/13 的接线端子 4→0.5 mm² 绿色导线→插接器 X28/4 的接线端子 2→0.5 mm² 绿色导线→插接器 X28/5→转向盘游丝→0.5 mm² 绿色导线→驾驶席安全气囊插接器的接线端子 1→驾驶席安全气囊 R12/3→驾驶席安全气囊插接器的接线端子 2→0.5 mm² 紫色导线→转向盘游丝→插接器 X28/5→0.5 mm² 紫色导线→插接器 X28/4 的接线端子 1→0.5 mm² 紫色导线→插接器 X11/13 的接线端子 3→0.5 mm² 紫色导线→SRS ECU 插接器的接线端子 6→SRS ECU N2/2。

4. 前乘客席安全气囊电路

SRS ECU N2/2→SRS ECU 插接器的接线端子 2→0.5 mm² 蓝色/绿色导线→插接器 X11/13 的接线端子 6→0.5 mm² 蓝色/绿色导线→前乘客席安全气囊插接器的接线端子 1→前乘客席安全气囊 R12/8→前乘客席安全气囊插接器的接线端子 2→0.5 mm² 棕色/绿色导线→插接器 X11/13 的接线端子 5→0.5 mm² 棕色/绿色导线→SRS ECU 插接器的接线端子 13→SRS ECU N2/2。

5. 驾驶席安全带收紧器电路

SRS ECU N2/2→SRS ECU 插接器的接线端子 1→0.5 mm² 蓝色导线→插接器 X11/7 的接线端子 2→0.5 mm² 蓝色导线→驾驶席安全带收紧器的插接器的接线端子 1→驾驶席安全带收紧器 R12/1→驾驶席安全带收紧器的插接器的接线端子 2→0.5 mm² 棕色/黄色导线→插接器 X11/7 的接线端子 1→0.5 mm² 棕色/黄色导线→SRS ECU 插接器的接线端子 5→SRS ECU N2/2。

6. 前乘客席安全带收紧器电路

SRS ECU N2/2→SRS ECU 插接器的接线端子 1→0.5 mm² 蓝色导线→插接器 X11/7 的接线端子 4→0.5 mm² 蓝色导线→前乘客席安全带收紧器的插接器的接线端子 1→前乘客席安全带收紧器 R12/2→前乘客席安全带收紧器的插接器的接线端子 2→0.5 mm² 棕色导线→插接器 X11/7 的接线端子 3→0.5 mm² 棕色导线→SRS ECU 插接器的接线端子 8→SRS ECU N2/2。

7. 驾驶席安全带碰撞传感器电路

SRS ECU N2/2→SRS ECU 插接器的接线端子 10→0.5 mm² 棕色/绿色导线→插接器 X55/3 的接线端子 2→0.5 mm² 棕色/绿色导线→驾驶席安全带碰撞传感器的插接器的接线端子 2→驾驶席安全带碰撞传感器 S68/3→驾驶席安全带碰撞传感器的插接器的接线端子 1→0.5 mm² 棕色导线→插接器 X55/3 的接线端子 1→0.5 mm² 棕色导线→W26 搭铁点。

8. 前乘客席安全带碰撞传感器电路

SRS ECU N2/2→SRS ECU 插接器的接线端子 11→0.5 mm² 棕色/蓝色导线→插接器 X55/4 的接线端子 2→0.5 mm² 棕色/蓝色导线→前乘客席安全带碰撞传感器的插接器的接线端子 2→前乘客席安全带碰撞传感器 S68/4→前乘客席安全带碰撞传感器的插接器的接线端子 1→0.5 mm² 棕色导线→插接器 X55/4 的接线端子 1→0.5 mm² 棕色导线→W26 搭铁点。

4.7 雪铁龙汽车电路图的分析

4.7.1 雪铁龙汽车电路图中符号的含义

雪铁龙汽车电路图中的符号如图4-37所示,各符号的含义见图注。

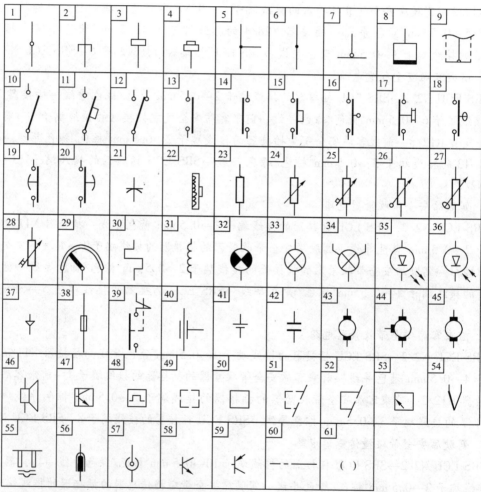

1—线头焊片接点;2—插头接点;3,4—插接器接点;5,6—不可拆接点;7—经线头焊片铁;8—经插接器搭铁;9—经零件外壳搭铁;10—开关(无自动回位);11—手动开关;12—转换开关;13—常开触点(自动回位);14—常闭触点(自动回位);15—手动开关;16—机械开关;17—压力开关;18—温度开关;19—延时断开触点;20—延时闭合触点;21—摩擦式触点;22—点烟器;23—电阻;24,29—可变电阻;25—手动可变电阻;26—机械可变电阻;27—热敏电阻;28—压力可变电阻;30—分流器;31—线圈(继电器、电动阀);32—指示灯;33—照明灯;34—双灯丝的照明灯;35—发光二极管;36—光电二极管;37—二极管;38—熔断器;39—热断路器;40—屏蔽装置;41—蓄电池单格;42—电容器;43—电动机;44—双速电动机;45—交流发动机;46—发声元件(电喇叭、扬声器……);47—电阻控制组件;48—继电器组件;49—零件框图(带原理图);50—零件框图(无原理图);51,52—零件部分框图;53—指示器;54—热电器;55—电极;56—氧传感器;57—接线柱;58—NPN三极管;59—PNP三极管;60—联动线(轴);61—备用头。

图4-37 雪铁龙汽车电路图中的符号

4.7.2 雪铁龙汽车的导线

1. 导线的颜色代码

法国雪铁龙汽车电路图中导线的颜色代号是用英文字母表示的,其代号及其说明见表 4-17。

表 4-17 导线颜色代号及其说明

颜色代号	颜色	颜色代号	颜色
B	黑色	Bl	湖蓝
M	栗色	Mv	深紫
R	大红(瓦伦加红)	Vi	紫罗兰
Ro	玫瑰红(粉色)	G	灰色
Or	橙色	B	白色
J	柠檬黄	Lc	透明
V	翠绿		

2. 线束代码

法国雪铁龙汽车电路图中各导线都标明其所在线束的代号,给寻找线路的方位和走向提供了方便。各种线束的代号见表 4-18。

表 4-18 线束代号及名称

代号	线束名称	代号	线束名称	代号	线束名称
AV	前部	MT	发动机(和电喷系)	PP	乘客侧门
CN	蓄电池负极电缆	MV	电动风扇	RD	右后部
CP	蓄电池正极电缆	PB	仪表板	RG	左后部
EF	行李舱照明灯	PC	驾驶员侧门	RL	侧转向灯
FR	尾灯	PD	右后门	UD	右制动蹄片磨损指示器
GC	空调	PG	左后门	UG	左制动蹄片磨损指示器
HB	驾驶室	PL	顶灯		

4.7.3 雪铁龙汽车的插接器

电气设备各线之间一般都通过插接器连接。以国产雪铁龙富康轿车为例,根据不同的电路布置,其插接器分为 3 种不同类型。

1. 单列插接器

单列插接器的结构特点为插接器的接线板仅有一层,识读方法如下。

8B2　　8——通道数,表示该插接器共有 8 个通道。
　　　　B——插接器的颜色,表示该插接器为黑色。
　　　　2——线号,表示该插接器的第 2 号线。

2. 双列插接器

双列插接器的结构特点为插接器的接线板为二层,识读方法如下。

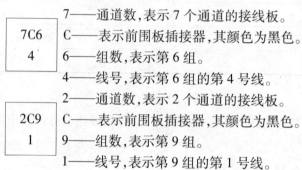

15——通道数,表示该插接器共有 15 个通道。
M——插接器的颜色,表示该插接器为栗色。
A——列数,表示该插接器中的 A 列。
6——线号,表示该插接器的第 6 号线。

3. 前围板插接器

前围板插接器位于前挡风玻璃左下侧的车身内,用于前部线束和仪表盘线束的连接,其结构如图 4-38 所示。它共有 62 个通道,其颜色为黑色(标识符合为 C),由 8 组 7 通道的接线板和 3 组 2 通道的接线板组成,识别方法如下。

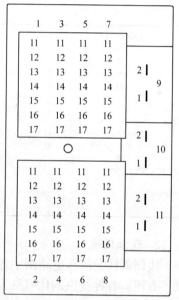

7——通道数,表示 7 个通道的接线板。
C——表示前围板插接器,其颜色为黑色。
6——组数,表示第 6 组。
4——线号,表示第 6 组的第 4 号线。

2——通道数,表示 2 个通道的接线板。
C——表示前围板插接器,其颜色为黑色。
9——组数,表示第 9 组。
1——线号,表示第 9 组的第 1 号线。

图 4-38 62 孔插接器排列

4.7.4 雪铁龙汽车电路图的特点

(1)每部分电路都由线束图与电路原理图两部分表示,电路原理图和线束图的标示方法如图 4-39 所示。

(2)电路原理图中电源部分画在电路图的顶部,搭铁(接地)部分画在电路图的底部。

(3)线束图表明了各电气元件在车上的位置,便于电气系统的维修及故障查找。

4.7.5 雪铁龙汽车电路图识图范例

雪铁龙汽车电路图的标示方法如图 4-40 所示,图中各部分的含义如下。

1——汽车线束代码。图中 PB 表示仪表盘线束。

2——前围板插接器。图中箭头指示的插接器表示前围板插接器的第 9 组 2 脚插头的 1 号接线端子。

3——括号表示本车型此处未接电器部件,是备用接线端子。

4——单列插接器。图中 2N1 表示黑色 2 脚插接器的 1 号接线端子。

5——用线头焊片连接电器部件。

6——虚线框图,表示带内部线路原理图的电器部件。

7——实线框图,表示无原理图的电器部件。

8——导线的颜色代码,英文字母上有一横线。

9——插头护套的颜色代码。

第4章 国外各大汽车公司电路图的分析

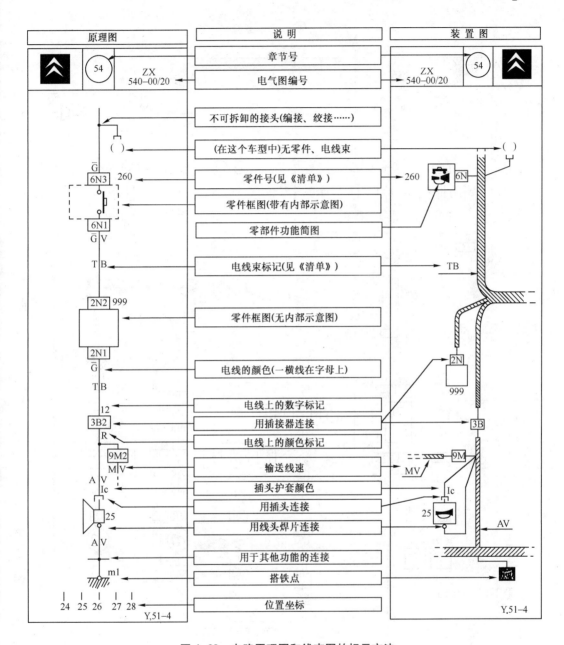

图4-39 电路原理图和线束图的标示方法

10——电器部件与线束采用插头连接。

11——导线搭铁。

12——搭铁点。其具体位置参加全车搭铁点的布置图。

13——电器部件名称代号,具体名称可根据代号从零件清单上查得。

14——导线识读的数字标记。

15——双列插接器。13表示该插接器共有13个接线端子;N表示该插接器为黑色;B表示该插接器中的B列;2表示该插接器的第2号线。

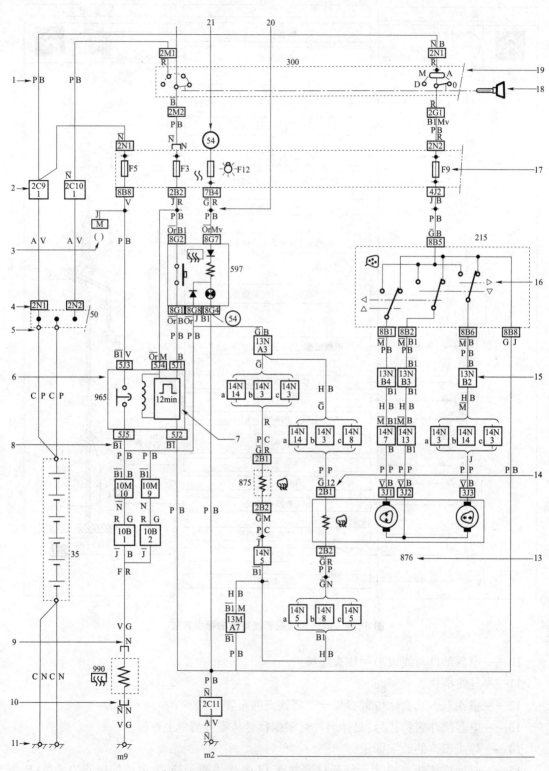

图 4-40 雪铁龙汽车电路图的标示方法

16——点画线表示印有"△"的按钮控制该线所连接的开关。

17——熔断器的符号和位置。F9 表示第 9 号熔断器。

18——电器标记功能示意图。

19——斜点画线表示此图显示部件的一部分。

20——导线的铰接点,另外电路通往其他电器部件。

21——表示该线路在图中为 54 电路中完整表达。

 应用案例

内部照明电路

内部照明电路的线束图如图 4-41 所示,电路原理图如图 4-42 所示。

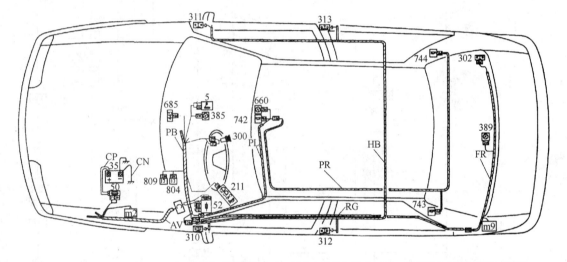

5—前点烟器;35—蓄电池;50—发动机罩下熔断器盒;52—驾驶室内熔断器盒;211—组合开关(照明、转向、喇叭);300—点火开关;302—行李舱照明开关;310—左前门控开关;311—右前门控开关;312—左后门控开关;313—右后门控开关;385—前烟灰缸照明灯;389—行李舱照明灯;660—阅读灯;685—石英钟及照明灯;742—前顶灯;743—左后顶灯;744—右后顶灯;804—空调继电器;809—前玻璃升降继电器。

图 4-41 内部照明电路的线束图

点火开关打至 A 挡或 M 挡时,阅读灯才可以工作。其工作电路为:蓄电池正极→蓄电池正极电缆线 CP→发动机罩下熔断器盒 50→黑色 2 脚插接器的 1 号接线端子→前围板插接器的第 9 组 2 脚插头的 1 号接线端子→黑色的仪表盘线束 PB→黑色 2 脚插接器的 1 号线(点火开关供电端)→点火开关 300→灰色 2 脚插接器的 1 号接线端子(点火开关输出端)→驾驶室内熔断器盒 52 中的黑色 2 脚插接器的 2 号接线端子→熔断器 F9→柠檬黄色 4 脚插接器的 2 号接线端子→黑色 7 脚双排插接器的 B 列 4 号接线端子→顶灯线束 PL→阅读灯 660(开关闭合)→黑色 7 脚双排插接器的 A 列 4 号接线端子→仪表盘线束 PB→前围板插接器的第 11 组 2 脚插头的 1 号接线端子→前部线束 AV→搭铁→蓄电池负极。

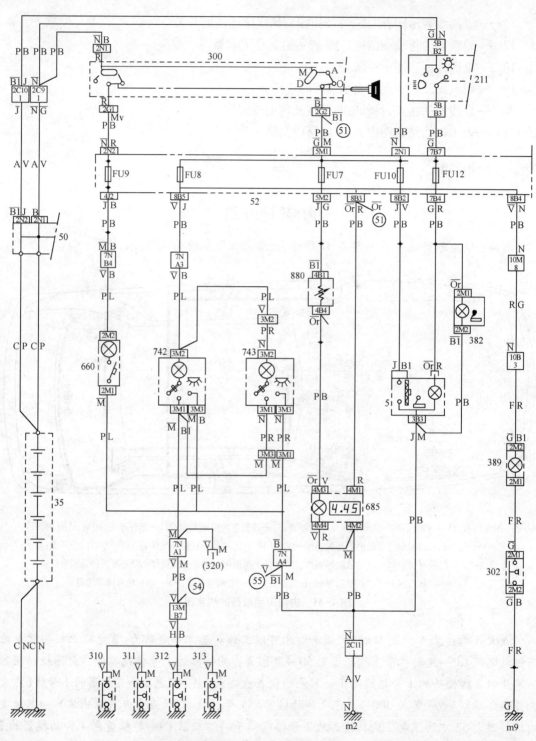

5—前点烟器;35—蓄电池;50—发动机罩下熔断器盒;52—驾驶室内熔断器盒;211—组合开关(照明、转向、喇叭);
300—点火开关;302—行李舱照明开关;310—左前门控开关;311—右前门控开关;312—左后门控开关;
313—右后门控开关;385—前烟灰缸照明灯;389—行李舱照明灯;660—阅读灯;685—石英钟及照明灯;
742—前顶灯;743—左后顶灯;744—右后顶灯;804—空调继电器;809—前挡风玻璃升降继电器。

图 4-42　内部照明的电路原理图

 **知识链接**

雪铁龙汽车电路图在表现形式上与过去的电路图有较大变化,其电路包括电路原理图、线路连接图、部件和线束位置图等。

1. 电路原理图

雪铁龙新式汽车电路原理图的标示方法如图4-43所示,图中各部分的含义如下。

1——电器部件代码。电器部件代码一般由4位字母或数字组成,前2位用字母或数字表示功能,后2位用数字表示该电器部件的编号。如蓄电池的代码为BB00、点火开关的代码为CA00、起动机的代码1010、发电机的代码1020,具体名称可根据代码从零件清单上查得。

2——插接器代码,具有插接器的通道数和颜色含义。例如图中3V BE:3V表示插接器的通道数为3,BE表示插接器的颜色为蓝色。在新雪铁龙轿车的电路图中,导线和插接器的颜色代码方法完全相同,见表4-19。

表4-19 导线和插接器颜色代码

代码	颜色	代码	颜色	代码	颜色	代码	颜色	代码	颜色
BA	白色	BE	蓝色	BG	灰褐色	GR	灰色	JN	黄色
MR	栗色	NR	黑色	OR	橘黄色	RG	红色	RS	绿色
VI	紫色	VJ	绿/黄色						

3——导线代码。导线代码中头一个字母的含义如下:

(1) B表示该导线与蓄电池相连为常火线;

(2) A表示该导线来自点火开关的附件挡;

(3) C表示该导线来自点火开关的点火挡;

(4) D表示该导线为屏蔽线;

(5) M表示该导线为搭铁线;

(6) V表示连接位置灯、指示灯的导线;

(7) 9表示该导线或为CAN网线,或为VAN网线,或为连接诊断插头的诊断线;

(8) X表示该导线为VAN网中的+VAN;Z:表示该导线为全CAN网中的+CAN。

4——插接器的接线端子号。

5——熔断器的位置号。

6——螺钉或螺栓连接。

7——此处连接有两根导线,图中分别为BB17和BB28导线。

8——电器部件本身搭铁符号。

9——绞接点。

10——搭铁点,具体位置可根据车型维修手册上查得,如图4-44所示。

2. 线路连接图

线路连接图的标示方法如图4-45所示,图中各部分的含义如下。

1——插接器代码。图中6V GR表示插接器的通道数为6,颜色为灰色。

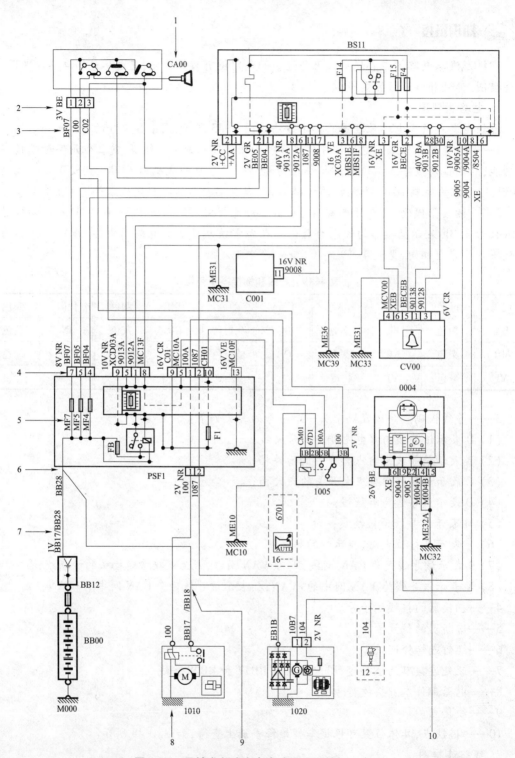

图 4-43 雪铁龙新式汽车电路原理图的标示方法

2——线束代码。线束代码由数字和字母两部分组成,详细名称和功能可从零件清单上查得,具体位置可根据车型维修手册上查得,如图 4-46 所示。

3——导线铰接点。详细情况可从车型维修手册的零件清单上查得。

4——电器部件代码。

5——导线代码。

6——导线颜色代码。

7——线束中间插接器,具体位置可根据车型维修手册查得,如图 4-47 所示。

8——搭铁符号。

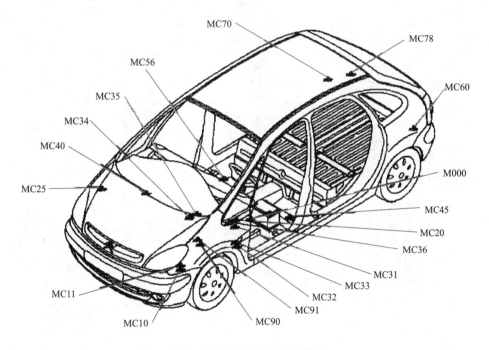

图 4-44 搭铁点(接地)位置图

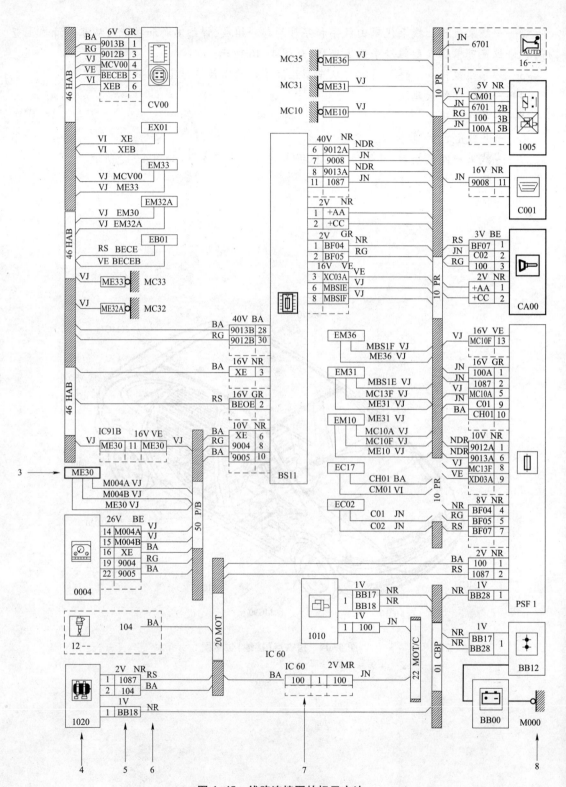

图 4-45 线路连接图的标示方法

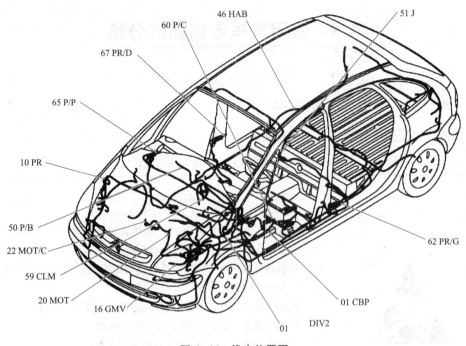

图 4-46 线束位置图

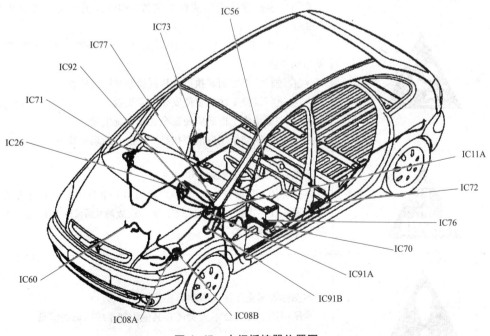

图 4-47 中间插接器位置图

4.8 通用汽车电路图的分析

4.8.1 通用汽车电路图中符号的含义

通用汽车电路图中各种符号的含义见表 4-20。

表 4-20 通用汽车电路图中各种符号的含义

符号	含义
 (ESD 静电放电敏感图标)	本图标表示对静电放电敏感(ESD) 本图标用于提醒技术人员,该系统含有对静电放电敏感的部件,在维修前需要特别注意。防静电放电损坏措施如下: • 在维修任何电气零件之前触摸金属搭铁点,去除身体上的静电 • 勿触摸裸漏的端子 • 维修插接器时,勿使用工具接触裸漏的端子 • 如无要求,勿将零件从其保护盒中取出 • 避免采取以下行动(除非诊断步骤中有要求) (a) 将零部件或插接器跨接或搭铁 (b) 将测试设备探针与零部件或插接器相连接 • 打开零部件保护性包装之前将其搭铁
 (SIR/SRS 图标)	本图标表示辅助充气式保护装置(SIR)或辅助充气式保护系统(SRS) 本图标用于提醒技术人员,该系统含有 SIR/SRS 部件,在维修时需要特别注意几点: • 在进行检查之前要执行 SIR 的诊断系统的检查 • 在进行维修工作前要使安全气囊失效 • 在完成维修工作后应使安全气囊系统生效 • 在把车辆交给用户前要执行 SIR 的诊断系统检查
 (OBDII 图标)	本图标表示车载诊断(OBDⅡ) 本图标用于提醒技术人员,该电路对 OBDⅡ排放控制电路的操作十分重要。任一电路如果出现故障将导致故障指示灯(MIL)亮,该电路就属于 OBDⅡ电路
 (感叹号图标)	本图标表示重要注意事项 本图标用于提醒技术人员还有其他附加系统维修的信息

续表

符号	含义
所有时间发热 于运行时发热 开始时发热 附件和运行时发热 运行和起动时发热 于运行、灯泡测试和起动时发热 驻车或正前方时前照灯开关发热 固定式附件电源(RAP)发热	本图标表示电压指示器框 示意图上的这些框格用于指示何时熔断器上有电压
（虚线框）	本图标表示局部部件 当部件采用虚框表示时,部件或导线均未完全表示
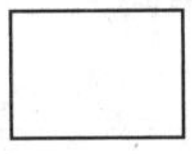 （实线框）	本图标表示完整部件 当部件采用实线表示时,所示部件或导线表示完整
 （熔断器符号）	熔断器
 （电路断电器符号）	电路断电器
（易熔线符号）	易熔线
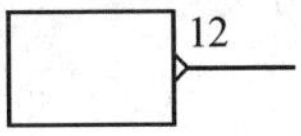 12	连接在部件上的插接器
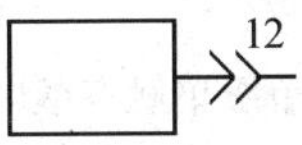 12	部件引出线上的插接器
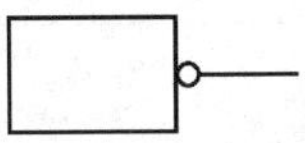 （端子符号）	带螺栓或螺钉连接孔的端子
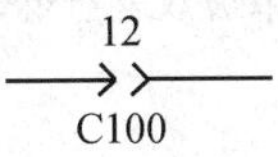 12 C100	直列线束插接器

符号	含义	符号	含义
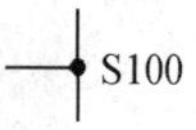 ─┼─ S100	接头		输入/输出开关
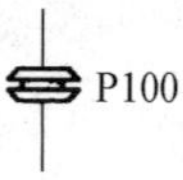 ─□─ P100	贯穿式密封圈		
 ● G100	搭铁		晶体
 □●	壳体搭铁		加热电阻丝
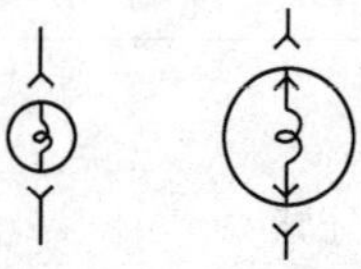	单丝灯泡		电磁阀
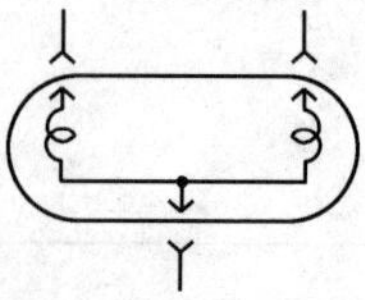	双丝灯泡		天线
	发光二极管		屏蔽
	电阻		开关
	可变电阻		单级单触点继电器
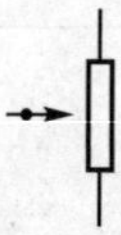	位置传感器		
	输入/输出电阻		单级双触点继电器

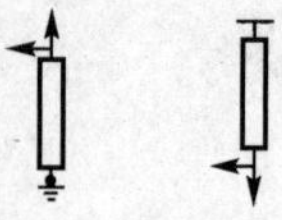

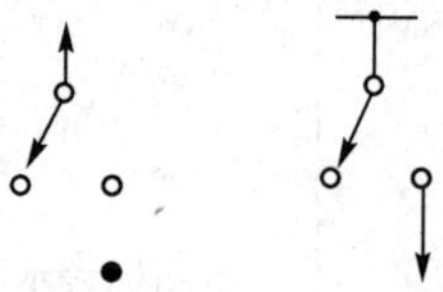

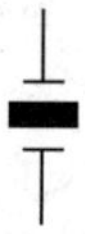

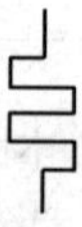

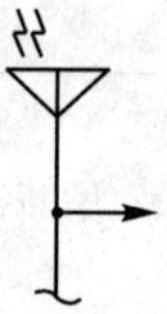

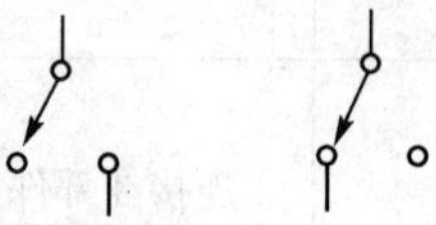

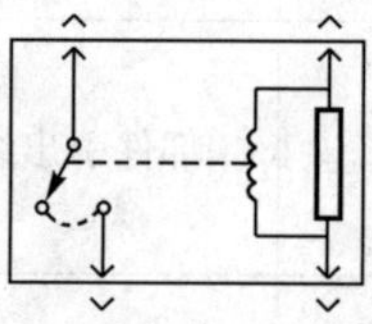

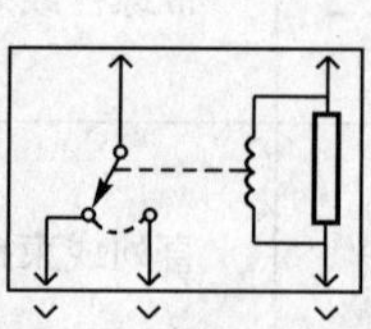

4.8.2 通用汽车车辆位置分区代码

如图4-48所示,通用汽车电路图上所有的搭铁、插接器、贯穿式密封圈和接头都给定了识别代码,并与其在车辆上的位置相对应,其车辆位置分区情况见表4-21。

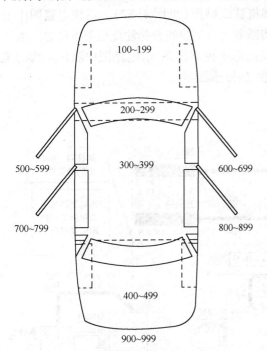

图4-48 车辆位置分区代码示意图

表4-21 车辆位置分区表

车辆位置分区代码	区位说明
100~199	发动机舱(全部在仪表盘前部)001~099代表发动机舱内附加号(仅在使用完所有100~199后使用)
200~299	位于仪表盘区域内
300~399	乘员室(从仪表盘到后车轮罩)
400~499	后备厢(从后轮罩到车辆后部)
500~599	位于左前车门内
600~699	位于右前车门内
700~799	位于左后车门内
800~899	位于右后车门内
900~999	位于后备厢盖

4.8.3 通用汽车的导线

导线的颜色代码以英文缩写来表示,其代码与颜色对应关系见表4-22。若导线是双色的,则以两种颜色的字母共同标记,前面为导线的主色,后面为导线的辅助色。例如:BLK/WHT,表示黑色带白条纹的导线。

表4-22 导线颜色

导线代码	导线颜色	导线代码	导线颜色
BLK	黑色	LT GRN	浅绿色
BLU	蓝色	ORN	橙色
BRN	棕色	PNK	粉红色
DK BLU	深蓝色	PPL	紫色
DK GRN	深绿色	RED	红色
GRA	灰色	TAN	深褐
GRN	绿色	WHT	白色
LT BLU	浅蓝色	YEL	黄色

4.8.4 通用汽车电路图的组成

通用汽车电路图通常由4类电路图组成,它们分别是:电源分配简图(见图4-49)、熔断器盒详图(见图4-50)、系统电路图(见图4-51)和搭铁线路图(见图4-52)。系统电路图中电源线从图上方进入,通常从熔断器处开始,并于熔断器上方用黑线框标注此处与电源之间的通断关系;用电器在中部,搭铁点在最下方。如果是由电子控制的系统,电路图中除该系统的工作电路外还会包括与该系统工作有关的信号电路(如传感器等)。

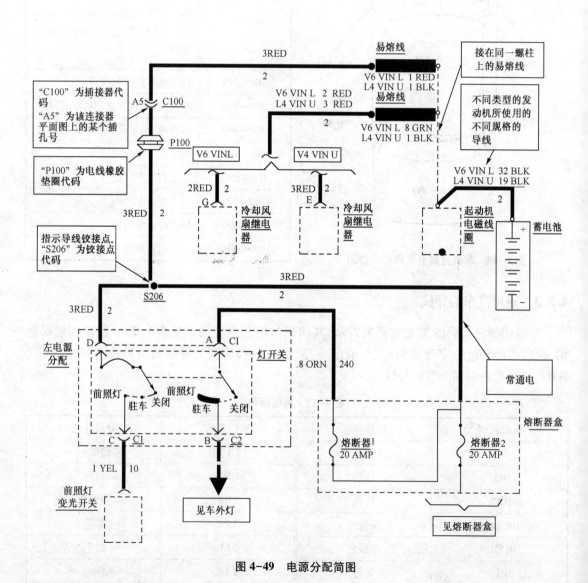

图4-49 电源分配简图

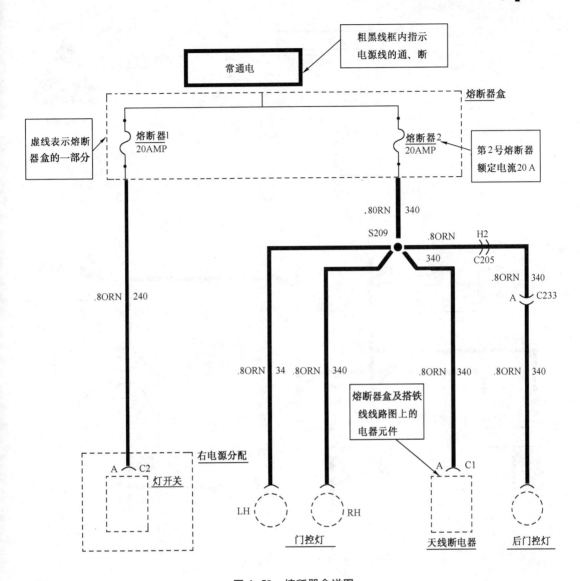

图 4-50 熔断器盒详图

4.8.5 通用汽车电路图识图范例

通用汽车电路图的标示方法如图 4-53 所示,电路图中各部分的含义如下。

1——"运行或起动发热"表示线路在点火开关处于点火或起动挡时有电,电压为蓄电池工作电压。

2——表示 27 号 10 A 的熔断器。

3——虚线框表示没有完全表示出接线盒所有部分。

4——表示导线由发动机机罩下熔断器接线盒的 C2 连接插头的 E2 插脚引出,连接插头编号 C2 写在右侧,插脚编号 E2 写在左侧。

5——符号和 P100 表示贯穿式密封圈,其中 P 表示密封圈,100 为其代号。

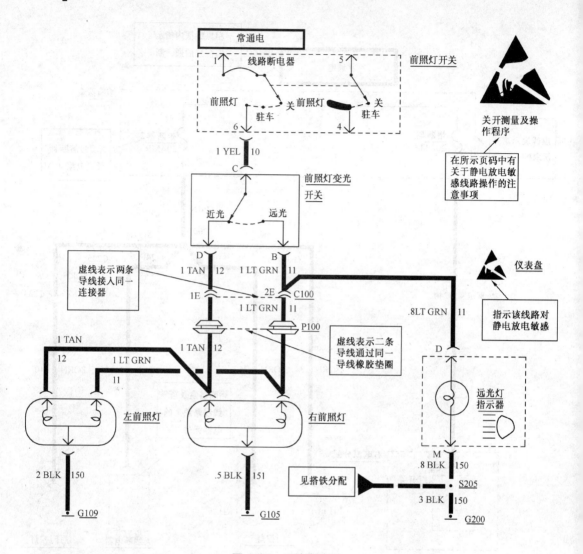

图 4-51 系统电路图

6——"0.35 粉红色"表示导线截面积为 0.35 mm^2,线的颜色为粉红色。数字"339"是车辆位置分区代码,表示该线束位置在乘客室。

7——表示 TCC(液力变矩器中的锁止离合器控制)开关,图中表示 TCC 处于接通状态,其开关信号经过 P101 和 C101,由动力控制模块(PCM)中的 C1 插头 30 号插脚进入 PCM 中。

8——表示直列型插接器,右侧"C101"表示连接插头编号(其中 C 表示连接插头),左侧"C"表示直列型插接器的 C 插脚。

9——表示输出电阻器,这里用来把 TCC 和制动灯开关的信号以一定的电压信号的形式输出给动力控制模块 PCM 的内部控制电路。

10——表示动力控制模块 PCM 是对静电敏感的部件。

11——符号表示搭铁。

12——表示在自动变速器内部的 TCC 锁止电磁阀,此电磁阀控制液力变矩器内部锁止离合器的结合。它在点火开关处于点火或起动挡时,通过 23 号 10 A 的熔断器供电。

第4章 国外各大汽车公司电路图的分析

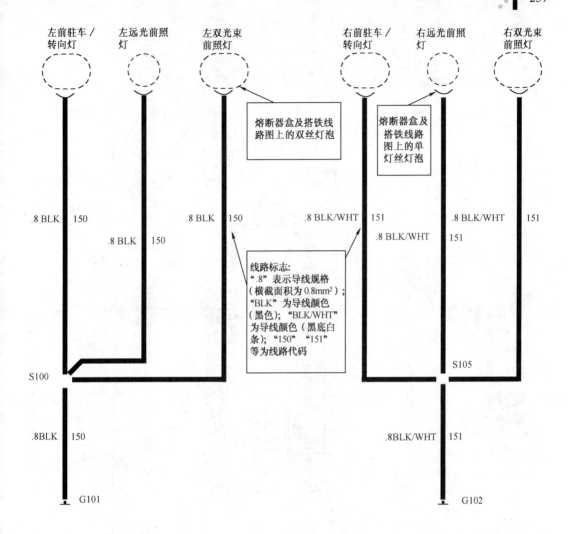

图4-52 搭铁线路图

13——表示带晶体管半导体元件控制的集成电路。这里为动力控制单元PCM内部集成的控制电路,控制电磁阀驱动电路,通过PCM搭铁。

14——表示输出电阻。PCM提供5V稳压通过内部串接电阻与自动变速器油温传感器(TFT)连接,同时将自动变速器油温传感器(NTC型电阻)信号传给PCM。

15——表示动力制模块PCM的C2连接插头的68插脚。

16——虚线表示4、44、1插脚均属于C1连接插头。

17——表示自动变速器内部的自动变速器油温传感器,它是一个随温度增加阻值减小的NTC型电阻。

18——表示部件的名称及所处的位置。该机罩下附件熔断器接线盒位于发动机的左侧(从车的前面看)。

19——表示导线通往机罩下附件熔断器接线盒的其他电路,对目前所显示的电气系统没有作用,是一种省略的画法。

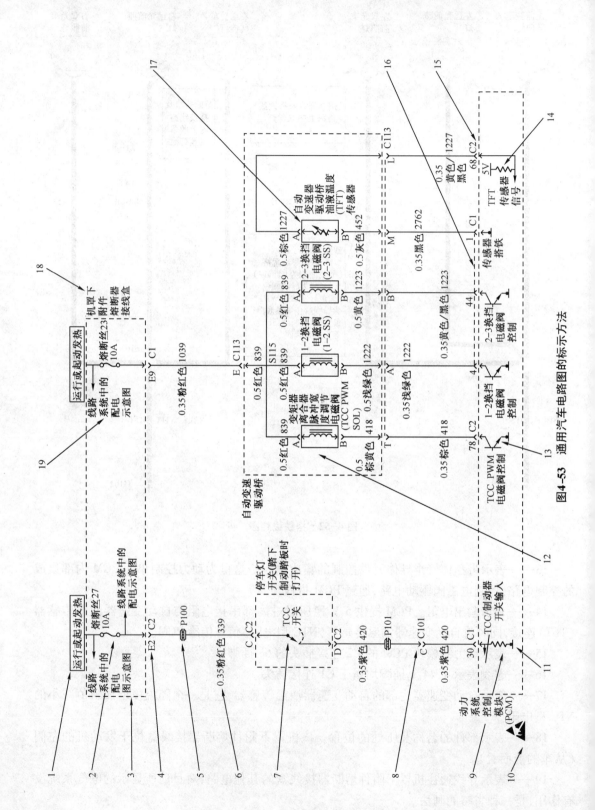

图4-53 通用汽车电路图的标示方法

应用案例

图4-54所示为上海通用别克轿车冷却风扇控制电路,下面以此为例来介绍一下通用汽车电路图的分析方法。

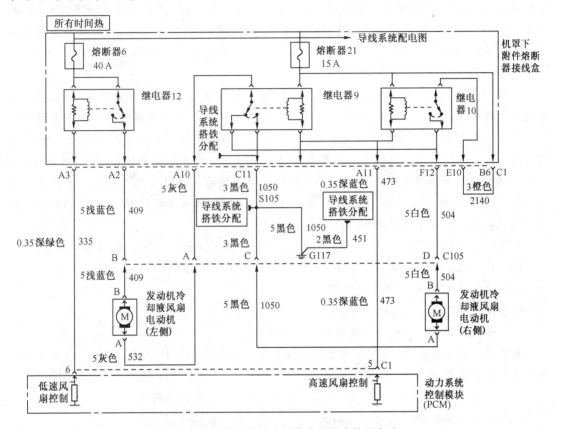

图4-54 上海通用别克轿车冷却风扇控制电路

冷却风扇由两个熔断器(6号40 A和21号15 A)分别向发动机冷却风扇供电。如图4-55所示,熔断器位于发动机罩下附件熔断器接线盒内。

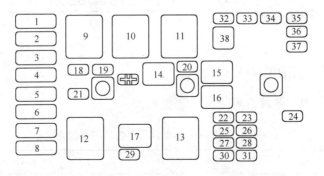

图4-55 发动机罩下熔断器、断路器及继电器位置

1. 冷却风扇低速工作时电路

PCM 控制继电器 12 的电磁线圈通电。其电路为：所有时间热（与电源直接连接）→熔断器 6→继电器 12→PCM 的低速风扇控制电路搭铁。于是，继电器 12 的线圈中有电流通过，控制继电器 12 触点闭合，向冷却风扇电动机供电。此时由于左侧的冷却风扇电动机与右侧的冷却风扇电动机串联，所以风扇低速运转。电流通路为：所有时间热（与电源直接连接）→熔断器 6→继电器 12→左侧的冷却风扇电动机→继电器 9 的动断触点→右侧的冷却风扇电动机→导线系统搭铁分配器搭铁。

2. 冷却风扇高速工作时电路

PCM 首先经低速风扇控制电路对继电器 12 提供搭铁路径。经 3 s 延时后，PCM 经高速风扇控制电路为继电器 9 和继电器 10 提供搭铁路径。左侧风扇电动机继续由熔断器 6 提供电流。但熔断器 21(15 A) 为右侧风扇电动机提供电流。各风扇接收不同的搭铁路径。因此，风扇高速运行。左侧风扇电动机电流通路为：所有时间热（与电源直接连接）→熔断器 6→继电器 12→左侧的冷却风扇电动机→继电器 9 的触点→导线系统搭铁分配器搭铁。右侧风扇电动机电流通路为：所有时间热（与电源直接连接）→熔断器 21→继电器 10 的触点→右侧的冷却风扇电动机→导线系统搭铁分配器搭铁。

在看懂电路图的同时还应清楚 PCM 在什么情况下控制继电器 12 搭铁，其条件如下：

(1) 发动机冷却液温度超过 106 ℃。
(2) 请求 A/C 且环境温度高于 50 ℃。
(3) A/C 制冷剂压力大于 1.31 MPa。
(4) 点火关闭且发动机冷却液温度高于 140 ℃。

对于风扇高速控制，PCM 延后右侧冷却风扇电动机和继电器 10 控制达 3 s。3 s 延时后可确保冷却风扇电负荷不超过系统的容量。

PCM 在以下各情况下为继电器 12、继电器 9 和继电器 10 提供搭铁。

(1) 当发动机冷却液温度超过 110 ℃。
(2) A/C 制冷剂压力大于 1.655 MPa。

4.9 沃尔沃汽车电路图的分析

4.9.1 沃尔沃汽车电路图中符号的含义

沃尔沃汽车电路图中各种符号的含义见表 4-23。

表 4-23 沃尔沃车系电路图中各种符号的含义

符号	含义	符号	含义	符号	含义
——	系统电压	 ⌒	经过导线搭铁	⊥	在部件内/车身搭铁

续表

符号	含义	符号	含义	符号	含义
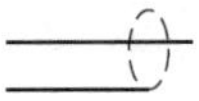 ─⊘─	屏蔽线	 ⊗	分线点	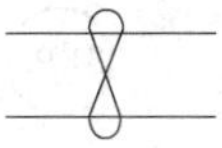 ∞	双绞线
 ─⊙─	电路相互连接	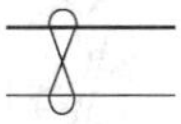 ∞	CAN 总线	 ───	CAN 总线的 CAN-H 线
 ───	CAN 总线的 CAN-L 线	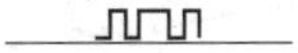 ⊔⊔	LIN 通信	 ⊔⊔ LIN	LIN 通信
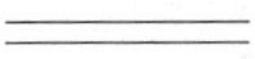 ═══	同轴电缆、DIN 电缆	 ⊔⊔ CAN	CAN 通信	 ○	MOST 通信
 ⇉	MOST 通信	1	线束插接器		

4.9.2 沃尔沃汽车电路图的特点

1. 导线颜色

在电路图中,线路部分都是以粗实线画出,集中在图的中间部分。导线颜色是指导线绝缘层的颜色,有单色线和双色线,以英文缩写来表示,对应关系见表 4-24。

表 4-24 导线颜色

代号	颜色	代号	颜色	代号	颜色
BU(BL)	蓝色	BN	棕色	GN	绿色
GY(GR)	灰色	OG(OR)	橙色	PK(P)	粉色
RD(R)	红色	BK(SB)	黑色	VT(VO)	紫色
YE(Y)	黄色	WH(W)	白色	LGN(LG)	浅绿色
NL	无色				

2. 搭铁点

沃尔沃汽车有多个搭铁点,每个搭铁点采用不同的代号表示,并与电路图的相同代号搭铁点相互对应。图 4-56 所示为沃尔沃 C60 轿车的搭铁点,其具体搭铁位置可在维修手册中搭铁说明查到。

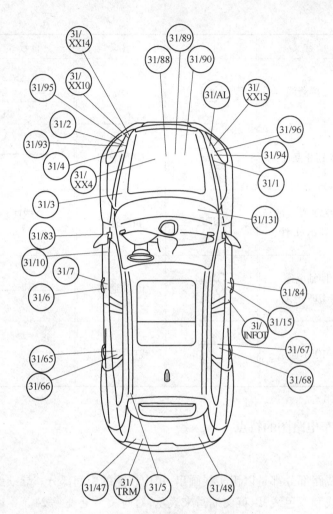

图 4-56 沃尔沃 C60 轿车的搭铁点

3. 电控模块缩写符号

电控模块缩写符号见表 4-25。

表 4-25 电控模块缩写符号

缩写符号	含义	缩写符号	含义
ACM	交流发动机控制模块	PDM	乘客侧车门控制模块
AOS	空气流量传感器	PSM	电动座椅控制模块
AUD	音响模块	RDM	右后侧车门控制模块
BCM	制动控制模块	TRX	无钥匙进入模块
CCM	恒温控制模块	RSM	雨滴传感器模块
CEM	中央控制模块	SAS	转向盘转角传感器

续表

缩写符号	含义	缩写符号	含义
CPM	预热控制模块	SCL	转向柱锁模块
DOM	驾驶员侧车门控制模块	SHM	座椅加热模块
DIM	驾驶信息模块	SRS	安全气囊控制模块
ECM	发动机控制模块	SUM	悬架控制模块
GSM	挡位选择器模块	SWM	转向盘模块
ICM	信息娱乐控制模块	TCM	变速器控制模块
PBM	驻车制动模块	WMM	雨刮电动机模块

4. 电器部件的代号

电器部件名称在电路图中有英文和阿拉伯数字 2 种表示形式。

(1) 英文。电路图中采用"英文缩写+阿拉伯数字"方法表示电器部件名称。如 BA3101,BA 表示蓄电池,3101 为系列号。常见电器部件缩写为:FU—熔断器、SW—开关、AL—交流发动机、RE—继电器等。

(2) 阿拉伯数字。电路图中采用"阿拉伯数字/阿拉伯数字"方法表示电器部件名称。如 3/111,3 表示开关,111 为系列号,具体开关名称可在维修手册零部件目录中查到。常见电器部件代号含义为:1—蓄电池、2—继电器、3—开关、4—控制模块、5—驾驶员/信息模块、6—电动机、7—传感器、8—执行器、9—加热元件、10—灯、11—熔断器、15—配电盒、16—音响、17—维护/故障诊断、18—接触线盘、19—仪表、20—点火开关或分流器、27—光学仪器、31—搭铁、73—导线分线点、74—插接器。

4.9.3 沃尔沃汽车的熔断器和继电器

沃尔沃汽车的熔断器和继电器一般集中安装在配电盒内,配电盒有多个,分布于汽车的不同位置。图 4-57~图 4-60 所示为沃尔沃 C60 轿车各个配电盒的安装位置。

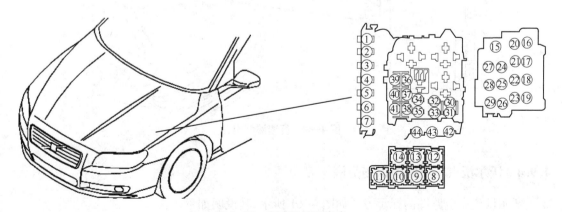

图 4-57 发动机舱配电盒

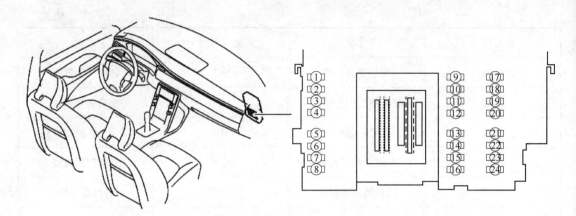

图 4-58 中央控制模块 CEM

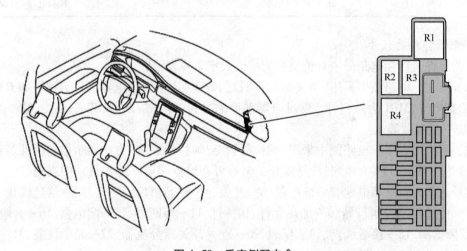

图 4-59 乘客侧配电盒

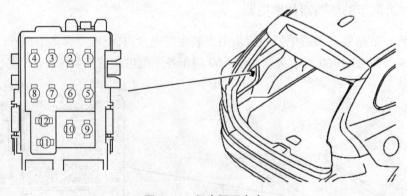

图 4-60 行李厢配电盒

4.9.4 沃尔沃汽车电路图识图范例

沃尔沃汽车电路图的标示方法如图 4-61 所示,其说明如下。

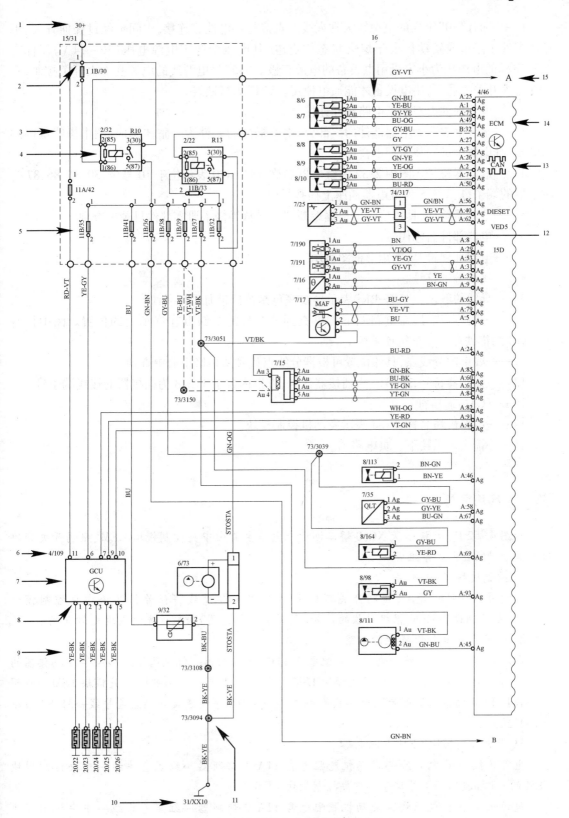

图 4-61　沃尔沃汽车电路图的标示方法

1——标有"30"字样的电源线为常火线。直接与蓄电池相连接,中间不经过任何开关,不论汽车处于停车或发动机处于熄火状态均有电,其电压都等于电源电压(12~14 V)。标有"15"字样的电源线为小容量用电设备的电源正极。"15"号电源线的电源受点火开关控制,只有在点火开关接通后,用电设备才能通电使用。"31"为搭铁线。

2——电器部件内部两条电路相互连接。

3——虚线框表示为电器部件的一部分,虚线框内的元件为一整体总成,图中虚线框内的熔断器、继电器全部安装于配电盒内。

4——继电器符号。图中2/32为继电器名称代号,R10表示位于10号位,30、85、86、87为继电器的端子,1、2、3、5为继电器插座上插孔号。

5——熔断器符号,具体位置可根据熔断器代号从维修手册零部件目录中查到。

6——电器部件名称代号。

7——电器部件符号,用矩形框图表示。

8——接线端子符号。

9——导线的颜色。"YE-BK"表示导线底色是黄色带有黑色条纹。

10——搭铁点代号,在电路图下方可查到该代号的搭铁点在汽车上的位置。图中标有31/xx10的搭铁点在左车轮翼子板上。

11——线束内分线点,具体位置可根据分线点代号从维修手册中查到。

12——插接器符号,74/317为插接器代号,方框内数字1、2、3为插接器的接线端子号。

13——CAN通信符号。

14——电控模块名称,ECM表示发动机控制模块。

15——箭头表示接下一页电路图。

16——双绞线。

应用案例

如图4-62所示,沃尔沃XC60轿车远近光电路主要由中央控制模块CEM、照明开关模块LSM、远光灯、近光灯等组成。

1. 控制过程

驾驶员控制照明开关,照明开关模块LSM通过LIN总线将信号传送给中央控制模块CEM,中央控制模块CEM根据接收的信号(驾驶员操作意图)控制远光灯或近光灯点亮。

2. 照明开关模块LSM电源电路

电源正极→30电源线→发动机舱配电盒11B/23熔断器→红黑色导线→74/411插接器的12号端子→红黑色导线→照明开关模块LSM插接器的1号端子→照明开关模块LSM→照明开关模块LSM插接器的5号端子→黑色导线→73/4016导线连接点→黑色导线→31/83搭铁点→搭铁。

3. 中央控制模块CEM电源电路

电源正极→30电源线→发动机舱配电盒11A/1熔断器→红黑色导线→中央控制模块CEM的C5插接器的1号端子→中央控制模块CEM。

电源正极→30电源线→发动机舱配电盒11A/2熔断器→红黑色导线→中央控制模块CEM的C5插接器的2号端子→中央控制模块CEM。

第 4 章 国外各大汽车公司电路图的分析

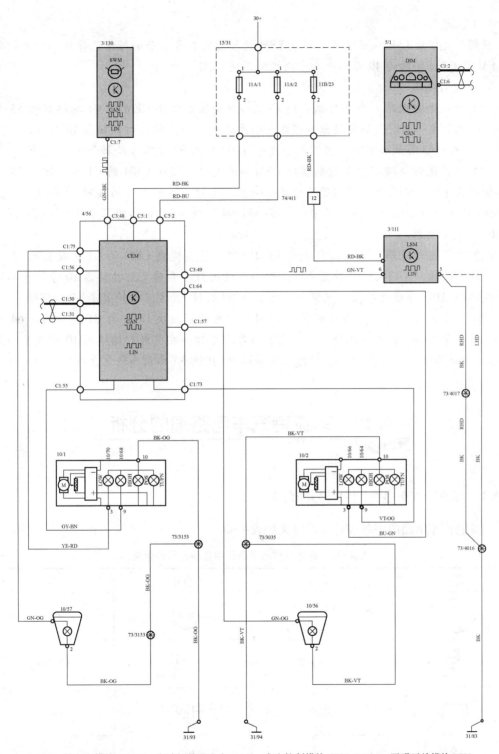

3/130—转向盘模块；15/31—发动机舱配电盒；4/56—中央控制模块 CEM；3/111—照明开关模块 LSM；
10/1—左前大灯总成；10/2—右前大灯总成；10/56—右侧日间行车灯；10/57—左侧日间行车灯；
10/64—右远光灯；10/66—右近光灯；10/68—左远光灯；10/70—左近光灯。

图 4-62 远近光灯电路

4. LIN 总线

照明开关模块 LSM→照明开关模块 LSM 插接器的 6 号端子→绿紫色导线→中央控制模块 CEM 的 C3 插接器的 49 号端子→中央控制模块 CEM。

5. 远光灯电路

（1）左远光灯电路。中央控制模块 CEM→中央控制模块 CEM 的 C1 插接器的 55 号端子→灰棕色导线→左前大灯插接器 8 号端子→左远光灯→左前大灯插接器 10 号端子→黑橙色导线→73/3153 导线连接点→黑橙色导线→31/93 搭铁点（左前车轮翼子板）→搭铁。

（2）右远光灯电路。中央控制模块 CEM→中央控制模块 CEM 的 C1 插接器的 73 号端子→紫橙色导线→右前大灯插接器 8 号端子→左远光灯→左前大灯插接器 10 号端子→黑紫色导线→73/3035 导线连接点→黑紫色导线→31/94 搭铁点（右前车轮翼子板）→搭铁。

6. 近光灯电路

（1）左近光灯电路。中央控制模块 CEM→中央控制模块 CEM 的 C1 插接器的 75 号端子→黄红色导线→左前大灯插接器 3 号端子→左近光灯→左前大灯插接器 10 号端子→黑橙色导线→73/3153 导线连接点→黑橙色导线→31/93 搭铁点（左前车轮翼子板）→搭铁。

（2）右近光灯电路。中央控制模块 CEM→中央控制模块 CEM 的 C1 插接器的 64 号端子→蓝绿色导线→右前大灯插接器 3 号端子→左近光灯→左前大灯插接器 10 号端子→黑紫色导线→73/3035 导线连接点→黑紫色导线→31/94 搭铁点（右前车轮翼子板）→搭铁。

4.10 菲亚特汽车电路图的分析

4.10.1 菲亚特汽车电路图中符号的含义

菲亚特汽车电路图中各种符号的含义见表 4-26。

表 4-26 菲亚特汽车电路图中各种符号的含义

符号	含义	符号	含义
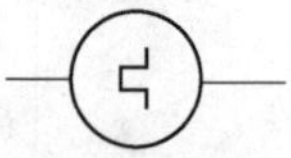	传感器（输出频率信号）	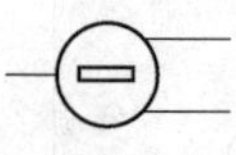	指示表
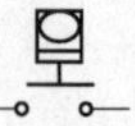	温度报警开关	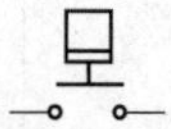	常开开关
	电阻	 40A	熔断器
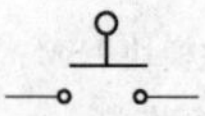	压力开关	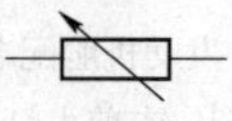	传感器（可变电阻式）
	二极管		电动机

续表

符号	含义	符号	含义
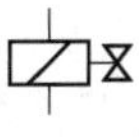	电磁阀		电磁铁
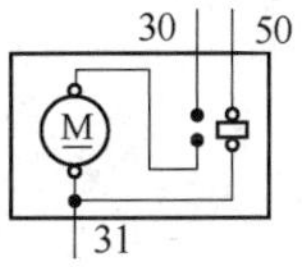	起动机	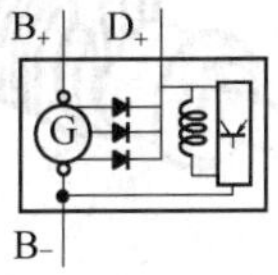	发电机
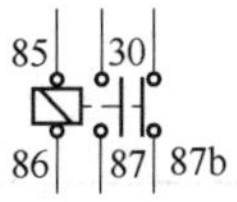	继电器	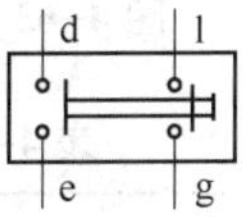	按钮开关
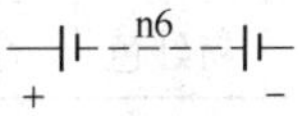	12 V 蓄电池	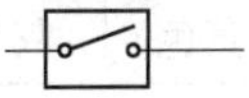	常开开关
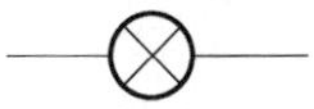	灯泡	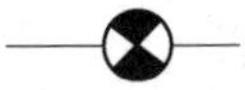	指示灯
	电喇叭	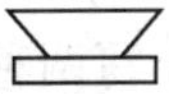	扬声器
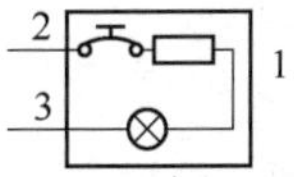	点烟器	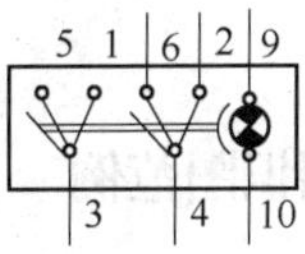	灯光控制开关
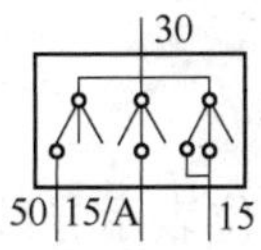	点火开关	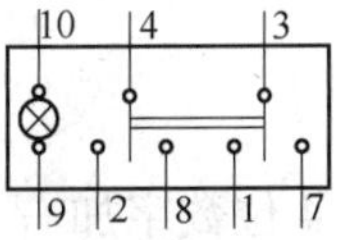	电动窗开关
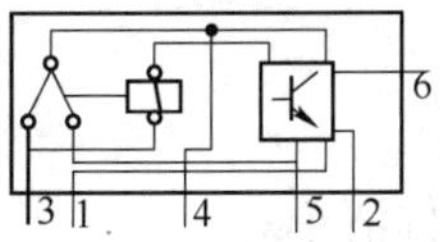	雨刮继电器	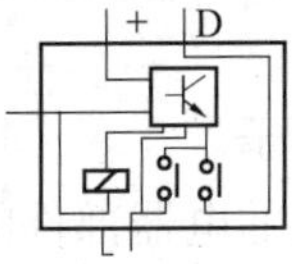	闪光器
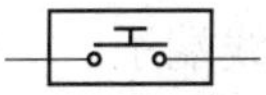	喇叭按钮	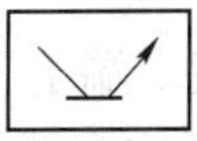	电子控制装置

4.10.2 菲亚特汽车的导线

如图 4-63 所示,菲亚特汽车的导线每间隔 30 mm 印有一个相同的四位阿拉伯数字组成的导线代码。代码的前两位数字代表导线的颜色,后两位数字代表导线的编号。例如,5577 表示橙色 77 号导线,导线颜色代码的含义见表 4-27。

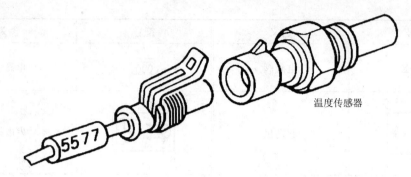

图 4-63　导线代码的表示方法

表 4-27　导线颜色代码

导线代码	11××	22××	33××	44××	55××	66××	77××	88××	99××	00××
导线颜色	蓝色	白色	黄色	灰色	橙色	紫色	红色	绿色	粉红色	棕色

4.10.3　菲亚特汽车的插接器

电器部件的插接器，用数字和字母表示，字母表示电器的插接器名称，数字表示插接器上的接线端子号。字母有大写和小写两种形式。若为大写字母，字母在前，数字在后，例如 G10 表示 G 插接器的第 10 个接线端子。若为小写字母，则数字在前，字母在后，例如 3b 表示 b 插接器的第 3 个接线端子。

4.10.4　菲亚特汽车电路图识图范例

菲亚特汽车电路图的标示方法如图 4-64 所示，电路图中各部分的含义如下。

1——系统标题符号。

2——驾驶室配电盒。

3——导线代码，代码为 4 位数字加右下角的标注组成，4 位数字的前两位表示导线的颜色，后两位表示导线的编号，右下角的标注表示导线的截面积，没有右下角的标注的导线表示导线的截面积为 1 mm^2。

4——钥匙开关的接线端子。

5——表示图正上方对应的电器部件的代号，具体名称见图注或零部件清单。

6——电器部件图形符号。

7——电器部件的插接器接线端子。例如 8a 表示"a"插接器的第 8 个接线端子。

8——"●"表示电器部件壳体直接搭铁。

9——输出频率信号的传感器。

10——熔断器符号，"7"表示第 7 个熔断器。

11——"30"表示直接与蓄电池正极连接的导线。

12——"15"表示经过钥匙开关与蓄电池正极连接的导线。

13——"31"为搭铁（接地）线。

14——表示电子控制部件。

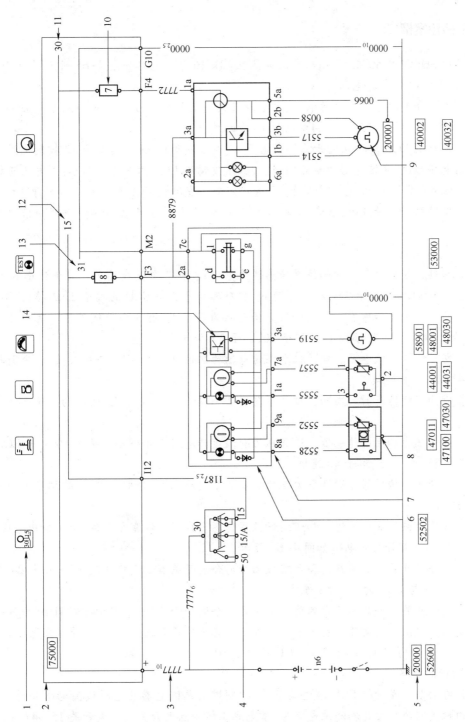

75000—驾驶室配电盒；20000—蓄电池；52600—电源总开关；52502—点火开关；47011—水温表；47100—水温传感器报警灯开关；47030—水温传感器；44001—油量报警灯开关；44031—油量传感器；58901—组合仪表；48001—发动机转速表；48030—转速表传感器；53000—组合仪表指示灯检查按钮；40002—车速里程表（带电子钟）；40032—车速里程表传感器。

图 4-64 菲亚特汽车电路图的标示方法

 **应用案例**

依维柯 SOFIM 8140.43S3 高压共轨柴油机 EDC16 系统电路如图 4-65 所示。

1. 发动机 ECU 电源电路

(1) 点火开关接通时的电源电路：蓄电池正极→点火开关的端子 30→点火开关→点火开关的端子 15→2 号熔断器(5 A)→发动机 ECU 的端子 28。

(2) 发动机 ECU 接收点火开关接通信号后，通过发动机 ECU 的端子 72 控制主继电器的电磁线圈电路导通，主继电器的触点闭合。此时，发动机 ECU 的电源主电路：蓄电池正极→主继电器的触点(闭合)→23 号熔断器和 52 号熔断器→发动机 ECU 的端子 5 和端子 15。

(3) 发动机 ECU 的搭铁电路：发动机 ECU 的端子 2、端子 4、端子 6→导线→搭铁→蓄电池负极。

2. 传感器电路

(1) 曲轴位置传感器。曲轴位置传感器为电磁式，有 3 个接线端子。其中传感器端子 1、端子 2 分别与 ECU 的端子 27、端子 12 连接，传感器端子 3 与 ECU 的端子 21 连接，为屏蔽线。

(2) 凸轮轴位置传感器。凸轮轴位置传感器为霍尔式，有 3 个接线端子。其中传感器端子 1、端子 2、端子 3 分别与 ECU 的端子 20、端子 50、端子 11 连接。

(3) 发动机水温传感器。发动机水温传感器为热敏电阻式，有 2 个接线端子，分别与 ECU 的端子 41、端子 58 连接。

(4) 燃油温度传感器。燃油温度传感器有 2 个接线端子，分别与 ECU 的端子 51、端子 52 连接。

(5) 进气压力和温度传感器。进气压力和温度传感器有 4 个接线端子，分别与 ECU 的端子 23、端子 53、端子 13、端子 40 连接。

(6) 燃油压力传感器。燃油压力传感器有 3 个接线端子，分别与 ECU 的端子 8、端子 43、端子 26 连接。

(7) 加速踏板位置传感器。加速踏板位置传感器内置 2 组霍尔元件，同时输出电压，其电压比值为 2∶1。其外形和电路如图 4-66 所示。

(8) 离合器开关。安装在离合器踏板上的离合器开关有 2 个接线端子，一个与 24 号熔断器连接，另一个与 ECU 的端子 58 连接。

(9) 制动开关。安装在离合器踏板上的有 2 个制动开关，一个用于控制制动灯；另一个用于柴油发动机控制。制动开关有 3 个接线端子。其中传感器端子 2 与 24 号熔断器连接，端子 1 与 ECU 的端子 17 连接，端子 3 与 ECU 的端子 80 连接。

3. 执行器电路

(1) 燃油泵。发动机 ECU 通过端子 91 控制燃油泵继电器的电磁线圈电路导通，燃油泵继电器的触点闭合。此时燃油泵电路为：蓄电池正极→点火开关→点火开关 15→47 号熔断器(10 A)→燃油泵继电器的端子 30→燃油泵继电器的触点→燃油泵继电器的端子 87→燃油泵(电动机)→搭铁→蓄电池负极。

(2) 电磁喷油器。每个电磁喷油器有 2 个接线端子，4 只电磁喷油器连接在 ECU 的端子 47 与端子 16、端子 17 与端子 33、端子 1 与端子 46、端子 2 与端子 31。

第4章 国外各大汽车公司电路图的分析

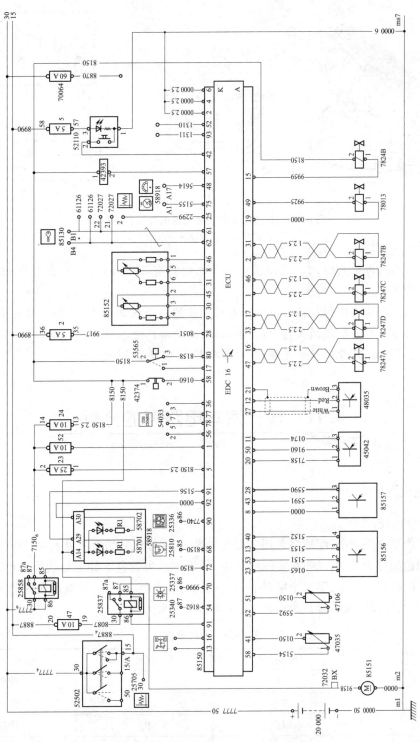

20000—蓄电池；25858—主电源继电器；28837—燃油泵继电器；42374—离合器开关；47035—发动机水温传感器；47106—燃油温度传感器；48035—曲轴位置传感器；48042—凸轮轴位置相位传感器；52502—点火开关；53565—制动开关；58918—仪表；61126—CAN 总线电阻；72027—诊断仪接口；78013—燃油压力调节电磁阀；78247—电磁喷油器；78248—第三缸停油电磁阀；85150—发动机 ECU；85151—燃油泵；85152—加速踏板位置传感器；85156—进气压力和温度传感器；85157—燃油压力传感器。

图 4-65 依维柯 SOFIM 高压共轨柴油机 EDC16 系统的电路

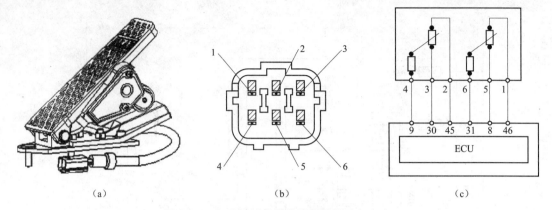

图 4-66 加速踏板位置传感器的外形和电路
(a)外形；(b)插接器；(c)电路

(3) 燃油压力调节电磁阀。燃油压力调节电磁阀有 2 个接线端子，分别与 ECU 的端子 19、端子 49 连接。

(4) 第三缸停油电磁阀。第三缸停油电磁阀安装在高压油泵上，当转速超过 4 200 r/min 或急速运转时第三缸的电磁阀接通，打开第三缸，使发动机进入经济工作模式。该电磁阀有 2 个接线端子，一个与 24 号熔断器连接，另一个与 ECU 的端子 15 连接。

4.11 现代汽车电路图的分析

4.11.1 现代汽车的导线

1. 导线的颜色

在现代汽车电路图中，配线颜色用字母代号表示，字母代号的含义见表 4-28。例如，电路图中导线颜色编号为 Y，则说明在实际线路中，导线颜色为黄色。如果导线为双色，则用第一个字母表示配线基本颜色，第二个字母表示配线的条纹颜色。例如，导线颜色编号为 W/G，则在实际线路中，导线的基本颜色为白色，条纹颜色为绿色。

表 4-28 导线颜色

代号	导线的颜色	代号	导线的颜色
B	黑色	O	橙色
Br	棕色	P	粉色
G	绿色	Pp	紫色
Gr	灰色	R	红色
L	蓝色	T	褐色
Lg	浅绿色	W	白色
Ll	浅蓝色	Y	黄色

2. 导线的规格

导线的规格采用以数字的形式来表示导线的截面积，数字标示在导线颜色前方，单位是 mm^2。例如 1.25P/B 表示基本颜色为粉色，条纹颜色为黑色，截面积为 1.25 mm^2 的导线。

4.11.2 现代汽车的线束位置识别符号

现代汽车的配线由多条线束组成，根据导线的不同位置，把线束分成多种类型，并用英文字母表示，其具体含义见表 4-29。

表 4-29 线束位置识别符号

线束名	位置	符号
发动机线束	发动机室	E
主、地板、顶棚、座椅线束	驾驶室	M
控制线束	发动机/驾驶室	C
后侧与行李厢盖（后车门）线束	后侧与行李厢盖	R
仪表板与气囊线束	防撞垫底部与地板	I
车门线束	车门	D
接线盒	发动机/驾驶室	UP
主线束	发动机/驾驶室	A
主连接器	驾驶室/发电机	J
仪表线束	驾驶室/发动机	T

4.11.3 现代汽车的插接器

现代汽车插接器由内连接器（插座）和外连接器（插头）组成，其图形表示方法见表 4-30。

表 4-30 现代汽车电路图中插接器图形表示方法

名称	内连接器（插座）	外连接器（插头）	备注
插接器外形	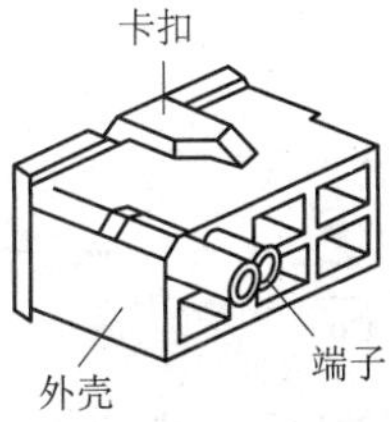 卡扣／外壳／端子	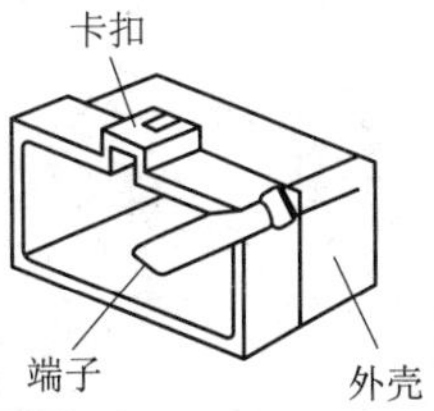 卡扣／端子／外壳	有的插接器接线端子不使用这种表示方法，详细的插接器接线端子号码，还要参照插接器位置图
插接器示意图	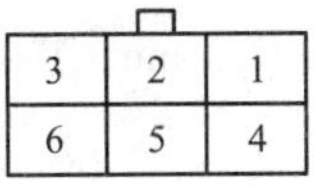 3 2 1 / 6 5 4	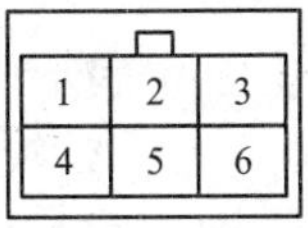 1 2 3 / 4 5 6	

4.11.4 现代汽车电路图识图范例

现代汽车电路图的标示方法如图4-67、图4-68所示，电路图中各部分的含义如下。

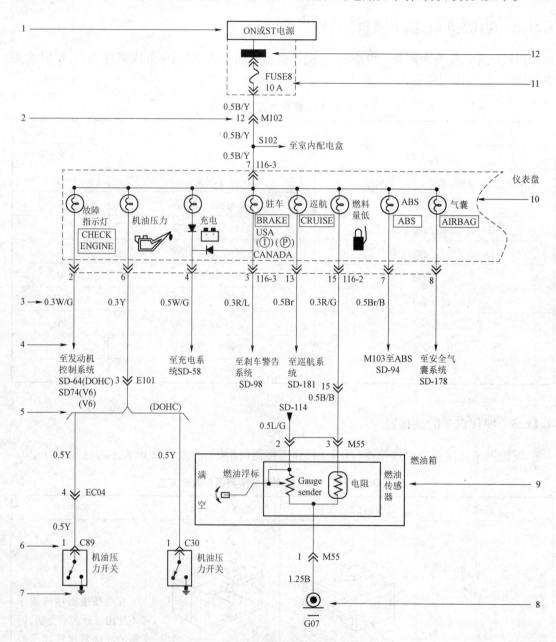

图 4-67　现代汽车电路图的标示方法（一）

1——表示点火开关处于"ON"或"ST"挡位时，电源开始供电。

2——表示插接器的符号。图中表示两根截面积 0.5 mm² 黑/黄色导线是通过 M102 插接器的 12 号接线端子相互连接。

3——导线的规格和颜色。图中 0.3 W/Y 表示该导线的截面积是 0.3 mm²，"W"表示导线绝缘基本底色为白色,"Y"表示导线绝缘上的条纹色为黄色。

4——箭头表示导线连接到其他电路图中的电路名称。

5——表示两条电路根据不同情况选择相应的电路。

6——插接器在电器部件上,表示电器部件与线束是通过插接器连接。

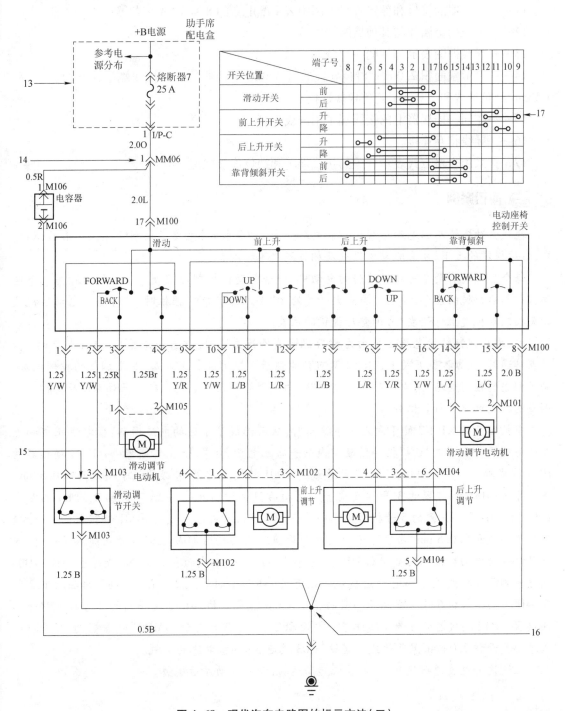

图 4-68　现代汽车电路图的标示方法(二)

7——表示电器部件外壳直接搭铁(接地)。

8——编号 G07 的搭铁点(具体搭铁点的位置参照汽车搭铁点分布图)。

9——实线框图表示部件的全部。

10——弧线表示电器部件的一部分。

11——熔断器的符号和额定容量。图中表示配电盒的 8 号 10 A 熔断器。

12——表示用金属片与其他熔断器连接。

13——虚线框图表示部件的一部分。

14——表示截面积 2.0 mm² 橙色导线通过 MM06 插接器的 1 号接线端子,同时与截面积 0.5 mm² 红色导线和 2.0 mm² 蓝色导线连接。

15——在同一插接器上的接线端子用虚线连接。

16——导线相互连接。

17——采用表格方式表示开关的接线端子和挡位连接状况。

应用案例

现代索纳塔轿车的电动后视镜控制电路如图 4-69 所示,主要由控制开关,左、右后视镜,左、右后视镜的上下、左右驱动电动机及相关配线等组成。

每个后视镜有两个可以正反转的电动机,一个电动机控制后视镜的上/下移动,另一个电动机控制后视镜的左/右移动。当点火开关处于"ACC"或"ON"挡位时,就可通过电动后视镜开关控制后视镜上/下、左/右调整后视镜的位置。

左、右后视镜转换电路主要由左右后视镜选择开关控制,当选择开关 K4-1、K4-2 的 1、2 触点接通时,操纵控制开关 K1、K2、K3,可使左侧后视镜形成如下电路:向上调整的控制电路、向下调整的控制电路、向左调整的控制电路、向右调整的控制电路。在此只对左侧后视镜向下调整的控制电路进行具体分析。

当控制开关 K1、K2 处于向左接通状态时,从而形成了下述的电流通路:蓄电池正极→点火开关处于"ACC"或"ON"挡→驾驶室内助手席配电盒 30 号 15 A 熔断器→I/P-G 插接器的 10 号接线端子→截面积 0.5 mm² 黄色导线→MD01 插接器的 23 号接线端子→截面积 0.5 mm² 黄色导线→D03 插接器的 3 号接线端子→电动后视镜控制开关→上/下控制开关 K1 的触点 2、1 闭合→D03 插接器的 5 号接线端子→截面积 0.5 mm² 白色导线→MD01 插接器的 13 号接线端子→截面积 0.5 mm² 白色导线→左电动后视镜的插接器 D19 上的 6 号接线端子→升/降电动机→左电动后视镜的插接器 D19 上的 8 号接线端子→截面积 0.3 mm² 浅绿色导线→D03 插接器的 7 号接线端子→电动后视镜控制开关→K4-1 的触点 2、1 闭合→K2 的触点 1、2 闭合→D03 插接器的 6 号接线端子→截面积 0.3 mm² 黑色导线→D12 插接器的 3 号接线端子→连接器→D12 插接器的 6 号接线端子→截面积 2.0 mm² 黑色导线→MD01 插接器的 10 号接线端子→截面积 2.0 mm² 黑色导线→搭铁(G03 接地点)→蓄电池的负极。

上述这一电流通路使升/降电动机起动运转,向下移动左后视镜。

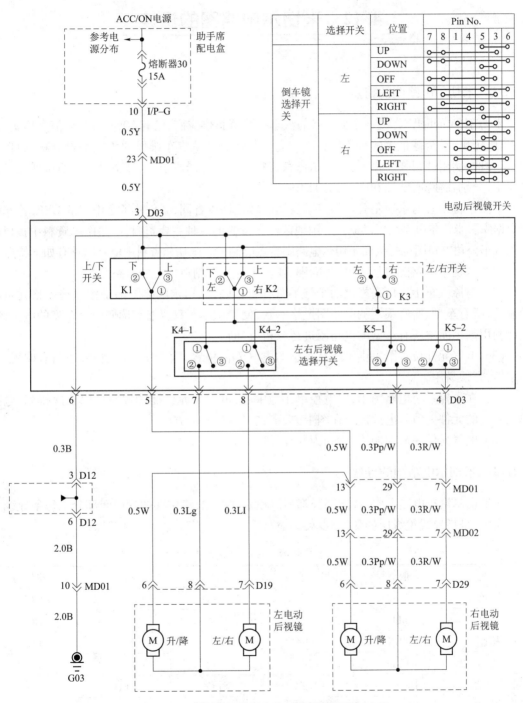

图 4-69 现代索纳塔轿车电动后视镜的控制电路

4.12 米切尔电路图的识读

4.12.1 米切尔电路图的特点

米切尔(Mitchell)公司是北美著名的汽车维修资料供应商,已有50年的汽车信息搜集、编辑、出版历史,是全球最大的汽车信息服务商。其特点是从汽车维修的角度编辑资料,通俗易懂,指导性、实用性很强。目前,米切尔信息资料已经被翻译成中文、日文、德文、西班牙文等多种文字,分别在亚洲、欧洲和南/北美洲出版。

中国车检中心与米切尔公司签订了数据库转让许可合同,并创建了全中文的CVIC汽车维修数据库。米切尔电路图现已成为中国地区汽车维修的一种主要资料,一些图书资料中提供的各国汽车公司电路图也是按照米切尔电路图特点绘制的。米切尔资料中电路图具有如下特点。

(1) 米切尔电路图包括了美国、欧洲、亚洲主要汽车制造厂商的电路图。

(2) 与原汽车生产厂商提供的维修手册有所不同,米切尔电路图都是按照统一格式重新绘制的,所有车型、所有系统的电路图风格一致,便于识读。只要能够读懂一个车型的电路图,就能利用数据库中所有车型的电路图进行分析、诊断。

(3) 电气元件位置图提供了所有车型的电气元件位置,除了文字说明外,还附有图解,一目了然,方便易用。

(4) 在电控系统电路图中,以电控单元为中心,电控单元各插脚按照代码依次排列,电控单元周围的元件大致是电源部分在图上方,搭铁部分在图下方。

(5) 电气元件一般在四周,中间为导线。

4.12.2 米切尔电路图的导线

在米切尔汽车电路图中,线路部分都是以粗实线画出,集中在图的中间部分。每条导线上都有颜色,是指导线绝缘层的颜色,以英文缩写来表示,对应关系见表4-31。

表4-31 导线的颜色

颜色	一般缩写	可选缩写	颜色	一般缩写	可选缩写
黑色	BLK	BK	浅绿色	LT GRN	LT GN
蓝色	BLU	BU	橙色	ORG	OG
棕色	BRN	BN	粉红色	PNK	PK
透明	CLR	CR	紫色	PPL	PL
深蓝色	DK BLU	DK BU	红色	RED	RD
深绿色	DK GRN	DK GN	褐色	TAN	TN
绿色	GRN	GN	粉紫色	VIO	VI
灰色	GRY	GY	白色	WHT	WT
浅蓝色	LT BLU	LT BU	黄色	YEL	YL

如果导线是双色的,则以两种颜色英文缩写共同组成,例如"YEL-BLK","-"前面的"YEL"指导线颜色的本色或底色为黄色,而"-"后面的"BLK"指条纹部分为黑色,为了方便起见,把它叫作黄黑线。

4.12.3 米切尔电路中符号的含义

米切尔电路图采用的是标准电路符号,其各种符号的含义见表4-32。

表4-32 米切尔电路图中各种符号的含义

符号	含义	符号	含义
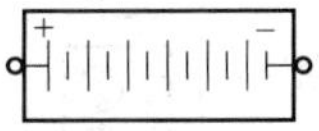	蓄电池	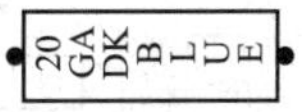	易熔线
	断路器		熔断器
	易熔元件		插接器
	卷簧		二极管
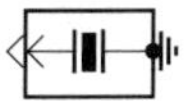	爆燃传感器	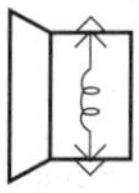	电喇叭
	电动机	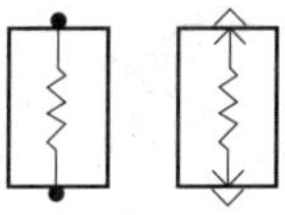	电阻
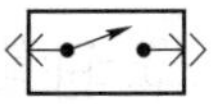	开关(单路)	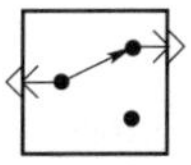	开关(双路)
	灯泡(单丝)		灯泡(双丝)
	传感器(热敏)		电磁阀
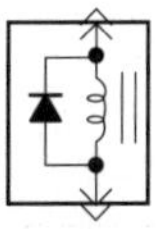	电磁阀(带二极管)	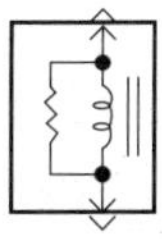	电磁阀(带电阻)
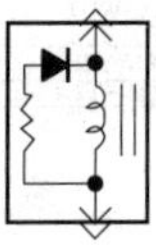	电磁阀(带二极管和电阻)		加热元件

4.12.4 米切尔电路图识图范例

米切尔电路图的标示方法如图4-70所示。

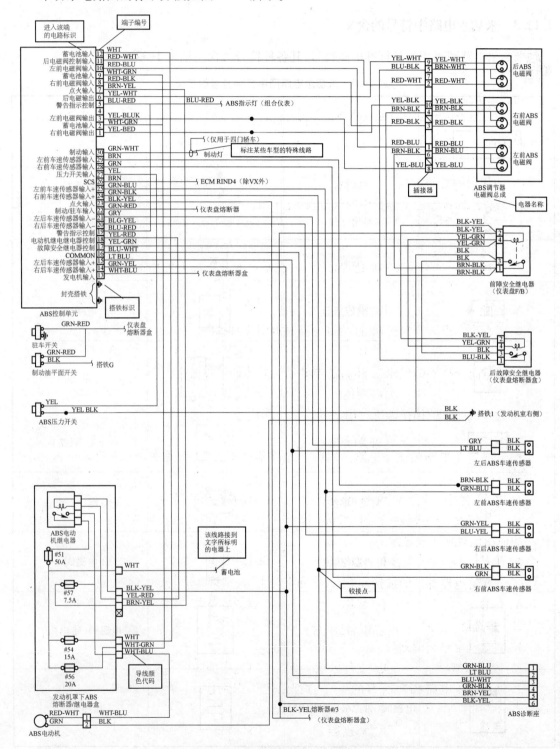

图4-70 米切尔电路图的标示方法

本章小结

国外各大汽车公司在电气元件图形符号含义、导线和插接器表现形式、电路图的绘制、连接关系的表达方面各有特点和规律。根据其特点和规律可对不同公司汽车电路进行分析识读和故障检测。

习 题

一、单选题

1. 三菱汽车电路图插接器的代码采用阿拉伯数字和英文字母组合表示,如 A-12(6-B)。第一个字母符号 A 表示(　　)。
   A. 插接器的顺序号　　　　　　B. 插接器的安装位置
   C. 插接器的端子数　　　　　　D. 插接器的颜色

2. 马自达插接器每个插孔中的代号表示(　　)。
   A. 导线的颜色代码　　　　　　B. 接线端子的代号
   C. 插接器的颜色代码　　　　　D. 插接器的位置代码

3. 大众汽车 CAN 导线的基色为(　　),在基色的基础加上各种相应颜色表示各种数据总线的颜色。
   A. 红色　　　B. 橙色　　　C. 黄色　　　D. 灰色

4. 大众汽车点火开关接通、卸荷继电器触点闭合时,标号(　　)电源线才有电。
   A. 30　　　B. 15　　　C. X　　　D. 31

5. 雪铁龙插接器的代码为 8B2,其中 B 字母表示插接器的(　　)。
   A. 通道　　　B. 颜色　　　C. 线号　　　D. 列数

6. 大众线路中的插接器统一用字母(　　)作代号。
   A. G　　　B. X　　　C. T　　　D. Y

7. 奔驰汽车电路图该车电路图用(　　)作横坐标,(　　)作纵坐标来确定电器在电路图中的位置。
   A. 数字,数字　　B. 字母,字母　　C. 数字,字母　　D. 字母,数字

8. 菲亚特汽车的导线每间隔 30 mm 印有一个相同的四位阿拉伯数字组成的导线代码。代码的前两位数字代表导线的(　　)。
   A. 编号　　　B. 规格　　　C. 颜色　　　D. 位置代码

9. 菲亚特电器部件的插接器,用数字和字母表示,字母表示电器的插接器(　　)。
   A. 位置　　　B. 名称　　　C. 颜色　　　D. 接线端子号

二、多选题

1. 大众汽车电路图划分为(　　)3 个区域。
   A. 说明区域　　B. 上部区域　　C. 中部区域　　D. 下部区域

2. 通用汽车电路图上所有的(　　)都给定了识别代码,并与其在车辆上的位置相对应等。
   A. 搭铁　　　B. 插接器　　　C. 贯穿式密封圈　　　D. 接头

3. 通用汽车电路图通常由(　　)电路图组成。

A. 电源分配简图搭铁　B. 熔断器盒详图　　C. 系统电路图　　　D. 搭铁线路图

4. 米切尔电路图包括了（　　）主要汽车制造厂商的电路图。

A. 美国　　　　　　B. 欧洲　　　　　　C. 亚洲　　　　　　D. 非洲

三、简答题

1. 丰田汽车的电路保护装置有哪些类型？
2. 怎样对丰田汽车插接器的接线端子进行编号？
3. 本田汽车电路图有何特点？
4. 如何识读三菱汽车的导线代号？
5. 简述三菱汽车插接器的代码的含义。
6. 在马自达汽车插接器的插孔中的代号表示何种含义？
7. 如何标示大众汽车的导线颜色和规格？
8. 大众汽车电路图有何特点？
9. 简述雪铁龙汽车电路图中插接器 8B2 的含义。
10. 雪铁龙汽车线束代码的功能是什么？
11. 从雪铁龙汽车电路图识读范例中，你能获得哪些信息？
12. 通用汽车的车辆位置分区代码有何功能？
13. 现代汽车"0.3W/Y"导线表示的含义是什么？
14. 从沃尔沃汽车汽车电路图识读范例中，你能获得哪些信息？
15. 米切尔电路图有何特点？
16. 丰田汽车电路图有何特点？
17. 简述大众汽车电路图中插接器 T4/2 的含义。
18. 简述大众汽车电路图 3 个区域的功用。

第 5 章 汽车电路故障诊断与检修

🚗 学习目标

1. 了解汽车电路的工作条件和工作状态，熟识常用的检测仪器和工具的使用方法。
2. 熟识汽车电路常见故障，掌握检修汽车电路故障时的基本原则。
3. 熟识汽车电气系统故障检测、诊断方法，掌握汽车线路检修方法。

🚗 学习要求

诊断和查找故障需要借助一些工具和仪表。在使用这些工具和仪表前，必须详细了解其结构性能及使用注意事项，以确定其适合哪些电气系统的测量。根据电路故障检修基本原则、汽车电气系统故障诊断方法，理清电路故障诊断思路和步骤。依据线路主要部件的特点，掌握汽车导线、线束、插接器、熔断器、易熔线、开关与继电器的检修和更换方法。

5.1 汽车电路的工作条件和工作状态

5.1.1 汽车电路的工作条件

汽车电路的工作条件可概括为：大范围的温度和湿度变化，波动的电压及较强的脉冲干扰，电器间的相互干扰，剧烈的振动以及尘土的侵蚀等。

1. 温度与湿度

温度的变化包括两方面：一是外界环境温度；二是使用温度，它与电气设备工作时间的长短、布置位置以及电器元件自身的发热散热条件有密切关系。对于电子元件来讲，较高的使用温度是造成过热损坏的主要原因。

湿度较大的环境，会增加水分子对电子元件的浸润作用，使其绝缘性能下降，影响电气设备的工作性能。

2. 电压的波动

汽车电路的电压波动可分为两种：一种是正常范围内的波动即从蓄电池的端电压到电压

调节器起作用的电压之间;另一种为过电压,过电压将给汽车上的电子设备带来极大危害。过电压根据其性质来分,可分为非瞬变性过电压和瞬变性过电压。

非瞬变性过电压主要是由于发电机调节器失灵,或其他原因引起发电机激磁电流未经调节器,使发电机电压升高到不正常值。这种故障如不及时排出,则整个充电系统的电压会一直处于不正常的高压,过电压有时可高达一百多伏。它会使蓄电池的电解液沸腾,用电设备烧毁。

瞬变性过电压对汽车电子元件危害最大,其产生主要有以下几种情况。

(1) 当停车关闭点火开关时,由于发电机的磁场绕组与蓄电池之间通路瞬间切断,从而在磁场绕组中感应出按指数规律变化的负电压,其反向峰值可达$-100 \sim -50$ V。该脉冲没有被蓄电池吸收,极易引起电子元件的损坏。

(2) 汽车运行中,发电机与蓄电池之间的导线意外松脱,或者在没有蓄电池的情况下,突然断开其他负载。发电机端电压瞬间可升高很多,极限情况可达 100 V 以上,且可维持 0.1 s 的时间。对一些过电压敏感的电子元件,这样的过电压足以造成其损坏或误动作。

(3) 电感性负载,如喇叭、各种电动机、电磁离合器等,在切换时,将在电路中产生高频振荡,振荡的峰值电压可达二百多伏,但其持续时间较短(300 μs 左右),一般不能引起电子元件损坏,但对于具有高频响应的控制系统,如电控汽油喷射系统,往往会引起误动作。

3. 电器间的相互干扰

各个用电设备工作方式不同,它们之间会以不同的方式彼此侵扰。通常将汽车上所有电器能在车上正常工作而不干扰其他电器正常工作的能力称为汽车电器的相容性。在实际中,电器间的相互干扰是不可避免的,因此,对汽车电气系统来说,重要的是相容性。任何因素激发出的振荡都会通过导线等以电磁波的方式发射出去,势必对其他电子系统产生电磁干扰。因此,汽车上应用的计算机等,都应具有良好的屏蔽措施,一旦屏蔽被破坏,也会导致其工作异常。

4. 其他

汽车行驶中不可避免地产生振动和冲击,它将造成电子设备的机械性损坏,如脱线、脱焊、触点抖动、搭铁不良等;尘土及有害气体的侵蚀会导致接触不良、绝缘性能下降等故障。

5.1.2 电路的满载、空载和过载工作状态

在使用和维修过程中常常通过满载、空载和过载 3 种不同的工作状态,对电气设备进行性能测试、分析和判断故障所在。

1. 满载工作状态(额定工作状态)

电气设备产品的铭牌上都规定了"额定电压""额定电流"或"额定功率"等。按照额定值去使用维护,则工作效率高、安全可靠、使用寿命较长。电气设备在额定状态下工作,称为满载工作状态。

2. 空载(开路)工作状态

电路一般通过开关和熔断器把电源和负载连接起来。开关用来接通和切断电路,起控制电路的作用。当开关打开或熔断器熔断时,这时电路的工作状态称为空载(开路)工作状态。

3. 过载(超载)工作状态

电路中的电流或功率超过了电源或用电设备的额定值,叫过载(超载)。过载工作状态

下,电气设备可能发热损坏。

5.2 常用的检测工具、仪器与设备

诊断和查找故障需要借助一些工具和仪表。在使用这些工具和仪表前,必须详细了解其结构性能及使用注意事项,以确定其适合哪些电气系统的测量。

5.2.1 常用的检测工具

1. 跨接线

简单的跨接线就是一段多股导线,它的两端分别接有鳄鱼夹或不同形式的插头,它具有多种样式。工具箱内必须有多种形式的跨接线,以用作特定位置的测量,如图5-1所示。

跨接线虽然比较简单,但却是非常实用的工具,起旁通电路的作用。如某一电气部件不工作,首先将跨接线连接在被试部件接线点"-"极与车身搭铁之间,此时部件工作说明部件搭铁线路断路;如搭铁电路很好,就将跨接线连接在蓄电池"+"极与被试部件的电源接线柱之间,此时部件工作,说明部件电源电路有故障(断路或短路),如部件仍不工作,说明部件本身有故障。

使用跨接线的注意事项如下。

(1) 用跨接线将电源电压加至试验部件之前,必须先确认被试部件的电源电压是否应为12 V。例如,有的喷油器电源电压为4 V,如加上12 V电压就可能使喷油器损坏。

(2) 跨接线不可错误地连接在试验部件"+"接头与搭铁之间。

2. 12 V(或24 V)测试灯

12 V(或24 V)测试灯由试灯、导线、各种型号端头组成,如图5-2所示。它主要是用来检查系统电源电路是否给电气部件提供电源。

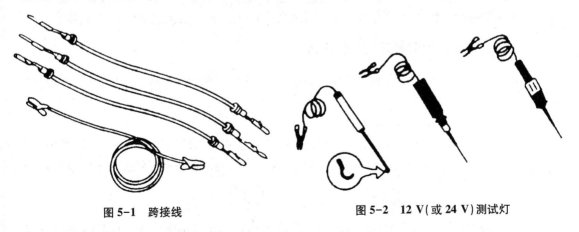

图5-1 跨接线　　　　　　图5-2 12 V(或24 V)测试灯

将12 V(或24 V)测试灯一端搭铁,另一端接电气部件电源接头。如灯亮,说明电气部件的电源电路无故障;如灯不亮,再接去向电源方向的第二个接线点,如灯亮,则故障在第一接线点与第二接线点之间,电路出现的是断路故障。如仍不亮,则再去接第三个接线点……直到

灯亮为止。故障在最后被测接头与上一个被测接点间的电路上,且大多为断路故障。

3. 自带电源测试灯

如图5-3所示,自带电源测试灯与12 V(或24 V)测试灯基本相同,它只是在手柄内加装两节1.5 V干电池,用来检查电气电路断路和短路故障。

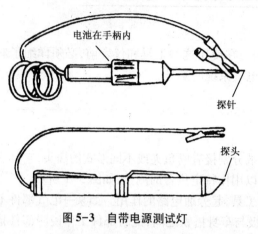

图5-3 自带电源测试灯

(1) 断路检查:首先断开与电气部件相连接的电源电路,将测试灯一端搭铁,另一端接电路各接点(从电路首端开始)。如果灯不亮,则断路出现在被测点与搭铁之间;如灯亮,则断路出现在此时被测点与上一个被测点之间。

(2) 短路检查:首先断开电气部件电路的电源线和搭铁线,测试灯一端搭铁,一端与余下电气部件电路相连接,如灯亮,表示有短路故障(搭铁)存在,然后逐步将电路中插接器脱开,开关打开,拆除部件等,直到灯灭为止,则短路出现在最后开路部件与上一个开路部件之间。

注意:不可用测试灯检查汽车电控系统,除非维修手册中有特殊说明。

4. 汽车专用试电笔

如图5-4所示,汽车专用试电笔是专为汽车维修电工设计的一种检测仪,利用它不仅可以测试汽车电路,而且可以直接从电笔的灯光指示上判断发电机、调节器和电路工作是否正常。汽车专用试电笔有12 V和24 V两种,使用时,将电笔负极用鳄鱼夹与搭铁可靠的部件相接,而将电笔头逐次碰触被测点,这时电笔上的两个双色发光二极管可组合指示6种颜色,分别对应6种不同的电压。各种颜色对应的电压值如表5-1所示。

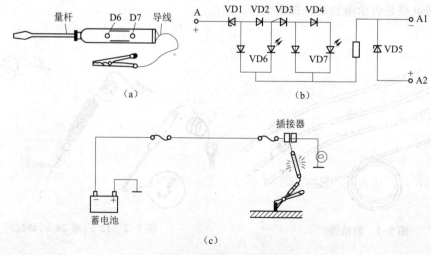

图5-4 汽车专用测试电笔
(a)外形;(b)内部电路;(c)检测方法

表 5-1 试电笔显示色与电压值对应关系表

视孔	显示颜色	12 V 电系/V	24 V 电系/V	备注
VD6	红色	11	23	VD7 不亮
	橙色	12	24	
	橙绿	12.6	24.6	
VD7	红色	13	25	VD6 显示橙绿色
	橙色	14	26	
	橙绿	15	27	

5.2.2 常用电工仪表

1. 电流表

电流表是用来测量电路中电流大小的一种仪表,通常用符号 A 表示,按测量电流性质的不同,可分为直流电流表、交流电流表两种。

电流表使用时,必须将其串联在所测电路中,尤其在测量直流电流时,要注意电流表的极性,以免损坏仪表。

在测量交流电流时,对于 500 V 以下低压系统,当测量值小于 50 A 时,可将交流电流表直接串联在电路中进行测量;当电流较大时,则必须与电流互感器配合使用,才可测量。

在一些精度较高的电流表的刻度标尺板下,还装有一块弧形镜片,它的作用是消除使用者的视觉误差。

2. 钳形电流表

在电流测量中,当使用一般电流表时,必须串入电路中才能测量,然而对于不允许停电接表的系统或者需要随时观察的系统就要使用钳形电流表来测量。钳形电流表的结构如图 5-5 所示。

3. 电压表

电压表是测量电路中电压高低的一种仪表,通常用符号 V 表示,其特点是内阻较大。按测量电流性质的不同,可分为直流电压表、交流电压表两种。测量时应将电压表同被测电路并联。

4. 万用表

常用的万用表有指针式万用表和数字式万用表两种。

(1) 指针式万用表。指针式万用表有 500 型、MF9 型、MF10 型等多种型号。万用表一般都具有测量直流电压、直流电流、交流电压、静态电阻等多种功能,有的还能测量交流电流、电容量、电感量以及半导体管的某些参数等。

(2) 数字式万用表。数字式万用表是一种新型仪表,具有测量精度高、灵敏度高、速度快及数字显示等特点。20 世纪 80 年代后,随着单片机 CMOS A/D 转换器的广泛应

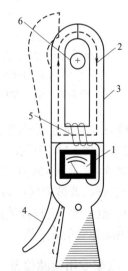

1—电流表;2—磁通;3—铁芯;4—手柄;
5—二次线圈;6—被测导线。

图 5-5 钳形电流表的结构

用,新型袖珍式数字万用表也迅速得到普及,并在许多情况下正逐步取代指针式万用表。

DT—890型数字万用表如图5-6所示,该表前后面板主要包括液晶显示屏、电源开关、功能(量程)选择开关、h_{FE}插口、输入插孔及在后盖板下的电池盒等。

使用时,将黑色表笔插入"COM"插孔,红表笔视测量不同参量,可插入"V/Ω"或"A"及"10A"插孔,按下ON/OFF开关,如液晶显示屏左上角无"LO BAT"字样,则意味着电池电压正常,可进行测试。

直流电压及交流电压测试时,当将量程开关转到相应测量范围时,在没测量时,显示屏显示000,在电流挡测试前,显示也相同。而在电阻测试前,即表笔开路时,液晶屏显示"1"(在1/2位上)。

电容测量时,将量程开关置CAP的相应挡位,由于各电容挡都存在失调电压,即没有电容时也会显示一些初始值,因此测量前必须调整ZBRO ADJ(零点调节)旋钮,使初始值为000或-000,然后再插上被测电容进行测量。必须注意:每次更换电容挡,都要重新调零,还应事先将被测电容短路放电,以免造成仪表损坏或测量不准。

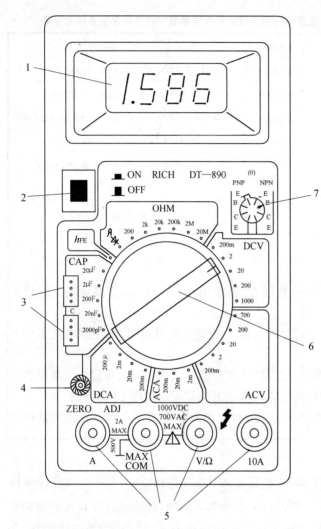

1—液晶(LCD)显示屏;2—电源开关;3—电容插孔;
4—ZBRO ADJ(零点调节)旋钮;5—输入插孔;
6—功能(量程)选择开关;7—h_{FE}插孔。

图5-6 DT—890型数字万用表

二极管及线路通断检测是用同一个挡位。测二极管时,红表笔插入"V/Ω"孔,接二极管正极,黑表笔插入"COM"孔,接二极管负极,则测出数值为其正向压降。据此压降值可确定二极管为锗管(显示0.150~0.300)还是硅管(显示0.550~0.700),并确定管脚之极性。当用来测线路通断时,若被测两点间电阻小于30Ω,则声、光同时指示。

将功能(量程)选择开关置入h_{FE}挡,按PNP或NPN管分类正确插入测试插座,万用表即显示被测晶体管的h_{FE}值。

5.2.3 汽车专用检测设备

1. 汽车专用数字式万用表

汽车专用数字式万用表如图5-7所示,其主要技术参数如表5-2所示。

第5章 汽车电路故障诊断与检修

表 5-2 汽车专用数字式万用表主要技术参数

主要功能	技术参数
直流电压	400 mV~400 V(±0.5%),1 000 V(±1%)
直流电流	400 mA(±1%),20 A(±2%)
交流电压	400 mV~400 V(±1.2%),750 V(±1.5%)
交流电流	400 mA(±1.5%),20 A(±2.5%)
电阻	400 Ω(±1%),4 kΩ~4 MΩ(±1%),40 MΩ(±2%)
频率	4 kHz~4 MHz(±0.05%),最小输入频率 10 Hz
音频	电路通、断音频信号测试
二极管的检测	—
温度的检测	-18~300 ℃(±3%),110~301 ℃(±3%)
转速	150~3 999 r/min(±0.3%),4 000~10 000 r/min(±0.6%)
闭合角	(±0.5°)
频宽比	(±0.2%)

注:括号内为测量误差。

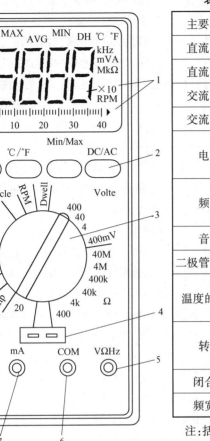

1—4 位数字及模拟量(棒形图)显示屏;2—功能按钮;3—功能选择开关;4—测量温度插座;5—测量电压、电阻、频率、闭合角、频宽比(占空比)及转速公用插座;6—公用搭铁插座;7—测量电流插座。

图 5-7 汽车专用数字式万用表

特殊功能及使用方法如下。

(1) 信号频率检测:将功能选择开关转至频率挡(Freq),公用搭铁插座(COM)的测试线搭铁,公用插座(V/Ω/Hz)的测试线接被测的信号线,此时在显示屏上即可读取被测信号的频率。

(2) 温度检测:将功能选择开关置于温度挡(Temp),把温度探针插入温度检测插座,按动测量温度选择钮℃/℉,再把温度探针接触被测物体的表面,显示器即显示出所测的温度。

(3) 闭合角检测:将功能选择开关转至相应发动机汽缸的闭合角测量位置(Dwell),公用搭铁插座的测试线搭铁,公用插座的测试线接点火线圈"-"极接线柱,在发动机运转时显示器即能显示出点火线圈初级电流增长的时间(即导通角)。

(4) 占空比检测:将功能选择开关转至占空比测量位置(Duty Cycle),公用搭铁插座的测试线搭铁,公用插座的测试线接被测的信号线,显示屏即显示出被测电路一个工作循环(周期)中脉冲信号所保持时间的相对百分数(即占空比)。

(5) 转速测量:将功能选择开关置于转速挡(RPM),将测量转速的专用插头插入公用搭铁插座和公用插座,再将感应式转速传感器的夹子夹到某一汽缸的高压分线上,在发动机工作时显示器即显示出发动机的转速。

(6) 起动机起动电流检测:将功能选择开关置于 400 mV 挡(1 mV 相当于 1 A),把霍尔效应式电流传感器的夹子夹在蓄电池的电源线上,按动"Min/Max"按钮,拆除点火线并转动发动机曲轴 2~3 s,显示屏即能显示出起动电流。

(7) 氧传感器检测:首先拆下氧传感器线束,用一跨接线将此线束与氧传感器相接。然后将功能选择开关置于 4 V 挡,按动 DC/AC 按钮并置于 DC 状态,再按"Min/Max"按钮,使公用搭铁插座的测试线搭铁、公用插座的测试线与氧传感器的跨接线相连。让发动机运转至快怠速(约 2 000 r/min),此时氧传感器的工作温度可达 360 ℃ 以上。排气浓时,氧传感器的输出电压约为 0.8 V;排气稀时,输出电压为 0.1~0.2 V。

注意:当氧传感器的工作温度低于 360 ℃ 时,无电压信号输出。

(8) 喷油器喷油脉宽测量:先将功能选择开关转至占空比测量位置(Duty Cycle),测量出喷油器喷油的占空比后,再将功能选择开关置于频率挡(Freq),测量出喷油器的工作频率。按照下列公式即可计算出喷油器喷油的脉冲宽度(即喷油时间)

$$喷油脉宽 = 占空比(\%) / 工作频率\,(s)$$

2. 汽车专用示波器

汽车示波器为汽车修理人员快速判断汽车电子设备故障提供了有力的工具。示波器所显示的波形实际是根据电压信号随时间的变化所描绘的曲线图,它给我们提供了信号电压变化趋势、幅度、频率、相关性等。利用示波器检测部件的动态波形(数据),可以判断部件或线路是否有故障,比普通数字万用表更精确细致。

1) 汽车示波器基本用语

(1) 电压比例:每格垂直高度代表的电压值。

(2) 时基:每格水平长度代表的时间值。

(3) 触发电平:示波器显示时的起始电压值。

(4) 触发源:示波器的触发通道,即通道 1(CHI)、通道 2(CHII)……

(5) 触发沿:示波器显示时的波形上升或下降沿。

(6) 自动触发:示波器根据信号特点自动设置触发条件。

2) 电子信号参数指标

所有的汽车点火信号和电子信号都具有可度量的 5 个参数指标,具体如下。

(1) 幅值:在一个周期内,交流电瞬时出现的最大绝对值,称为幅值,也叫最大值、振幅、峰值。

(2) 频率:交变信号在单位时间内的重复数(单位是 Hz)。

(3) 波形:电子信号的外形特征,如曲线、轮廓、上升沿、下降沿等。

(4) 脉宽:脉宽是脉冲宽度的缩写,一般表示部件工作的时间。脉宽由信号的周期和占空比确定,即脉宽 $W = T \times P$ (T:周期,P:占空比)。

(5) 阵列:信号的重复方式(如同步脉冲或串行数据)。

3) 使用方法

下面以 MT3500 汽车专用示波器为例,介绍示波器的使用方法。

打开仪器,在主菜单中选择"专业示波器",按下"YES"键,将会在屏幕上显示出波形。屏幕中各图标的含义如图 5-8 所示。

第 5 章 汽车电路故障诊断与检修

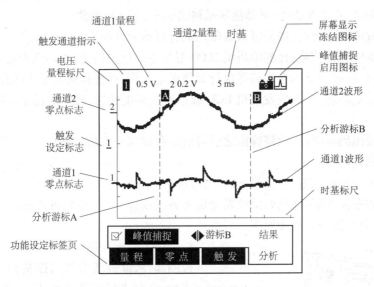

图 5-8 屏幕中各图标的含义

3. 汽车专用故障诊断仪

为了便于诊断故障,世界各大汽车公司一般都配备专用故障诊断仪(又称为解码仪)。各种故障检测仪的使用方法各有不同,下面以大众汽车使用的 V.A.G1552 型故障诊断仪(见图 5-9)为例,说明其主要功能和使用方法。

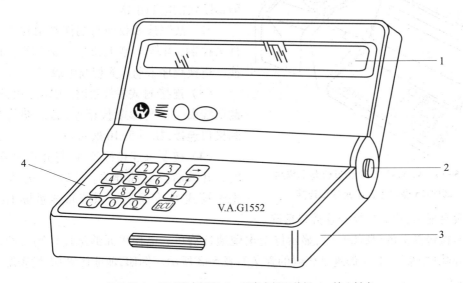

1—显示屏;2—测试线束插座;3—程序卡插口盖板;4—输入键盘。

图 5-9 V.A.G1552 故障诊断仪

1) V.A.G1552 故障诊断仪的功能

（1）询问 ECU 的版本功能：屏幕能显示被测试车辆 ECU 的代号。

（2）读取故障码的功能：屏幕可对故障码进行显示和说明。

（3）执行机构测试功能：比如桑塔纳 2000 型在点火开关接通，发动机未起动的状态下，该功能可使汽油泵、喷油器及活性炭罐等执行元件正常工作，以便检查其工作状态。

（4）基本设定功能：在更换发动机 ECU 或怠速控制组件后，可对两者重新匹配，使之达到最佳工作状态。

（5）清除故障码功能：当故障排除之后可清除存储器中的故障码。

（6）结束测试功能。

（7）电控单元编码功能：在更换 ECU 之后重新对其编码。

（8）读取数据流功能：能随时反映发动机在各工况下，电控系统各传感器所测的信息，并分块进行显示，以帮助查找故障原因。

图 5-10　V.A.G.1552 诊断仪与桑塔纳 2000Gli 型轿车自诊断接口连接

（9）匹配功能：比如在更换发动机或节气门控制部件，或拆装节气门控制部件，或电源中断之后，必须进行发动机 ECU 与节气门控制部件的匹配。在更换 ECU 或电子防盗器之后，两者必须进行匹配。在更换组合仪表后，应对车辆维护周期数据进行匹配等。

2) 操作方法

（1）使用故障诊断仪检查测试车辆前，首先要检查该车蓄电池电压不低于 11 V，以确保故障诊断仪的电源正常。

（2）故障诊断仪所有功能都由程序卡的软件来控制，当新车型上市后，其程序卡必须更换。更换程序卡前应先切断电源。

（3）连接测试主线束时，关闭点火开关，将测试线束一端与诊断仪相连，另一端与车上诊断接口连接，如图 5-10 所示。

（4）按要求连接好仪器，打开点火开关，同时打开诊断仪电源开关。此时，首先进入的是操作模式 1（车辆测试系统），显示屏上出现文字。如没有显示，应立即检查连接口情况。

（5）按键盘上的〈HELP〉键，显示屏上出现地址清单。电控单元的地址代码由两位数字组成，不同电控系统 ECU 的地址代码的含义如表 5-3 所示。例如，地址代码 01 代表发动机电控系统。

（6）按〈HELP〉键，可选择测试功能中的任一功能。只要将所选择的功能代码的两位数字键入，并按〈Q〉键确认，则可进入所选的功能操作。可供发动机电控系统选择的功能如表 5-4 所示。

表5-3　电子控制系统 ECU 地址代码的含义

地址代码	电控系统	地址代码	电控系统
01	发动机电控系统	17	仪表盘电控系统
02	变速器电控系统	24	驱动防滑电控系统
03	防抱死制动电控系统	25	汽车防盗电控系统
08	暖风/空调电控系统	34	四轮转向电控系统
14	汽车悬架电控系统	00	整车电控系统故障查询（查询整车电控系统的故障代码,并打印结果）
15	安全气囊电控系统		

表5-4　V. A. G1552 诊断仪可供发动机电控系统选择的功能

代码	功能	前提条件	
		发动机停转,点火开关接通	发动机怠速运转
01	显示控制系统版本号	—	—
02	读取故障代码	是	是
03	执行机构测试	是	否
04	进入基本设定	是	是
05	清除故障代码	是	是
06	结束输出	是	是
07	控制模块编号	—	—
08	读取测量数据块	是	是
09	读取单个测量数据	×	×
10	自适应测试	×	—

注：(1) 发动机停转,点火开关接通进行基本设定时,必须在更换ECU、节气门控制组件、发动机或拆下蓄电池电缆后,才能选择代码"04"进行基本设定。

(2) 发动机怠速运转进行基本设定时,冷却液温度高于80 ℃才能进行,如果冷却液温度低于80 ℃,基本设定功能将被锁止。

4. 汽车通用故障诊断仪

汽车通用故障诊断仪可对世界各大汽车公司的汽车电控系统进行故障诊断测试。目前,汽车故障诊断仪的种类虽然繁多,但操作方法大同小异,参照使用说明书即能很快掌握,下面以金德 KT600 为例介绍通用故障诊断仪的使用方法。

(1) 金德 KT600 诊断仪的连接。首先确认被测汽车蓄电池电压为 11~14 V,关闭点火开关,确定诊断座的位置、形状以及是否需要外接电源,如需外接电源则按图5-11所示连接,根据车型及诊断座的形状选择相应的插头,将测试延长线的一端插入 KT600 的测试口内,另一端连接测试插头,将连接好测试延长线的测试插头插到车辆的诊断座上,连接好仪器接通电源,打开 KT600 进入主菜单,选择汽车诊断模块如图 5-12 所示,界面说明如表 5-5 所示。

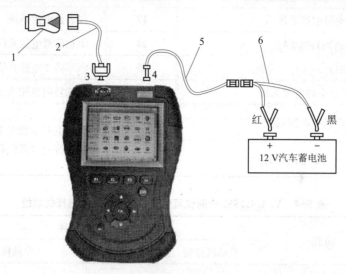

1—专用测试接头;2—测试延长线;3— KT600 测试接口;4—电源接口;5—电源延长线;6—双钳电源线。

图 5-11　KT600 诊断仪的连接

图 5-12　汽车诊断模块

表 5-5　汽车诊断模块界面说明

图注号	项目	说　　明
1	车系选择	中国车系/美国车系/欧洲车系/日本车系/韩国车系/OBD-Ⅱ,请根据被测车辆正确选择

续表

图注号	项目	说明
2	维修帮助	包含了"音响解码功能""演示教程""资料库""电路图""KT 系列注册升级指导""防盗系统""遥控器系统"和"维修手册"等
3	ESC	触摸按钮,退出,返回上级菜单
4	↑↓←→	触摸按钮,方向选择
5	OK	触摸按钮,确认选择
6	选择车型	根据被测车型正确选择(车型图标会根据使用的频率自动排列)

(2) 故障诊断测试。选择相应的车型图标进行车辆故障测试,如点击德国车系、奥迪大众图标,屏幕上即会显示该车的诊断信息(V02.53 为当前仪器内该车型的诊断车型版本,根据测试版本的不同,该号码在程序升级后会随之改变),如图 5-13 所示。

测试功能包括读取故障码、清除故障码、读取数据流、基本设定、控制器编码、元件控制测试、各种调整匹配、自适应清除、系统登录、匹配防盗钥匙等,在测试界面点击"选择系统"进入系统选择菜单,如图 5-14 所示。点击"按地址码进入系统"可以直接输入系统代码进入被测系统;"专家功能"菜单后面显示维修帮助功能菜单,维修帮助功能菜单下包含了"音响解码功能"和"奥迪大众车系维修技术手册"(包含故障码分析、数据流分析、基本设定与调整技巧、ECU 编码技巧、第二及三代防盗系统匹配);"修改维修站代码"菜单可以修改维修站的代码;"BOSCH M1.5.4 系统"菜单可以进入 BOSCH M1.5.4 系统。

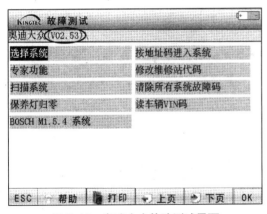

图 5-13 奥迪大众故障测试界面

图 5-14 系统选择菜单

5. 逻辑检测仪

如图 5-15 所示,逻辑检测仪是简单易用的工具,如同测试灯,适合用来判断点火初级电路和喷油器电路是否存在(或缺失)信号。同时,逻辑检测仪具有较高的内部阻抗,因此可用于检测电子电路。像标准测试灯一样,逻辑检测仪不能准确检测电位或电压,而只限于某些快速检查。其使用方法如下。

(1) 连接电源。将逻辑检测仪的电源线接到蓄电池的正极和负极。电源线的负极接头有一个保护二极管,以防电源极性接反。

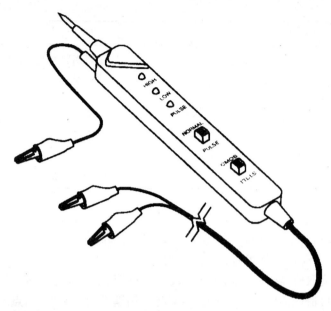

图 5-15 逻辑检测仪

（2）设定 CMOS/TTL 模式。工作电压为 0~12 V 则设定在 CMOS 模式，工作电压为 0~5 V 则设定在 TTL 模式。

（3）选择 NORMAL/PULSE 模式。设置为 NORMAL 模式时，红绿发光二极管会在选定的电压范围内指示高电平或低电平，音频发生器会发出高频或低频声音；如果设定在 PULSE 模式，黄色发光二极管也可以用来指示脉冲电压信号。注意：发动机运转时，如果逻辑检测仪靠近点火次级线路，则黄色发光二极管也会被感应电压点亮。

（4）将检测夹连接到有问题的电路，注意发光二极管。红色发光二极管（和高频声）对应高电压，绿色发光二极管（和低频声）对应低电压。一个发光二极管的亮度与另一个发光二极管的亮度对比，也可以粗略表示占空比。

5.3 汽车电路常见故障与诊断方法

5.3.1 常见电路故障

常见电路故障包括断路、短路、漏电以及接线松脱、潮湿及腐蚀等导致的接触不良或绝缘不良等。

1. 断路

电源到负载的电路中某一点中断时，电流不通，导致灯不亮、电动机停转。这种故障被称为断路。断路一般由导线折断、导线连接端松脱或接触不良等造成。

2. 短路

电源正、负极的两根导线直接接通，使电器部件不能工作，导线发热或线路中的熔断器烧断。造成短路的原因有：导线绝缘破坏，并相互接触造成短路；开关、接线盒、灯座等外接线螺丝松脱，造成和线头相碰；接线时不慎使两线头相碰；导线头碰触金属部分等。

3. 漏电

漏电现象使耗电量增大，导线发热。漏电原因是电气设备绝缘不良、导线破坏、绝缘老化、破裂、受潮等。

5.3.2 检修故障的基本原则

在进行汽车电路检修前，必须熟读使用说明书，查明电路，了解其结构，并使用合适的工具，才能收到事半功倍的效果。

电路故障的产生原因是多种多样的，如元件老化、自然磨损、调整不当、环境腐蚀、机械摩擦、导线短路或断路等。汽车电器电路出现故障时，一般先要搞清楚故障的症状以及伴随出现的现象，判明故障所在的局部电路，然后再对该局部电路进行检验，查明故障所在的具体部位，予以排除。

排除故障时，一般遵循如下原则：询问用户→核实故障→分析判断→检查测量→排除故障→检验性能→记录总结。

1. 询问用户

为了迅速查找到故障源，首先必须了解故障出现时的情形、条件、如何发生以及是否已检修过等与故障有关的情况和信息。为此，必须认真询问用户，倾听用户对故障现象的描述，认真填写"用户意见调查表"（见表5-6），这对于初学者来说是非常必要和有用的。由此可以减少误判、错判，使检修效率大大提高。具体应询问用户以下内容。

表5-6 用户意见调查表

用户姓名		登记号	
		登记日期	
		车身代号	
接车日期		里程表读数	km
故障发生日期			
故障发生频次		□经常 □有时 □仅一次 □其他	
故障发生的条件	天气	□晴天 □阴天 □雨天 □雪天 □其他	
	气温	□炎热天 □热天 □冷天 □寒冷天（大约　℃）	
	地点	□高速公路 □一般公路 □市内 □上坡 □下坡 □粗糙路面 □其他	
	发动机水温	□冷机 □暖机时 □暖机后 □任何温度 □其他	
	发动机工况	□起动 □起动后 □急速 □无负载 □行驶（□匀速 □加速 □减速） □其他	
故障现象			
备注			

（1）汽车已经使用的年限。了解所修汽车使用的年限可以帮助维修者大致估计出故障的

性质。例如,对于较新的汽车,故障原因多是运输过程中导致线束引线折断或似断似接、个别元器件或零部件焊接不好或安装不良、连接插件松动造成接触不良;个别元器件或零部件可靠性太差;用户使用汽车上某些功能不当等。

对于使用多年的汽车来说,则应该较多地考虑损耗性故障,如电器元件老化、特性变坏;电子控制电路中晶体管元件特性下降;电容器漏电、电容器介质损耗太大、电容量变值或电容器击穿;电阻变值;变压器内线圈霉断;传感器灵敏度下降;集成电路老化等。

(2) 产生故障的过程。应了解故障是突然发生的,还是逐步恶化的,是静止性的故障还是时有时无的故障。详细了解以上这些情况后,可以帮助维修者进一步判断故障的性质和采用较为合理的修理方法。

(3) 是否检修过。应该了解该车发生故障以后,用户是否请人修理过。如果已请人修理过,应问清此人的修理过程,是否调节过汽车的某些可调器件,是否更换过电器元件或零部件。这可以较快地排除一些由于修理者修理技术不太熟练或不太熟悉该车电路原理而造成误修或误换元件的故障。

2. 核实故障

如有可能,核实汽车故障,查看用户描述故障现象是否准确。另外,有的用户由于对汽车的使用常识不甚了解,无意中使开关或按钮处于不正常的位置,便误认为是有故障,因而应及时对故障现象予以检查核实,排除"假故障"的可能。

3. 分析判断

在倾听用户的初步意见和核实故障之后,应进行分析判断,在清楚地了解了可能的故障原因后再选择适当的程序和方法进行故障诊断操作,以防止故障诊断操作的盲目性,尤其是对故障原因比较复杂的故障现象,"先思后行"既可避免对无关部位做无效的检查,又不会漏检有关的故障部位,从而达到准确迅速排除故障的目的。为此,应做到如下几点。

(1) 了解系统的组成。当检修某一系统时,应了解系统由哪些部件组成,熟知系统的工作过程,从原理上分析哪些部件可能不工作或损坏。

(2) 掌握电路的特点。一个好的汽车电工,要善于查阅和使用汽车电路图,这是能否顺利鉴别和判断故障的基础。只有掌握了电路,才能根据故障现象,结合电路判断故障可能发生的部位,而使检修工作得以顺利进行。

(3) 熟悉部件的位置。有了电路图,还要熟悉所要修的汽车电器部件的位置,以及各测试点、连接线的位置。通过查看电路图,将电路图中各个电器部件与实车电器部件的位置一一对应,搞清接线及插头之间的来龙去脉,这会给检修工作带来很大的方便。

(4) 获知有关参数。汽车电器部件性能是否良好、电路是否正常,通常以电压或电阻等参数值来判断。没有这些诊断参数,往往会使故障诊断变得很困难或根本无法进行。因此,在检修前,应准备好有关的诊断参数、检修资料或备件,以保证故障诊断的顺利进行。

4. 检查测量

对电气系统进行检查测量时,有许多可遵循的原则,如运用得当可达到事半功倍的效果。

(1) 先简后繁。先解决容易解决的问题,后解决困难较大的问题。不要一开始就陷在一个难题上。

(2) 先外后内。优先对暴露在外面、易接触、易拆卸的部件进行检测,然后再对不易接触和不易拆卸的部件进行检测。

（3）先熟后生。一些故障现象可能由多个故障原因引起，不同故障原因出现的概率是不同的，对易发生故障的部位先进行检查，往往可迅速确定故障部位，省时省力。

（4）先静后动。这里的"静"是指不起动的静止状态；"动"是指起动发动机后的工作状态。不要盲目起动汽车，应先做必要的安全检查和电气性能测试（看有无漏电、打火或短路处），然后再起动。这一原则是为了保证汽车的安全运行。

（5）先电源后负载。电源故障是最常见的故障之一，因此电气部分发生故障后一般应首先检查电源部分。例如，蓄电池供电电压、发电机输出的电压、某些电子控制装置中的二次稳压电路等。检查电源部分最普通的常识是先看熔断器、二次电源中的保险元件（保险电阻或集成保护元件等）。

（6）先一般后特殊。有些元器件或零部件，由于其自身的结构或性能不良，当被用于某种车型或处于某些工作状态下时，常常发生某种故障。例如，某个闪光器内晶体管热稳定性不好，一到夏天就不能闪光等，即是一般故障，也称"通病"。这些故障呈多发性，目标明显。应先检查这些一般故障，再查"特殊"故障。

（7）先公用后专用。要先解决公共性的问题和各部分所公有的问题，后解决个别性和专用电路的问题。例如，主线束部分所公有的问题应先解决，辅助电路所特有的问题可以后解决。

（8）分段检查。分段检查是指在故障诊断中，对怀疑有故障的系统，逐段进行检测分析，直至查找到故障点为止。具体检测方法可采用"顺向检测法""逆向检测法"和"关键点检测法"。

顺向检测法：按电流的流向顺序逐级检查，即沿着工作电流的流向，由电源检查到用电设备。

逆向检测法：逆着工作电流的流向，由用电设备检查到电源。

关键点检测法：从线路的中间点测量，以判断故障是在此点之前还是在此点之后，这样就将故障范围缩小了50%。对于一般的汽车来说，测试关键点在控制开关或中央继电器熔断器盒部位，通过测量开关、熔断器插座或继电器插座的接线端子，就可以确定或缩小故障范围。

5．排除故障

依据故障诊断程序和检查测量的结果，判断出故障点（哪个电器部件有故障或哪段线路有故障），采用适当方法将故障排除。

6．检验性能

检修好的汽车，还应注意重新测试，看其性能是否良好，故障因素是否真的被彻底排除。

7．记录总结

汽车检修工作完成后，对故障现象、故障原因、故障点和排除方法做好记录。将检修结果与原来的分析推测进行比较。如果原分析检测是正确的，也要总结一下思维分析过程，以巩固正确的思维方法。如果原分析推测是错误的，就应找出错误的原因，是对故障现象观察不准造成的，还是对汽车电子电器的原理未搞清楚而分析失误，或是检测出了差错，等等。这样既可以理清思路、得到提高，而且日后碰到类似故障时又可以参考和借鉴。

5.3.3　故障诊断的基本方法

汽车电气系统的故障诊断，通常采用的方法有直观诊断法、检查保险法、利用车上仪表法、断路法、短路法、试灯法、高压试火法、万用表法、示波器法、元件替换比较法、仪器法和模拟法等。

1. 直观诊断法

汽车电路发生故障时,有时会出现冒烟、火花、异响、焦臭、发热等异常现象。这些现象可通过人的眼、耳、鼻、身感觉到,从而可以直接判断出故障所在部位。例如,汽车在行驶中,突然发现转向灯与转向指示灯均不亮,用手一摸,发现闪光器发热烫手,说明闪光器已被烧坏。

2. 检查保险法

保险或保险丝是熔断器或熔丝的俗称。当汽车电路出现故障时,首先应查看保险是否完好。有些故障非常简单,就是保险烧断或处于保护状态。此时,通过检查保险即能判断故障所在部位。例如,汽车在行驶中,若某个电器突然停止工作,同时该支路上的熔断器熔断,说明该支路有搭铁故障存在。如果某个系统的保险反复烧断,则表明该系统一定有类似搭铁的故障存在,不应只更换熔断器了事。

但是,现在很多汽车电路线束中都装有易熔线。易熔线有一根或几根,装在主电源线与熔断器盒之间,并且位于蓄电池附近,其功用主要是对主电源线进行保护。因而,在采用检查保险法进行诊断与检修汽车电路故障时,必须考虑对易熔线的检查。

3. 利用车上仪表法

通过观察汽车仪表盘上的电流表、水温表、燃油表和机油压力表等的指针走动情况,判断电路有无故障和故障产生部位。例如,发动机冷态,接通点火开关时,水温表指示满刻度位置不动,说明水温表传感器有故障或该线路有搭铁。

4. 断路法

汽车线路发生搭铁(短路)故障时,可用断路法判断。将怀疑有短路故障的那段线路断开,以判定断开的那段线路是否搭铁。

例如,汽车行驶时,听到电喇叭长鸣,则可将喇叭继电器"按钮"接线柱上的导线拆开,若喇叭停鸣,表明喇叭按钮至喇叭继电器之间电路有搭铁现象;若喇叭仍长鸣,表明喇叭继电器触点烧蚀而不能分开,可进一步用断路法判断。

再如,若线路中有搭铁故障而使该电路中的熔断器熔断,可先用一只车灯作试灯,试灯两端引线跨接于断开的熔断器两端的接线柱上,如图 5-16 所示,此时试灯应亮。然后再将插接器逐个断开,若断开插接器 4 时试灯亮,而断开插接器 3 时,试灯不亮,表明插接器 3 与插接器 4 这段线路搭铁。

5. 短路法

汽车电路中出现断路故障,还可以用短路法判断,即用螺丝刀或导线将被怀疑有断路故障的电路短接,观察仪表指针变化或电气设备工作状况,从而判断出该电路中是否存在断路故障。例如,怀疑汽车电路中的各种开关有故障,可用导线将开关短来判断开关是好是坏。

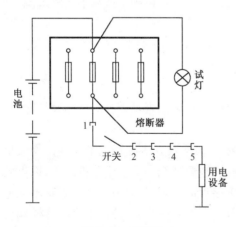

图 5-16 断路法

6. 试灯法

试灯法就是用一只汽车用灯泡作为试灯,检查电路中有无断路故障。例如,用试灯的一端和交流发电机的"电枢"接线柱连接,另一端搭铁。如果灯不亮,说明蓄电池至交流发电机"电枢"接线柱间有断路现象;若灯亮,说明该段电路良好。

7. 高压试火法

对高压电路进行搭铁试火,观察电火花状况,判断点火系的工作情况。具体方法是取下点火线圈或火花塞的高压导线,将其对准火花塞或缸盖等搭铁部位,距离约 5 mm,然后接通起动开关,转动发动机,看其跳火情况。如果火花强烈,呈天蓝色,且跳火声较大,则表明点火系工作基本正常;反之,则说明点火系工作不正常。

8. 万用表法

用万用表测量线路各点的直流电压,若有电压说明该测试点至电源间的电路畅通;若无电压,说明该测试点与上一个测试点之间的电路断路。另外,可通过用万用表对电路或元器件的各项参数进行测试,并与正常技术状态的参数对比,来判断故障部位所在。例如,就车测量蓄电池的充电电流与端电压,判断充电电路是否充电;测量电气部件中线圈绕组的电阻值,判断绕组有无断路或短路;测量引线两端间的电阻,判断电路有无断路等。万用表检测法是检测电路或元件较为准确迅速的一种方法。

9. 示波器法

示波器是能即时显示波形的测试仪器。利用示波器检测部件的动态波形(数据),与标准波形相比较,以判断部件或线路是否有故障。

10. 元件替换比较法

元件替换比较法是指在检修电路时,怀疑有些元件的性能对电路正常工作有影响,但其性能好坏一时难以断定,因此就选用性能良好的元件将其替换,利用比较的方法来判断故障。例如,火花塞火花弱,发动机不能发动,可用一个良好的火花塞将其替换,若发动机恢复工作,表明原来的火花塞有故障,应予以修理或更换。

11. 仪器法

随着汽车电气设备的日趋复杂,在维修中,特别是维修装有电子设备较多的车辆时,使用一些专用的仪器是十分必要的。例如,检测大众轿车电控系统时,经常使用 V.A.G1552 诊断仪读取故障码和进行基本设定。

12. 模拟法

有时当车辆送去维修时,故障并不出现,因此必须模拟故障发生时的条件。模拟法应用于对各种传感器、控制器、指示机构、插接器等的判断。实质上就是怀疑电路中某些元器件有故障,进行发生条件模拟验证后诊断故障。

(1) 车辆振动模拟。某些故障发生在车辆行驶在粗糙路面上或发动机振动时。在这种情况下,应模拟相应情况下的振动,如图 5-17 所示。

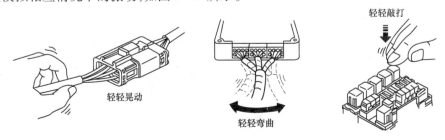

图 5-17　车辆振动模拟

(2) 热敏感性(温度)模拟。某些故障发生在炎热天气或车辆温度达到一定高度时,在这种情况下,要想确定电器元件是否热敏感,应用加热枪或类似的工具加热该元件,如图 5-18 所示。注意:不要将电器元件加热到 60 ℃以上。

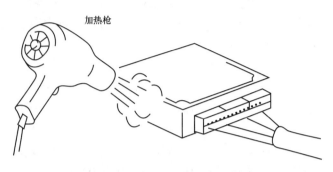

图 5-18 热敏感性(温度)模拟

(3) 浸水模拟。某些故障只发生在高湿度或雨雪天气,在这种情况下,可以通过浸湿车辆或将车辆驶过清洗机来模拟故障情况。注意:不得将水直接喷在电器元件上。

(4) 电负载模拟。某些故障也可能对电负载敏感,在这种情况下,将所有附件(包括空调、后车窗除雾器、收音机、前照灯等)全部打开,然后进行诊断。

(5) 冷起动或热起动模拟。在某些情况下,只有当车辆冷起动时才会发生电器故障,或在车辆短暂熄火后热起动时才会发生。

5.3.4 检修故障应注意的事项

(1) 更换烧坏的熔断器时,应使用相同规格的熔断器。使用比规定容量大的熔断器会导致电器损坏或引发火灾。

(2) 拆开插接器时,首先要解除闭锁,然后把插接器拉开,不允许在未解除闭锁的情况下用力拉导线,这样会损坏闭锁装置或连接导线。

(3) 不允许使用欧姆表及万用表的 $R \times 100$ 以下低阻欧姆挡检测小功率晶体管,以免电流过载损坏晶体管。

(4) 拆卸和安装电器元件时,应切断电源。

(5) 拆卸蓄电池时,应先拆下负极电缆;安装蓄电池时,最后连接负极电缆。拆装蓄电池电缆时,应确保点火开关或其他开关都已断开,否则会导致半导体元器件的损坏;切勿颠倒蓄电池接线柱的极性。

(6) 在进行保养和维修时,若作业温度超过 80 ℃(如进行焊接时),应先拆下对温度敏感的零件(如 ECU)。

(7) 靠近振动部件(如发动机)的线束部分应用卡子固定,将松弛部分拉紧,以免由于振动造成线束与其他部件接触。

5.4 汽车导线、线束与插接器的检修

5.4.1 基本电量的测量方法

1. 电压的测量

电压的测量如图 5-19(a)所示。测量时,将万用表置于直流电压挡适当的量程上,将两个测试表笔以并联方式与被测元器件(或电路)相接,同时观察指针的摆动方向。

若指针正向摆动(接法正确),即可读出测量数值;若指针反向摆动(接法不对),立即交换两个测试表笔的接法后再读数。

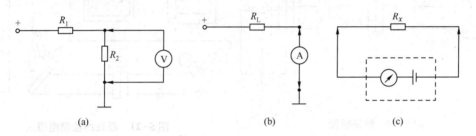

图 5-19 基本电量的测量
(a)电压的测量;(b)电流的测量;(c)电阻的测量

2. 电流的测量

电流的测量如图 5-19(b)所示。将万用表置于直流电流挡合适的量程,并将表以串联的方式与被测电路相接。选择量程时应从大到小试选,否则,会损坏表头。

3. 电阻的测量

电阻的测量如图 5-19(c)所示。将万用表置于电阻(Ω)挡,此时表头与表内的电池串联,如图中的虚线框所示。

注意:由于测量时表内电池的电压有所变化,所以每一次都需将两个表笔短接进行校零。

5.4.2 利用电路图检测线路的故障

当电气系统出现故障时,首先应确定故障的现象和发生故障的条件,这样可以大致确定故障的范围。检查时,应首先对电源、故障系统的供电情况及故障部件本身进行检查。如果通过上述检查工作还不能确定故障原因,就需借助电路图进行故障诊断。电路图可以提供电气设备的基本电路、电器部件的安装位置、线束及插接器的基本情况。在使用电路图进行故障诊断时,可按下述步骤进行:

(1) 在电路图中找出故障系统的电路,并仔细阅读;

(2) 通过阅读电路图,找出故障系统电路中所包含的电器部件、线束和插接器等;

(3) 通过电路图找出上述电器部件、线束和插接器在车上的安装位置及电器部件与插接

器上各端子的作用或编码;

(4) 对怀疑有故障的部件按前述内容进行检测;

(5) 根据电路图检查线束的短路和断路情况,直至查出故障的部位。

5.4.3 汽车线路常见故障的检测

1. 断路和接触不良故障的检测方法

如图 5-20 所示,当线路发生断路故障时,可利用万用表检测电阻或电压的方法来确定断路的部位。

(1) 检测电阻法。检测线路电阻的方法如图 5-21 所示,其具体步骤如下。

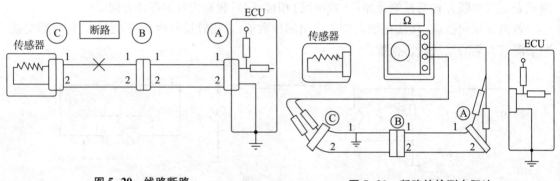

图 5-20　线路断路　　　　　图 5-21　断路的检测电阻法

① 脱开插接器 A 和 C,测量 A 和 C 相应端子之间的电阻值。若插接器 A 端子 1 与插接器 C 端子 1 之间的电阻值为∞,则它们之间发生断路故障;若插接器 A 端子 2 与插接器 C 端子 2 之间的电阻值为 0,则它们之间导通(无断路),表明电路连接正常。

② 脱开插接器 B,测量插接器 A 与 B、B 与 C 之间的电阻值。若插接器 A 的端子 1 与插接器 B 的端子 1 之间的电阻值为 0,而插接器 B 的端子 1 与插接器 C 的端子 1 之间的电阻为∞,则插接器 A 的端子 1 与插接器 B 的端子 1 之间导通,而插接器 B 的端子 1 与插接器 C 的端子 1 之间有断路故障。

当插接器 A 与插接器 C 距离较远时,可采用图 5-22 所示方法进行检测,即用一导线短接插接器 C 端子 1 与端子 2,用万用表检测插接器 A 端子 1 与端子 2 之间的电阻值。

(2) 检测电压法。可利用万用表检测线路各接点的电压大小来确定断路的部位。图 5-23 为一电子控制电路,ECU 输出电压为 5 V。在各插接器接通的情况下,依次测量插接器 A 的端子 1、插接器 B 的端子 1 和插接器 C 的端子 1 与车身(搭铁)之间的电压,测得的电压值分别为 5 V、5 V 和 0 V,则可以判定,在插接器 B 的端子 1 与插接器 C 的端子 1 之间的导线有断路故障。

线路接触不良故障的检测方法与断路故障的检测方法基本相同,主要是测量线路的连接点两端之间的电阻值或电压值是否在允许的范围内,若超出标准范围,则说明线路连接点接触不良。

2. 线路短路和搭铁故障的检测方法

(1) 短路故障的检测。如图 5-24 所示,脱开插接器 A 和 C,测量插接器 A 端子 1 与端子 2 之间的电阻。若测量的电阻值为 0,则端子 1 与端子 2 之间导线发生短路故障;若测量的电阻值为∞,则端子1与端子2之间导线无短路,表明电路连接正常。

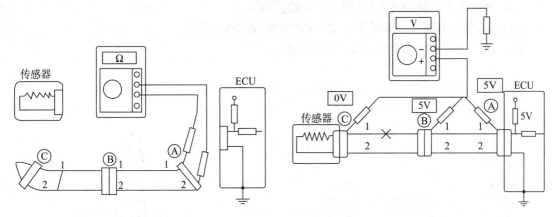

图 5-22　距离较远时检测断路方法　　　　图 5-23　断路的检测电压法

(2) 搭铁故障的检测。如图 5-25 所示,如果导线搭铁,可通过检查导线与车身是否导通来判断短路的部位。

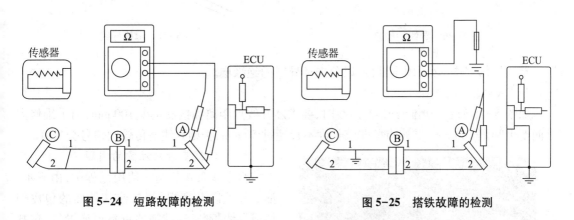

图 5-24　短路故障的检测　　　　图 5-25　搭铁故障的检测

① 脱开插接器 A 和 C,测量插接器 A 的端子 1 和端子 2 与车身之间的电阻值。若插接器 A 的端子 1 与车身之间的电阻值为 0,而插接器 A 的端子 2 与车身之间的电阻为∞,则插接器 A 的端子 1 与插接器 C 的端子 1 的导线与车身间有搭铁故障。

② 脱开插接器 B,分别测量插接器 A 的端子 1 和插接器 B 的端子 1 与车身之间的电阻值。如果测得的电阻值分别为∞和 0,则可以判定,插接器 B 的端子 1 与插接器 C 的端子 1 之间的导线与车身之间有搭铁故障。

5.4.4　导线、线束的检修

1. 导线的检修

当导线损坏需要检修时,必须按照线路图的要求使用正确量具测量损坏导线的线径,替代导线的线径不得小于原导线的规格。如图 5-26 所示,连接断开导线的具体步骤如下。

(1) 拆下蓄电池的负极电缆。

(2) 将一个热缩管套在导线一端,热缩管的长度应足以密封维修线段。

（3）将导线端头的绝缘层剥去 2 cm。
（4）将导线的芯线分开,然后把两根导线扭在一起。
（5）如需要,可用电烙铁按图 5-27 所示方法焊接维修线段。
（6）将一个热缩管移至维修段,加以热封。

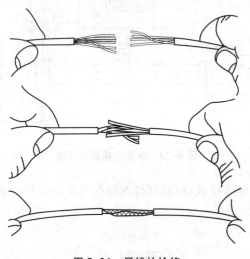

图 5-26 导线的检修

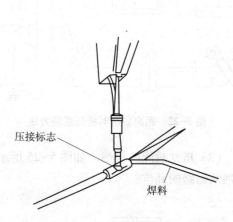

图 5-27 焊接导线

导线检修完毕,必须固定到位,以免损坏导线的绝缘层。

2. CAN 总线的维修

如图 5-28 所示,在维修 CAN 总线时,要求断开线点距离插接器至少 100 mm,两个维修点之间至少间隔 100 mm,维修点的非绞长度不得超过 50 mm,否则导线所传输的信号会失真。

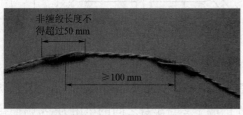

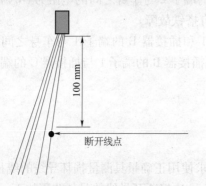

图 5-28 CAN 总线的维修

3. 维修线束时应注意的问题

汽车线束在长期的使用过程中,由于水、油的浸蚀以及磨损,容易使其外面的包皮损坏或导线折断,这就需要重新更换导线、包扎线束。

（1）有图自制电线束方法。重新自制电线束时,如有线束图,自制线束就很方便。可先按原线束的规格（导线直径、长度、颜色等）备齐导线。而后将应扎在一起的导线集中,并按线束原来的形式,该分支的分支,该留头的留出规定长度,从而布置成形。在各分支处的交叉点以及线束端,用胶布缠好,以免包扎时松散零乱。然后用白纱带或塑料绝缘胶带进行包扎。再将各线头套以不同颜色的塑料管,焊上接线端子或各种插件接头。用白纱带包扎的线束,最后还应在纱带层上涂一层清漆,经晾干后即可上车使用。

(2) 无图自制电线束方法。进口汽车线束和国产汽车线束的结构基本相同,但往往缺少这类线束图。修理时需重新自制线束,如没有尺寸根据,可将旧线束拆下,实测出各部分的长度,也可在汽车上直接大概测量尺寸(通常从车前端往后测量)。

在包扎线束时,应按照线束原来的形式分支,露出部分应符合规定长度,接头不能有裸露部分,焊接的地方应加绝缘套管并进行包扎。

各线束的接头处如不是原颜色,应加套原色塑料管,以便于识别。线束和用电设备接头处的插接器应匹配,如原件仍可利用,则可用原件。如原件已不能用或有锈蚀现象,均应换新件,实在无新件可用时,也应对原件进行彻底清洗后再用。

4. 汽车线束的安装

安装汽车线束时,应注意的事项如下。

(1) 线束应用卡簧和绊钉固定,以免松动磨坏。

(2) 线束在拐弯处或有发生相对移动的部件不应拉得太紧。

(3) 在穿过洞口和绕过锐角处,应用橡皮、毛毡类垫子或套管保护,以免其被磨损而造成搭铁、短路甚至火灾等危险。

(4) 各个接线端子接必须连接可靠、接触良好。

5.4.5 插接器的拆卸与检修

1. 插接器的拆卸方法

为了防止汽车在行驶过程中插接器脱开,所有的插接器均采用闭锁装置。如图 5-29 所示,要拆开插接器时,首先要解除闭锁,然后再把插接器拉开,不允许在未解除闭锁的情况下用力拉导线,这样会损坏闭锁装置或连接导线。

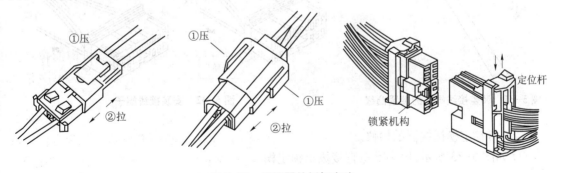

图 5-29 插接器的拆卸方法

2. 插接器的检修

在检查线路的电压或导通情况时,一般不必脱开插接器,只用万用表两表针插入插接器尾部的线孔内进行检查即可。

(1) 普通插接器的检修。修理中如需要更换导线或取下插接器接线端子,应先把插头、插座分开。如图 5-30 所示,用专用工具(或小螺丝刀)插入插头或插座的尾部的线孔内,撬起接线端子的锁紧凸缘,并将电线从后端拉出。

在新接线端子安装前,首先检查接线端子的锁紧凸缘是否正常,如不正常可按图 5-31 所示方法进行调整;安装时,将带接线端子的导线推入,直至接线端子被锁住为止,然后再向后拉动导线,以确认是否锁紧,如图 5-32 所示。

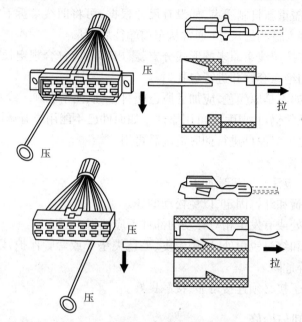

图 5-30 取出插接器接线端子的方法

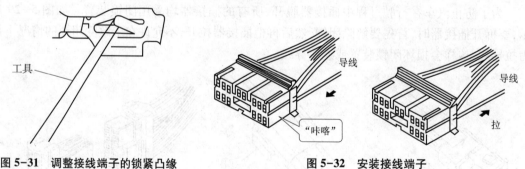

图 5-31 调整接线端子的锁紧凸缘　　　　图 5-32 安装接线端子

(2) 带锁定楔插接器的检修。

① 如图 5-33 所示,用尖嘴钳直接拔出锁定楔。

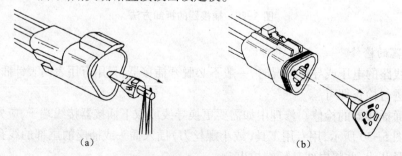

(a)　　　　　　　　　　(b)

图 5-33 锁定楔的拆卸

(a) 拔出插孔式连接器的锁定楔;(b) 拔出插头式连接器的锁定楔

② 如图 5-34 所示,用专用工具将锁片从触针上移开,松开锁片,拉出导线。
③ 如图 5-35 所示,截取 120 mm 左右的导线及接线端子,剥去 6 mm 绝缘层。

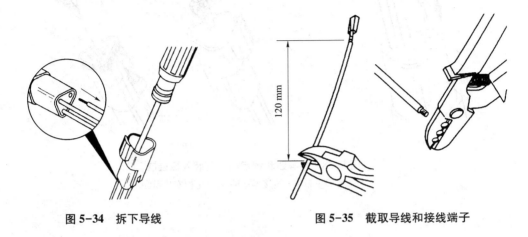

图 5-34　拆下导线　　　　　　　图 5-35　截取导线和接线端子

④ 如图 5-36 所示,把裸导线伸入对接式连接器中,用压线钳将导线压紧。

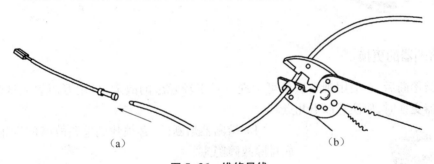

图 5-36　维修导线
(a) 把裸线伸入连接器中；(b) 用压线钳压紧导线

⑤ 如图 5-37 所示,将热缩管套入导线的维修处,用热风枪加热收缩热缩管。

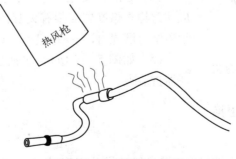

图 5-37　加热收缩热缩管

⑥ 如图 5-38 所示,将导线和接线端子重新装入插接器,并把锁定楔安装到位。

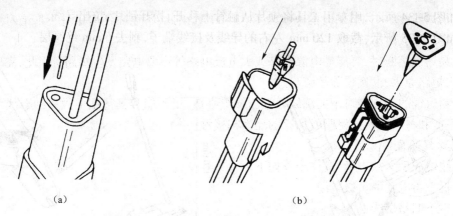

图 5-38 将导线和锁定楔重新装入插接器
(a) 导线重新装入插接器；(b) 把锁定楔安装到位

5.5 熔断器、开关线束与继电器的检修

5.5.1 熔断器的更换

熔断器熔断后，一般用观察法便可发现。对于较隐蔽的故障，可用万用表或试灯进行检查。熔断器更换时，应注意以下几点。

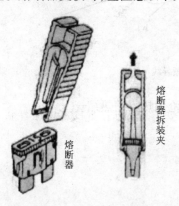

图 5-39 插片式熔断器拆装夹

（1）熔断器熔断后，必须找到电路故障的真正原因，彻底排除故障隐患。

（2）更换熔断器时，应使用原规格的熔断器，不可随意加大熔断器的容量。

（3）在汽车增加用电设备时，不要随意改用容量大的熔断器。对于这种情况，最好另安装熔断器。

（4）熔断器支架与熔断器接触不良会产生发热现象。应注意检查熔断器支架有无脏污和氧化物，如有，则必须用细砂纸打磨光，使其接触良好。

（5）如图 5-39 所示，更换插片式熔断器时，应使用熔断器拆装夹。

5.5.2 易熔线的检查与更换

1. 易熔线的检查

易熔线的横截面积小于被保护电路导线的横截面积，但在它的表面有比较厚的不易燃烧的绝缘层，所以看起来要比同规格的导线粗，但比较柔软。一般情况下，如表层已膨胀或鼓泡，说明易熔线已熔断；但有时易熔线已断，而表层仍完好。因此，为判明易熔线的状况，还是要用仪表测试。检查和维修易熔线时应注意如下几点。

(1)易熔线在5 s内熔断时的电流为150~300 A,因此,不论在任何条件下都绝对不允许换用比规定容量大的易熔线。

(2)易熔线熔断时,可能是电源电路或大电流电路等主要电路发生短路。因此,需要仔细检查,找出短路原因,彻底排除故障隐患。

(3)易熔线的四周绝对不能缠绕聚氯乙烯绝缘带,更不能和其他用电设备的导线绞合在一起,也不能和材料是乙烯树脂或橡胶的元件相接触。

2. 易熔线的更换

易熔线熔断后必须更换,具体步骤如下:

(1)拆下蓄电池的负极电缆;
(2)拆下旧易熔线;
(3)在导线侧割断损坏的易熔线接头;
(4)如图5-40所示,将原规格新易熔线按要求连接好。

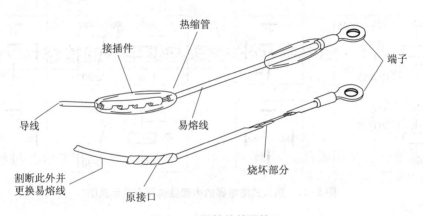

图 5-40 易熔线的更换

5.5.3 开关的检查方法

普通汽车开关的检查方法比较简单,用万用表电阻挡直接检测其通断情况即可做出判断。

对于组合开关,可以依据开关通断表来进行检查。若测得该通的未通、不该通的又通,则说明所检测的开关有问题。

5.5.4 继电器的连接与检修

1. 继电器的安装

1)安装方向

在安装继电器时,要使继电器的触点轴向与地面平行,这样可以避免飞溅物、碳化物落在触点表面,从而能够提高接触的可靠性。多组继电器应避免小负载触点位于大负载触点下方,建议使冲击方向垂直于触点和衔铁的运动方向,这样能够有效提高非励磁状态下的常闭触点的耐振、耐冲击性能。

2)安装距离

近距离安装多个继电器时,其间距一般为2 mm。

3) 继电器的固定

（1）单独安装的继电器，不能取下外壳先安装，为防止松动、破损、变形，须使用弹簧垫圈。拧紧力矩须在 0.5~70 N·m 的范围内。

（2）插入式继电器插入强度建议为 40~70 N。

2. 继电器的连接

继电器的连接方式有接线柱式和插入式两种。接线柱式继电器触点容量可做得较大，在大中型货车的起动电路、进气预热电路中很常见。插入式继电器因安装方便、体积较小，而在汽车上得到了广泛的应用。几种插入式继电器的内部结构和安装示意图如图 5-41 所示。

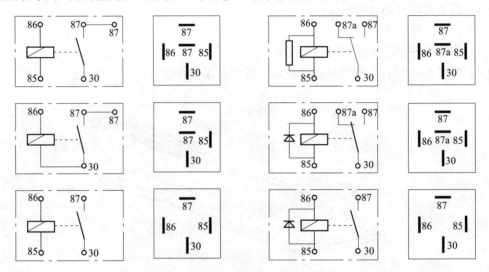

图 5-41　插入式继电器的内部结构和安装示意图

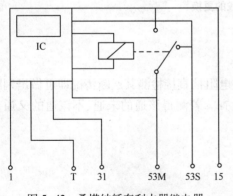

图 5-42　桑塔纳轿车刮水器继电器

当电子控制器件和继电器组装成一体时，要注意区分继电器的各接线端，哪些是属于电子控制器件的，哪些是属于继电器电磁线圈的，哪些是属于继电器触点的。图 5-42 为桑塔纳轿车刮水器继电器，图中 1、T、53S 都与电子控制器件有关。其中，1、T 由刮水器开关分别控制供电，而 53S 则受电子器件控制。1 或 T 根据使用要求，提供信号给电子控制器件。由电子控制器件对 53S 进行控制，从而实现间隙摆动或清洗摆动的功能。

3. 继电器的常见故障

继电器的常见故障现象有：线圈烧断、线圈匝间短路（绝缘老化）、触点烧蚀、触点接触不良等。

4. 继电器的检修

1）继电器需进行检修的简便判断方法

接通控制开关，然后用耳朵或听诊器倾听控制继电器内有无吸合声，或者用手感受继电器有没有振动。如有,说明继电器工作基本正常,用电器不工作是由于其他原因引起的;否则,说明该继电器工作失常。

2) 继电器的检测

(1) 检测电阻。可用万用表电阻挡判断继电器电阻的好坏。以图5-41中左下角继电器为例,用万用表 $R\times100$ 挡检查接线端子85与86脚应导通,而接线端子30脚与87间电阻应为∞。如检测结果与上述情况不符,说明继电器电阻有故障。

(2) 通电检测。如果上述检查无问题,可在接线端子85与86间加12 V供电(24 V电系汽车施加24 V电源电压),用万用表检查30与87脚应导通。如检测结果与上述情况不符,或通电后继电器发热,均说明其已损坏。

知识链接

继电器的选用

由于汽车继电器的工作环境较为恶劣,要求继电器必须具有寿命长、性能可靠、体积小、能耗低,同时还要具有电磁兼容性、阻燃性、响应速度快等特点。在设计汽车电路时,汽车继电器选择原则如表5-7所示。

表5-7 汽车继电器选择原则

性能及项目		选择原则
触点	组合方式 触点额定负载值 触点材料 电器寿命 接触电阻	应使用等于或多于所需触点数的产品; 最好使继电器的寿命与所用设备的寿命平衡; 触点材料应符合使用的负载类型,对于低电平或中等电流应提出特殊要求
线圈	额定电压 吸合电压 释放电压 最大连续工作电压 线圈直流电阻	应根据实际使用电源的波动选择额定电压; 对环境温度要给予足够的考虑,确保不超过规定值; 当用于与半导体连接时,应考虑有足够的功率能够驱动继电器; 线圈工作电压不应超过规定的范围
动作时间	动作时间 释放时间 开断频率	回跳时间应短于响应时间及相应的操作时间; 开断频率不应超过规定值
机械性能	耐振动 耐冲击 环境温度 机械寿命	应考虑使用现场的冲击、振动条件; 当在高温环境下使用继电器时,应要求绝缘耐热等级
其他项目	安装方式 外壳 外形尺寸	选择标准的连接方式; 在有害气体或其他易污染的环境中使用继电器时应优选塑封继电器; 提出其他的特殊要求

汽车继电器具体选择步骤如下：

（1）根据额定工作电压确定产品规格是 DC 12 V 继电器还是 DC 24 V 继电器。

（2）根据控制要求确定触点形式，如选择常开触点还是常闭触点或切换触点。

（3）根据被控回路多少确定触点的对数和组数。

（4）根据负载性质和大小确定触点的负载电流的大小。

（5）根据环境温度选用继电器。目前继电器的工作环境温度主要有 $-40 \sim +85$ ℃ 和 $-40 \sim +125$ ℃ 两种情况，可根据实际使用情况进行选用。通常在驾驶舱使用，选择 $-40 \sim +85$ ℃ 的继电器；在发动机舱使用，则选用 $-40 \sim +125$ ℃ 的继电器。

（6）根据环境情况选用继电器。现代汽车一般采用配电盒，内部集成了汽车中使用的大部分的继电器。配电盒本身具有一定的防潮、防尘效果，其继电器一般是采用普通的防尘外壳继电器。当有特殊要求时，可选用密封性继电器。

（7）继电器可分为短时工作继电器（如预热继电器、起动继电器等）和连续工作继电器（如油泵继电器），选择的时候应注意区分使用。

（8）根据负载工作时间的先后，发电机发电前工作的继电器，其动作电压（吸合电压）要小一些，12 V 车型一般为 6.5~7.5 V，如油泵继电器，甚至要求动作电压小于 5.5 V。发电机发电后工作的继电器，其动作电压要略高于此，12 V 车型一般为 7.0~8.5 V，可根据实际需要进行选用。

本章小结

1. 电路的满载、空载和过载 3 种工作状态。
2. 检测工具和仪器的使用方法。汽车电路故障诊断方法，检修故障的基本原则。
3. 汽车电路常见故障（断路、短路、漏电）。汽车电路的检修，包括导线的检修、插接器的检修、熔断器的更换和易熔线的更换等。

习　题

一、单选题

1. 更换烧坏的熔断器时，应使用（　　）规格的熔断器。
   A. 相同　　　　　B. 不同　　　　　C. 稍大　　　　　D. 稍小
2. 若检测线路 A、B 两点之间的电阻值为 ∞，则线路 AB 之间发生（　　）故障。
   A. 断路　　　　　B. 短路　　　　　C. 漏电　　　　　D. 绝缘不良
3. 电路中的电流或功率超过了电源或用电设备的额定值，叫（　　）。
   A. 满载　　　　　B. 半载　　　　　C. 空载　　　　　D. 过载
4. 沿着工作电流的流向顺序逐级检查，即由电源检查到用电设备。此检测方法称为（　　）。
   A. 逆向检测法　　B. 顺向检测法　　C. 关键点检测法　　D. 万用表检测法

二、多选题

1. 在使用和维修过程中常通过（　　）工作状态，对电气设备与电路进行性能测试、分析和判断故障所在。
   A. 满载　　　　　B. 半载　　　　　C. 空载　　　　　D. 过载

2. 汽车线路常见故障包括(　　)等。
A. 断路　　　　　　B. 短路　　　　　　C. 漏电　　　　　　D. 接触不良
3. 汽车电气系统的故障诊断,通常采用的方法有(　　)等。
A. 直观诊断法　　　B. 利用车上仪表法　　C. 断路法　　　　　D. 短路法
E. 元件替换比较法
4. 继电器的常见故障现象有(　　)。
A. 线圈烧断　　　　　　　　　　　　　B. 线圈匝间短路(绝缘老化)
C. 触点烧蚀　　　　　　　　　　　　　D. 触点接触不良

三、简答题

1. 汽车电路有几种工作状态?各有何特点?
2. 检修汽车电路故障时,常用电工仪表有哪些?
3. 如何使用跨接线检测电路的故障?
4. 如何使用测试灯检测电路的故障?
5. 汽车专用数字式万用表具有哪些特殊功能?
6. 如何测量电压、电流和电阻等参数?
7. 汽车电路故障诊断的基本方法有哪些?
8. 检修汽车电气系统应注意的事项有哪些?
9. 如何检测汽车线路常见故障?
10. 如何更换熔断器?
11. 如何检修汽车导线?
12. 如何检修插接器?
13. 如何更换易熔线?
14. 如何利用电路图检测线路的故障?
15. 维修线束时应注意的问题有哪些?
16. 汽车线束安装时应注意的事项有哪些?
17. 如何拆卸插接器?
18. 如何检查易熔线?
19. 如何更换易熔线?
20. 如何检查开关的好坏?
21. 如何选用继电器?

参考文献

[1] 董宏国. 汽车电控系统维修实用手册[M]. 北京:化学工业出版社,2014.
[2] 董宏国. 汽车电路识读入门[M]. 北京:金盾出版社,2012.
[3] 谭本忠. 汽车电路图识读入门[M]. 北京:化学工业出版社,2012.
[4] 阴丽华,胡勇. 汽车整车电路检测与修复[M]. 北京:机械工业出版社,2011.
[5] 贺建波,贺展开. 汽车传感器的检测[M]. 北京:机械工业出版社,2007.
[6] 董宏国. 万用表检测汽车故障入门[M]. 北京:化学工业出版社,2018.
[7] 陈宁,张海松. 汽车电路分析与检查[M]. 北京:电子工业出版社,2018.
[8] 董宏国. 汽车电路分析[M]. 3版. 北京:北京理工大学出版社,2013.
[9] 林传洪. 汽车电路图识读快速入门[M]. 北京:机械工业出版社,2017.
[10] 董宏国. 汽车故障万用表检测手册[M]. 北京:化学工业出版社,2017.
[11] 董宏国. 汽车维修电工工作手册[M]. 北京:化学工业出版社,2011.
[12] 董宏国. 大中型货车电气维修图解[M]. 北京:化学工业出版社,2011.
[13] 汪胜国. 汽车发动机电控系统故障诊断实训教材[M]. 北京:人民交通出版社,2010.
[14] 李玉茂. 汽车发动机电控系统原理与维修[M]. 北京:机械工业出版社,2010.
[15] 张军. 汽车舒适安全与信息系统检修[M]. 北京:北京理工大学出版社,2010.
[16] 卢若珊. 现代汽车电控系统故障诊断与检修[M]. 北京:国防工业出版社,2011.
[17] 戈国鹏,赵龙. 汽车故障诊断技术[M]. 北京:人民交通出版社,2011.
[18] 罗富坤. 汽车车身电控系统检测与修复[M]. 北京:机械工业出版社,2011.
[19] 董宏国. 汽车电路故障分析手册[M]. 北京:化学工业出版社,2015.
[20] 董宏国. 载货汽车电路识读与维修[M]. 北京:化学工业出版社,2016.